AKAL BÁSICA DE BOLSILLO 384

AF276912

1.ª edición Revoluciones, 2010
1.ª edición Básica de Bolsillo, 2025

Título original
Slavoj Žižek presents Robespierre. Virtue and Terror

© Verso, 2007

© de la introducción, Slavoj Žižek

© Ediciones Akal, S. A., 2010, 2025
para lengua española
Sector Foresta, 1
28760 Tres Cantos
Madrid - España
Tel.: 918 061 996
atencion.cliente@akal.com
www.akal.com

ISBN: 978-84-460-5706-2
Depósito legal: M-8.166-2025

Impreso en España

Robespierre

Virtud y terror

Introducción a cargo de
Slavoj Žižek

Textos seleccionados y anotados por
Jean Ducange

Traducción de
Juanmari Madariaga

ARGENTINA / ESPAÑA / MÉXICO

Introducción

Robespierre, o la «violencia divina» del terror

Cuando en 1953 Zhou Enlai, el primer ministro chino, participaba en Ginebra en las negociaciones de paz que debían poner fin a la guerra de Corea, un periodista francés le preguntó qué pensaba de la Revolución francesa, a lo que respondió: «Todavía es muy pronto para decirlo». En cierto sentido tenía razón: con la desintegración de las «democracias populares» durante la década de los noventa reverdeció el debate sobre la importancia histórica de la Revolución francesa. Los revisionistas liberales proclamaron que el derrumbe del comunismo en 1989 se había producido en el momento justo: señalaba el final de la época iniciada dos siglos atrás y el fracaso definitivo del modelo estatalista-revolucionario inaugurado por los jacobinos.

Nunca ha sido más cierto el dictamen «toda historia es un estudio del presente» que en el caso de la Revolución francesa: su historiografía siempre ha reflejado estrechamente los virajes de las luchas políticas. Los conservadores de todo tipo la rechazan absolutamente: desde el principio fue una catástrofe, producto del pensamiento ateo moderno, y debe interpretarse como un castigo de Dios a los caminos extraviados emprendidos por la humanidad, cuyas huellas deben por tanto borrarse tan completamente como sea posible. La actitud liberal típica es algo diferente: su fórmula es «1789 sin 1793». En resumen, lo que desearían los liberales sensibles es una revolución descafeinada, que huela lo menos posible a revolución. François Furet y otros han tratado así de privar a la Revolución francesa de su estatus como acontecimiento fundacional de la democracia moderna, convirtiéndola en una anomalía histórica: era patente la necesidad histórica de asegurar los principios modernos de la libertad personal, etc., pero, como demuestra el ejemplo inglés, lo mismo se podría haber conseguido con mayor eficacia de forma más pacífica... Los radicales, en cambio, están poseídos por lo que Alain Badiou llama «la pasión de lo real»: si se dice A –igualdad, libertad, derechos humanos–, no se debe uno arredrar ante sus consecuencias y debe tener el valor de decir B, asumiendo el terror necesario para defender realmente y mantener A[1].

Sin embargo, sería demasiado fácil decir que la izquierda actual debería simplemente seguir por ese camino. De hecho, en 1990 se produjo una especie de corte histórico: todos, incluida la «izquierda radical» actual, se avergüenzan en cierta medida del legado jacobino del terror revolucionario y de su centralización extrema del Estado, y se acepta comúnmente que la izquierda, si quiere recuperar su eficacia política, debería reinventarse a conciencia a sí misma, abandonando el llamado «paradigma jacobino». En nuestra era posmoderna de «propiedades emergentes», de libre interacción caótica de subjetividades múltiples contrapuesta a la jerarquía centralizada, de opiniones variadas en liza frente a la pretensión de una sola Verdad, la dictadura jacobina «no es de nuestro gusto» (dando todo su peso histórico al término «gusto», como designación de una disposición ideológica básica). ¿Se puede imaginar algo más ajeno a nuestro universo de libertad de opinión, de competencia en el mercado, de interacción pluralista nómada, etc., que la política robespierrana de la Verdad (con V mayúscula, por supuesto), cuyo objetivo proclamado era «devolver el destino de la libertad a las manos de la Verdad»? Esa Verdad sólo puede ponerse en vigor de forma terrorista:

---

[1] Para una crónica equilibrada del Terror, véase D. Andress, *The Terror: Civil War in the French Revolution,* Nueva York, Farrar, Strauss y Giroux, 2005.

Si el principal instrumento del Gobierno popular en tiempos de paz es la virtud, en momentos de revolución deben ser a la vez la virtud y el terror: la virtud, sin la cual el terror es funesto; el terror, sin el cual la virtud es impotente. El terror no es otra cosa que la justicia rápida, severa e inflexible; emana, por lo tanto, de la virtud; no es tanto un principio específico como una consecuencia del principio general de la democracia, aplicado a las necesidades más acuciantes de la patria[2].

La argumentación de Robespierre alcanza su culminación en la identificación paradójica de dos ideas aparentemente opuestas: el terror revolucionario «anula» la distinción entre castigo y clemencia, ya que el castigo justo y severo de los enemigos *es* la forma más alta de clemencia, y en él coinciden rigor y caridad:

Castigar a los opresores de la humanidad es clemencia; perdonarlos es barbarie. El rigor de los tiranos no tiene otro principio que el propio rigor, mientras que el del Gobierno republicano se basa en la benevolencia[3].

¿Qué deberían pues deducir de todo esto quienes siguen fieles al legado de la izquierda radical? Dos cosas al menos. En primer lugar, tenemos que aceptar como *nuestro* el pasado terrorista, aunque –o precisamente porque– se rechace críticamente. La única alternativa a la tibia posición defensiva de culpabilidad asumida frente a nuestros críticos liberales o derechistas es: tenemos que hacer mejor que nuestros adversarios esa tarea decisiva. Pero hay algo más: tampoco deberíamos permitirles determinar el campo y el tema de la lucha, lo que significa que la autocrítica más implacable debería ir de la mano con una admisión audaz de lo que, parafraseando el juicio de Marx sobre la

---

[2] Véase más adelante la p. 220.
[3] Véase más adelante la p. 223.

dialéctica de Hegel, uno se siente tentado a llamar el «núcleo racional» del terror jacobino:

> La dialéctica materialista asume, sin ninguna complacencia particular, que hasta ahora ningún sujeto político ha podido llegar a la eternidad de la verdad que desplegaba sin momentos de terror. Por eso Saint-Just preguntaba: «¿Qué desean los que no quieren ni la Virtud ni el Terror?». Su propia respuesta era que desean la corrupción, que es otro nombre de la derrota del sujeto[4].

O como decía sucintamente el mismo Saint-Just: «Lo que produce el bien general es siempre terrible»[5]. Estas palabras no deberían interpretarse como una advertencia contra la tentación de imponer violentamente el bien general a una sociedad, sino, por el contrario, como una amarga verdad que hay que respaldar enteramente.

El otro punto crucial a tener en cuenta es que, para Robespierre, el terror revolucionario es lo más opuesto a la guerra: Robespierre era un pacifista, no por hipocresía ni por sensibilidad humanitaria, sino porque era muy consciente de que la guerra *entre* las naciones sirve por lo general como medio para ofuscar la lucha revolucionaria *dentro* de cada país. Su discurso «Sobre la guerra» es hoy día de especial importancia: lo muestra como un auténtico pacifista que denuncia convincentemente el llamamiento patriótico a la guerra, aun si se presenta como defensa de la revolución, como intento de los que quieren «la revolución sin revolución» para evitar la radicalización del proceso revolucionario. Su actitud es pues exactamente la opuesta a la de quienes pretenden la guerra para militarizar la vida social y tomar un control dictatorial sobre ella[6]. También por eso denun-

---

[4] A. Badiou, *Logiques des mondes,* París, Seuil, 2006, p. 98.
[5] L.-A.-L. Saint-Just, *Œuvres choisies,* París, Gallimard, 1968, p. 330.
[6] Y tenía razón: como sabemos hoy, durante sus últimos días en libertad el rey Luis XVI estaba negociando con potencias extranjeras un plan para ini-

ciaba la tentación de exportar la revolución a otros países, «liberándolos» por la fuerza:

> Los franceses no sienten la obsesión de hacer libre y feliz a ninguna otra nación contra su voluntad. Todos los reyes podrían holgazanear o morir impunes sobre sus tronos ensangrentados, con tal de respetar la independencia del pueblo francés [...][7].

El terror revolucionario jacobino se justifica a veces (a medias) como el «crimen fundacional» del universo burgués de la ley y el orden, en el que los ciudadanos pueden procurar en paz sus intereses. Pero hay que rechazar esa argumentación por dos razones. No sólo es objetivamente falsa —muchos conservadores estaban acertados al señalar que también se puede alcanzar el orden burgués sin excesos terroristas, como fue el caso de Gran Bretaña (aunque cabría recordar la figura de Cromwell...)—, sino que —y esto es mucho más importante— el terror revolucionario de 1792-1794 no fue un caso de lo que Walter Benjamin y otros han llamado «violencia fundadora del Estado», sino un caso de «violencia divina»[8]. Los intérpretes de Benjamin se debaten en torno a lo que para él podría significar efectivamente la «violencia divina» *[göttliche Gewalt]*; ¿quizá otro sueño izquierdista de un acontecimiento «puro» que nunca ocurre en la realidad? Habría que recordar a este respecto la referencia de Friedrich Engels a la Comuna parisiense como ejemplo de dictadura del proletariado:

---

ciar una larga guerra, en la que él mismo se presentaría como un patriota liderando el ejército francés, que luego concluiría con la firma de una paz honorable y que le permitiría recuperar toda su autoridad; en resumen, el «gentil» Luis XVI estaba dispuesto a lanzar a toda Europa a la guerra para salvar su trono...

[7] Véase más adelante la p. 191.

[8] Véase W. Benjamin, «Critique of Violence», en *Selected Writings,* vol. 1, 1913-1926, Cambridge (Ma.), Harvard University Press, 1996.

Últimamente, los filisteos socialdemócratas se han mostrado de nuevo aterrorizados ante las palabras «dictadura del proletariado». Mis muy respetables caballeros, ¿quieren saber a qué se parece esa dictadura? Miren la Comuna parisiense. Eso era la dictadura del proletariado[9].

Habría que repetir esa frase, *mutatis mutandis,* a propósito de la violencia divina: «Mis muy respetables teóricos críticos, ¿quieren ustedes saber a qué se parece la violencia divina? Miren el Terror revolucionario de 1792-1794. Eso era la Violencia Divina» (y la serie continúa: el Terror Rojo de 1919...). Es decir, habría que identificar sin temor la violencia divina con un fenómeno histórico realmente existente, evitando así toda mistificación oscurantista. Cuando quienes se encuentran fuera del campo social estructurado golpean «a ciegas», exigiendo *y* ejerciendo la justicia/venganza inmediata, eso es la «violencia divina» –recordemos, hace una década más o menos, el pánico en Río de Janeiro cuando una muchedumbre descendió de las *favelas* a los barrios ricos de la ciudad y comenzó a saquear y quemar supermercados–; *eso* era la «violencia divina»... Como la langosta bíblica, castigo divino por los pecados de la humanidad, esa violencia golpea desde cualquier sitio, es un medio sin fin, o como decía Robespierre en el discurso en el que exigió el ajusticiamiento de Luis XVI:

> Los pueblos no juzgan como los tribunales; no formulan por escrito sus sentencias; lanzan rayos; no condenan a los reyes, los vuelven a hundir en la nada; y esa justicia vale tanto como la de los tribunales [...][10].

---

[9] F. Engels, «Introduction» (1891) a Karl Marx, *The Civil War in France,* en *Marx/Engels/Lenin On Historical Materialism,* Nueva York, International Publishers, 1974, p. 242.

[10] Véase más adelante la p. 144.

Así pues, la «violencia divina» benjaminiana debería entenderse como «divina» en el mismo sentido del viejo proverbio latino *vox populi, vox dei; no* en el sentido perverso de «hacemos esto como meros instrumentos de la Voluntad Popular», sino como la asunción heroica de la soledad de una decisión soberana. Es una decisión (de matar, de arriesgar o de perder la propia vida) tomada en la soledad más absoluta, sin protección alguna del gran Otro. Aun siendo extramoral, no es «inmoral», no da al agente licencia para matar indiscriminadamente con una especie de inocencia angélica. La violencia divina es la materialización de la sentencia *fiat iustitia, pereat mundus; es justicia* que no se distingue de la venganza, en la que el «pueblo» (la parte anónima de ninguna parte) impone su terror y hace a otras partes pagar el precio –el Día del Juicio Final para la larga historia de opresión, explotación y sufrimiento– o, como decía de forma tan emotiva el propio Robespierre:

¿Qué es lo que pretendéis, quienes queréis que la verdad carezca de fuerza en labios de los representantes del pueblo francés? La verdad tiene indudablemente su poder, su cólera, su propio despotismo; posee acentos conmovedores y terribles, que resuenan con fuerza tanto en los corazones puros como en las conciencias culpables, y que la falsedad no puede imitar del mismo modo que Salmoneo* no podía imitar los rayos del cielo; pero acusad de ello a la naturaleza, acusad de ello al pueblo, que la desea y la ama[11].

Y esto es lo que Robespierre señala en su famosa acusación a los moderados de que lo que realmente querían era una «revolución sin revolución», sin el exceso en el que coinciden democracia y terror, respetuosa de las reglas sociales, subordinada a las normas preexistentes, en la que la violencia se vería privada de

---

* *Sic,* no «Salomé»; *Eneida,* Libro VI. *[N. del T.]*
[11] Véase más adelante la p. 240.

la dimensión «divina» y reducida a una intervención estratégica con objetivos muy precisos y limitados:

> Ciudadanos, ¿queréis una revolución sin revolución? ¿De dónde procede este espíritu de persecución que ha llegado a revisar, por decirlo así, lo que ha roto nuestras cadenas? ¿Cómo se puede pretender someter a juicio los eventuales efectos de tales conmociones? ¿Quién puede señalar, después de que sucediera, el punto preciso donde iban a romper las olas de la insurrección popular? A ese precio, ¿qué pueblo podría nunca sacudirse el yugo del despotismo? Dado que una gran nación no puede alzarse de forma simultánea, y que quienes pueden derrocar la tiranía son necesariamente los ciudadanos que se hallan más próximos a ella, ¿cómo se atreverían éstos a atacarla si, tras la victoria, los delegados de provincias remotas pudieran hacerlos responsables de la duración o la violencia de la tormenta política que ha salvado a la patria? Deberían ser considerados más bien como representantes tácitos de toda la sociedad. Los franceses amigos de la libertad, congregados en París en agosto pasado, actuaron en realidad en nombre de todos los departamentos. Hay que aprobarlos o desaprobarlos en su conjunto. Hacerlos criminalmente responsables de unos pocos desórdenes, aparentes o reales, inevitables en una conmoción tan grande, equivaldría a castigarlos por su devoción [...][12].

Esta lógica auténticamente revolucionaria puede discernirse ya al nivel de las figuras retóricas en las que Robespierre suele dar la vuelta al procedimiento habitual consistente en presentar primero una posición aparentemente «realista» para luego mostrar su naturaleza ilusoria; a menudo comienza presentando una posición o describiendo una situación aparentemente ficticia, exagerada, absurda, para hacer ver a continuación que se trata de la verdad misma: «Pero ¿qué estoy diciendo? Lo que acabo de presentar como una hipótesis absurda es de hecho una realidad muy

---

[12] Véanse más adelante las pp. 123-124.

cierta». Es esta actitud radicalmente revolucionaria la que también permite a Robespierre denunciar la preocupación «humanitaria» por las víctimas de la «violencia divina» revolucionaria:

> Una sensibilidad que gime casi exclusivamente por los enemigos de la libertad resulta sospechosa. Dejad de agitar bajo mis ojos la túnica ensangrentada del tirano, o creeré que queréis volver a poner grilletes a Roma [...][13].

El análisis crítico y la aceptación de la herencia histórica de los jacobinos se solapa con la cuestión central que debería discutirse: ¿nos obliga la realidad (a menudo deplorable) del terror revolucionario a rechazar la propia idea del terror, o existe una forma de *repetirlo* en la actual configuración histórica, tan diferente, redimiendo el contenido virtual de su realización? *Puede* y *debe* hacerse, y la fórmula más concisa para repetir el acontecimiento designado como «Robespierre» es pasar del terror humanista (robespierriano) al terror antihumanista (o más bien inhumano).

En un texto reciente[14], Alain Badiou entiende como un signo de regresión política el desplazamiento producido a finales del siglo xx de «humanismo y terror» a «humanismo o terror». En 1946 Maurice Merleau-Ponty escribió *Humanisme et terreur,* presentando su defensa del comunismo soviético como una especie de apuesta pascaliana y avanzando lo que Bernard Williams desarrollaría más tarde como «sino moral»*: el terror presente quedará justificado retroactivamente si la sociedad que surja de él llega a ser realmente humana. Hoy día tal conjunción de terror y humanismo es sencillamente impensable y el pensamiento liberal predominante sustituye «y» por «o»: «Humanismo *o* Terror»... Con mayor precisión, existen cuatro variaciones

---

[13] Véanse más adelante las pp. 128-129.
[14] A. Badiou, *Le siècle,* París, Seuil, 2005.
* En castellano se publicó su libro como *La fortuna moral,* México, UNAM, 1994. *[N. del T.]*

sobre este tema: humanismo y terror, humanismo o terror, tomándolo cada una en sentido «positivo» o «negativo». «Humanismo y terror» en un sentido positivo es la idea desarrollada por Merleau-Ponty en apoyo del estalinismo (el «terrorista» engendra por la fuerza al Hombre Nuevo), y que es ya claramente perceptible en la Revolución francesa bajo la conjunción robespierriana de Virtud y Terror. Esa conjunción se puede negar de dos modos: optando por la disyunción «humanismo *o* terror», esto es, el proyecto liberal humanista en cualquiera de sus versiones, desde el humanismo antiestalinista disidente hasta los actuales neohabermasianos (Luc Ferry y Alain Renault en Francia, por ejemplo) y otros defensores de los derechos humanos *contra* el terror (totalitario, fundamentalista); o bien conservando la conjunción «humanismo *y* terror» pero en un sentido negativo: todas las orientaciones filosóficas e ideológicas, desde Heidegger y los conservadores cristianos hasta los partidarios de la espiritualidad oriental y la ecología profunda, que perciben el terror como la verdad –la consecuencia última– del propio proyecto humanista, de su *soberbia*.

Hay sin embargo una cuarta variación, que normalmente se deja de lado: la opción «humanismo o terror» pero con el *terror,* no el humanismo, como término positivo. Es una posición radical difícil de sostener, pero quizá nuestra única esperanza: no equivale a la locura obscena de proponer abiertamente una «política terrorista e inhumana», y es algo mucho más difícil de pensar. En el pensamiento «posdeconstruccionista» actual (atreviéndonos a emplear esa denominación ridícula que no puede sonar sino como su propia parodia), el término «inhumano» ha cobrado un nuevo peso, sobre todo en los trabajos de Agamben y Badiou. La mejor forma de acercarse a él es aviniéndose a la renuencia de Freud frente al precepto «¡Ama a tu prójimo!», rechazando la tentación de su domesticación ética como en el caso de Emmanuel Levinas, con su noción del prójimo como punto abisal del que emana la llamada a la responsabilidad ética con la que disimulaba su monstruosidad, una monstruosidad que hacía a Lacan aplicarle al prójimo el término «la Cosa» («das Ding»), con el que Freud designaba el objeto último de nuestro deseo en su insoportable intensidad e impenetrabilidad. Habría que oír en ese término todas las connotaciones de la ficción de horror: el prójimo es la Cosa (Mala) que potencialmente acecha bajo cada rostro humano corriente. Pensemos, por ejemplo, en *El resplandor [The Shining]* de Stephen King/Stanley Kubrick, donde el padre, un modesto escritor fracasado, se convierte gradualmente en una bestia asesina, que con una mueca malvada pretende asesinar a toda su familia. Una paradoja auténticamente dialéctica que Levinas, con toda su celebración de la Otreidad, no tiene en cuenta, no es cierta Identidad subyacente a todos los humanos, sino la propia Otreidad radicalmente «inhumana»: la Otreidad de un ser humano reducido a la inhumanidad, ejemplificada por la aterradora figura del *Muselmann,* el «muerto viviente» de los campos de concentración. Lo mismo sucede, a un nivel diferente, en el caso del comunismo estalinista. Según la presentación estalinista habitual, incluso los campos de concentración eran un foco de la lucha contra el fascismo, donde los comunistas prisioneros organizaban heroicas redes de resistencia –en tal universo, por supuesto, no hay lugar para la experiencia límite del *Muselmann,* del muerto viviente privado de la capacidad de compromiso humano–, y no es de extrañar que los estalinistas estuvieran tan dispuestos a «normalizar» los campos considerándolos un frente más de la lucha antifascista y a despreciar a los *Muselmänner* como gente demasiado débil para mantenerla.

Con ese trasfondo se puede entender por qué Lacan habla del núcleo *inhumano* del prójimo. En la década de los sesenta, la época del estructuralismo, Louis Althusser lanzó la llamativa fórmula del «antihumanismo teórico», permitiendo, exigiendo incluso, que fuera acompañado de un *humanismo práctico.* En nuestra práctica deberíamos actuar como humanistas, respetando a los demás, tratándolos como personas libres con plena dignidad, creadores de su propio mundo; pero a nivel teórico deberíamos tener siempre presente que el humanismo es una ideología, el modo espontáneo de experimentar nuestro pesar, y que el verdadero estudio de los humanos y de su historia debería considerar a los individuos, no como sujetos autónomos, sino como elementos constituyentes de una estructura que sigue sus propias leyes. A diferencia de Althusser, Lacan da el paso del antihumanismo teórico al *antihumanismo práctico,* esto es, a una ética que va más allá de lo que Nietzsche llamaba «humano, demasiado humano» y que tiene en cuenta el núcleo inhumano de la humanidad; que no sólo no niega, sino que afronta sin temor la monstruosidad latente del ser humano, la dimensión diabólica patente en los fenómenos que suelen presentarse bajo el nombre-concepto «Auschwitz»; parafraseando a Adorno, la única ética que todavía sería posible después de Auschwitz. Esa dimensión inhumana es para Lacan, además, el fundamento último de la ética.

En términos filosóficos, esa dimensión «inhumana» se puede definir como la de un sujeto privado de toda forma de «individualidad» o «personalidad» humana (por eso, en la cultura popular actual, una de las figuras ejemplares de sujeto puro es la del no humano –*alien* o cíborg– que muestra más fidelidad a su tarea y a la dignidad y la libertad que sus homólogos humanos, desde la figura de Schwarzenegger en *Terminator* hasta el androide encarnado por Rutger Hauer en *Blade Runner*). Recordemos el oscuro sueño de Husserl, en sus *Meditaciones cartesianas,* sobre la inmunidad del cogito trascendental frente a una eventual plaga que aniquilase a toda la humanidad: en relación con este ejemplo resulta fácil anotarse tantos aludiendo al fondo autodestructivo de la subjetividad trascendental y a la incapacidad de Husserl para advertir la paradoja de lo que Foucault llamaba, en *Las palabras y las cosas [Les Mots et les Choses],* el «doblete trascendental empírico», el vínculo que siempre ata el ego trascendental al ego empírico, por lo que la aniquilación de éste conduce por definición a la desaparición del primero. Aun así, ¿qué decir si, reconociendo plenamente esa dependencia como un hecho (y nada más que eso: un estúpido hecho), se insiste sin embargo en la verdad de su negación, en aseverar la independencia del sujeto con respecto al individuo empírico como ser humano? ¿No se demuestra esta independencia con el gesto último de arriesgar la propia vida, de estar dispuesto a renunciar a la propia existencia? Es en el contexto de esa aceptación soberana de la muerte como habría que releer el giro retórico de Robespierre que se suele aducir como demostración de su manipulación «totalitaria» de la audiencia[15]. Se produjo durante el discurso que pronunció en la Asamblea Nacional el 11 de Germinal del año II (31 de marzo de 1794); la noche anterior Danton, Camille Desmoulins y otros habían sido detenidos, por lo que muchos otros miembros de la Asamblea temían comprensiblemente que también pudiera estar a punto de sonar su hora final. Robespierre señaló ese momento como un hito decisivo: «Ciudadanos, ha llegado el momento de decir la verdad». A continuación aludió al temor que flotaba en la sala:

> Se quiere *[on veut]* que temáis los abusos de poder, del poder nacional que habéis ejercido [...]. Se quiere que temamos que el pueblo caiga víctima de los Comités [...]. Se teme que los prisioneros estén siendo torturados [...][16].

Resulta aquí notoria la oposición entre el «se» impersonal (no se individualiza a los instigadores del temor) y el colectivo sometido a esa presión, que casi imperceptiblemente se desplaza de la segunda persona del plural «vosotros *[nous]*» a la primera persona *nous* (Robespierre se incluye así galantemente en el colectivo). Sin embargo, la formulación final introduce un giro ominoso: ya no es «se quiere que temáis (o temamos)», sino «se

---

[15] Véase el detallado análisis de C. Lefort, «The Revolutionary Terror», en *Democracy and Political Theory*, Minneapolis, University of Minnesota Press, 1988, pp. 50-88.
[16] *Ibid.*, p. 64.

teme», lo que significa que el enemigo que induce el temor no está fuera del «vosotros/nosotros», miembros de la Asamblea, sino que está aquí, entre nosotros, entre los «vosotros» a los que se dirige Robespierre, corroyendo nuestra unidad desde dentro. En ese preciso momento, Robespierre, en un auténtico golpe maestro, asume una subjetivización plena, haciendo una breve pausa para que se aprecie el efecto ominoso de sus palabras, y a continuación prosigue en la primera persona del singular: «Afirmo que cualquiera que tiemble en este momento es culpable; ya que la inocencia nunca teme la inspección pública»[17].

¿Podría haber algo más «totalitario» que ese bucle cerrado de «vuestro propio miedo de ser culpables os hace culpables», extraña y retorcida versión superyoica de la bien conocida máxima «lo único que hay que temer es al propio miedo»? Cabe sin embargo ir más allá del apresurado rechazo de la estrategia retórica de Robespierre como «culpabilización terrorista», y distinguir su momento de verdad: en los momentos cruciales de decisión revolucionaria no hay espectadores neutrales o inocentes, porque en tales momentos la propia inocencia –eximirse a uno mismo de la decisión, como si la lucha que estoy presenciando no fuera realmente conmigo– *es la peor traición,* la más culpable. Dicho de otra forma, el temor a ser acusado de traición *es* mi traición, porque, aunque yo «no hubiera hecho nada contra la revolución», ese mismo temor, el hecho de que aparezca en mí, demuestra que mi posición subjetiva es externa a la revolución, que experimento la «revolución» como una fuerza externa que me amenaza.

Pero lo que viene a continuación en ese discurso único es aún más revelador: Robespierre plantea directamente la delicada pregunta que tiene que surgir en la mente de su audiencia: ¿cómo puede estar seguro él mismo de que no será el siguiente en ser acusado? Él no es el Amo situado al margen del colectivo, el «Yo» exterior al «nosotros» –después de todo, en otro tiempo

---

17 *Ibid.,* p. 64.

estuvo muy cerca de Danton, una figura poderosa que ahora se encuentra bajo arresto, de modo que mañana su proximidad a Danton podría ser usada contra él–. En resumen, ¿cómo puede estar seguro Robespierre de que el proceso que ha desencadenado no acabará arrastrándolo consigo? Es aquí donde su posición alcanza una grandeza sublime: asume plenamente que el peligro que ahora amenaza a Danton mañana lo amenazará a él mismo. La razón de que esté tan sereno, de que no tema ese destino, no es que Danton sea un traidor mientras que él, Robespierre, es puro, una encarnación directa de la voluntad del pueblo; la razón es que él, Robespierre, no *tiene miedo a morir,* y que su muerte, cuando se produzca, será un mero accidente sin ninguna importancia:

> ¿Qué me importa el peligro? Mi vida pertenece a la Patria; mi corazón está libre de miedo y si, debo morir, lo haré sin reproche y sin ignominia[18].

Por consiguiente, en la medida en que el desplazamiento del «nosotros» al «yo» puede caracterizarse efectivamente como el momento en que cae la máscara democrática y en el que Robespierre se presenta abiertamente como Amo (hasta aquí seguimos el análisis de Lefort), hay que dar aquí a ese término todo su peso hegeliano: el Amo es la figura de la soberanía, el único que no teme morir, quien está dispuesto a arriesgarlo todo. En otras palabras, el significado último de la primera persona del singular de Robespierre («yo») no es sino: no temo morir. Lo que le da autoridad es precisamente eso, y no una especie de acceso directo al Gran Otro; dicho de otra forma, no asegura disponer de acceso directo a la Voluntad del Pueblo que habla a través de él. Así es como Yamamoto Jocho, un sacerdote zen, describía la actitud propia de un guerrero:

---

[18] *Ibid.,* p. 66.

Cada día, sin falta, uno debería considerarse muerto. Un antiguo refrán dice: «En cuanto te expongas a la luz estarás muerto. A unos pasos de la puerta te espera el enemigo». No se trata de ser prudente, sino de considerarse a sí mismo, de antemano, como muerto[19].

Ésta es la razón, según Hillis Lory, de que durante la Segunda Guerra Mundial muchos soldados japoneses celebraran sus propios funerales antes de partir hacia el campo de batalla:

> En esta guerra muchos de los soldados están tan decididos a morir en el campo de batalla que celebran sus propios funerales públicos antes de partir al frente. Para los japoneses esto no tiene nada de ridículo; es algo que por el contrario se admira como el espíritu del auténtico samurái que entra en batalla sin esperar volver de ella[20].

Esta autoexclusión preventiva del reino de los vivos convierte evidentemente al soldado en una figura sublime. En lugar de rechazar ese rasgo como parte del militarismo fascista, habría que reafirmarlo como igualmente constitutivo de una posición radicalmente revolucionaria: hay una línea directa desde esa aceptación de la propia desaparición de uno mismo hasta la reacción de Mao Zedong frente a la amenaza atómica estadounidense en 1955:

> Estados Unidos no puede aniquilar a la nación china con su pequeño arsenal de bombas atómicas. Aunque las bombas atómicas estadounidenses fueran tan poderosas que al ser arrojadas sobre China hicieran un agujero que atravesara la Tierra, o incluso si la hicieran estallar, eso no significaría apenas nada para el conjunto del Universo, por importante que pudiera ser para el sistema solar[21].

[19] Citado por B. Daizen Victoria, *Zen War Stories,* Londres, Routledge, 2003, p. 132.

[20] *Ibid.*

[21] Véase «La bomba atómica no intimida al pueblo chino», en *Slavoj Žižek presenta a Mao. Sobre la práctica y la contradicción,* Madrid, Akal, 2010, p. 151.

Existe evidentemente una «locura inhumana» en ese argumento: el hecho de que la destrucción del planeta Tierra «no significaría apenas nada para el conjunto del universo», ¿no es un consuelo bastante pobre para la humanidad amenazada de extinción? El argumento sólo funciona si, al modo de Kant, se presupone un sujeto trascendental puro que no se vería afectado por esa catástrofe; un sujeto que, aunque no exista en realidad, vale como punto de referencia virtual. Todo revolucionario auténtico tiene que asumir esa actitud y abstraerse absolutamente e incluso despreciar la particularidad estúpida de la propia existencia, con la indiferencia hacia lo que Benjamin llamaba la «vida desnuda» formulada de forma insuperable por Saint-Just: «Desprecio el polvo que me forma y que te habla»[22]. Che Guevara se aproximaba a esa misma línea de pensamiento cuando, bajo la insoportable tensión de la crisis de los misiles, defendió una actitud resuelta sin arredrarse ante una posible guerra mundial que hubiera supuesto (cuando menos) la aniquilación total del pueblo cubano, y cuando alabó la disposición heroica de éste a correr ese riesgo.

Otra dimensión «inhumana» de la pareja Virtud-Terror promovida por Robespierre es el rechazo de la costumbre (en el sentido de agencia de compromisos realistas). Cualquier orden legal (o cualquier normativa explícita) tiene que basarse en una compleja red «reflexiva» de reglas informales que nos dice cómo tenemos que relacionarnos con las normas explícitas, cómo debemos aplicarlas, en qué medida tenemos que tomarlas literalmente, cómo y cuándo tenemos la posibilidad, incluso la obligación, de dejarlas de lado, etc., y esto es el dominio del hábito. Conocer los hábitos de una sociedad es *conocer las metarreglas sobre cómo aplicar sus normas explícitas*; cuándo emplearlas o no emplearlas; cuándo infringirlas; cuándo no debemos aprovechar una opción que se nos ofrece; cuándo estamos efectivamente obligados a hacer algo, pero tenemos que pretender aparentar que lo hacemos

---

[22] R. R. Palmer, *Twelve Who Ruled,* Nueva York, Atheneum, 1965, p. 380.

como opción libre (como en el caso del *potlatch*). Recordemos la cortés «oferta hecha para ser rechazada»: es un «hábito» rechazar tal oferta y quien la acepta comete un error garrafal. Lo mismo sucede en muchas situaciones políticas en las que se nos presenta una opción bajo la condición de que elijamos la más adecuada: se nos recuerda solemnemente que podemos decir no, pero se espera que rechacemos la oferta y que manifestemos entusiásticamente nuestra aceptación. Con muchas prohibiciones sexuales, la situación es la opuesta: el «no» explícito funciona de hecho como la prescripción implícita «¡Hazlo pero de forma discreta!». Con ese trasfondo, las figuras revolucionarias-igualitarias, desde Robespierre a John Brown, son (potencialmente, al menos) figuras privadas de hábitos: se niegan a tener en cuenta las costumbres que rigen o caracterizan el funcionamiento de una regla universal:

> [...] Tan grande es el imperio natural de la costumbre, que consideramos las convenciones más arbitrarias, a veces incluso las instituciones más defectuosas, como la regla absoluta de lo verdadero y de lo falso, de lo justo y lo injusto. No consideramos siquiera que la mayoría se atiene todavía necesariamente a los prejuicios con los que nos ha alimentado el despotismo; nos hemos humillado durante tanto tiempo bajo su yugo que nos cuesta alzarnos hasta los principios eternos de la razón; que todo lo que se remonta al origen sagrado de todas las leyes parece tener, a nuestro entender, un carácter ilegal; y que el orden mismo de la naturaleza nos parece un desorden. Los movimientos majestuosos de un gran pueblo, los sublimes impulsos de la virtud, se presentan a menudo, ante nuestros ojos tímidos, como una erupción volcánica o el trastocamiento de la sociedad política; y ciertamente no es la menor causa de los problemas que nos agitan esa contradicción eterna entre la debilidad de nuestras costumbres, la depravación de nuestro espíritu y la pureza de los principios, el carácter enérgico que supone el gobierno libre que nos atrevemos a pretender[23].

---

[23] Véanse más adelante las pp. 143-144.

Desprenderse del yugo del hábito significa que, si todos los hombres son iguales, todos deben ser tratados efectivamente como iguales; si los negros son también humanos, inmediatamente deben ser tratados como tales. Recordemos las primeras fases de la lucha contra la esclavitud en Estados Unidos, que ya antes de la Guerra Civil provocaron conflictos armados entre el gradualismo de los liberales compasivos y la figura única de John Brown:

> Los afroamericanos eran caricaturas de personas, caracterizados como bufones y juglares, objeto de chistes en la sociedad americana. Hasta los abolicionistas, por antiesclavistas que fueran, en su mayoría no consideraban a los afroamericanos como iguales. La mayoría de ellos, y esto era algo de lo que se quejaban continuamente los afroamericanos, estaban dispuestos a trabajar por el fin de la esclavitud en el Sur pero no a trabajar para terminar con la discriminación en el Norte [...]. John Brown no era así. Para él, practicar el igualitarismo era un primer paso hacia el fin de la esclavitud, y los afroamericanos que entraron en contacto con él lo sabían inmediatamente. Dejó muy claro que no veía ninguna diferencia, y no sólo con sus palabras sino con sus hechos[24].

Por esa razón John Brown es la figura política *clave* en la historia de Estados Unidos: en su «abolicionismo radical» fervientemente cristiano, estuvo muy cerca de introducir la lógica del jacobinismo en el panorama político estadounidense:

> John Brown se consideraba a sí mismo como un igualitario absoluto, y era muy importante para él practicar el igualitarismo a todos los niveles [...]. Dejó muy claro que no veía ninguna diferencia, y no sólo con sus palabras sino con sus hechos[25].

---

[24] M. Washington, «Brown's egalitarianism», en *The American Experience,* enlace *on-line:* http://www.pbs.org/wgbh/amex/brown/filmmore/reference/interview/washington05.html.
[25] *Ibid.*

Hasta el día de hoy, mucho después de la abolición de la esclavitud, Brown es la mayor fuente de divisiones en la memoria colectiva estadounidense; los blancos que apoyan a Brown son muy escasos. Entre ellos, sorprendentemente, se hallaba Henry David Thoreau, el gran adversario de la violencia: contra el desprecio general hacia Brown como un bruto sanguinario y enloquecido, Thoreau[26] pintó el retrato de un hombre incomparable que había abrazado una causa sin par; llegó incluso a comparar la ejecución de Brown con la muerte de Cristo (incluso consideraba a Brown como muerto antes de su muerte real). Arremetió duramente contra quienes expresaban su disgusto y su desprecio hacia John Brown: esa gente no podía entender a Brown debido a su actitud concreta y su existencia «muerta»; para Thoreau eran muertos-vivientes, y sólo un puñado de hombres ha llegado a vivir realmente.

Sin embargo, ese mismo igualitarismo consecuente señala al mismo tiempo las limitaciones de la política jacobina. Recordemos la perspicacia de Marx sobre la limitación «burguesa» de la lógica igualitaria: las desigualdades capitalistas («explotación») no son «violaciones del principio de igualdad», sino algo absolutamente inherente a su lógica, el resultado paradójico de su realización consecuente. A este respecto no se trata tan sólo de que el rancio y fatigado discurso liberal sobre el intercambio mercantil presuponga sujetos formal/legalmente iguales que se encuentran e interactúan en el mercado; el punto crucial de la crítica de Marx a los socialistas «burgueses» es que la explotación capitalista no implica ninguna especie de intercambio «desigual» entre el trabajador y el capitalista, sino que ese intercambio es totalmente igualitario y «justo»: idealmente (en principio), el trabajador recibe como pago el valor total de la mercancía que vende (su fuerza de trabajo). Por supuesto, los revolucionarios radicales burgueses son conscientes de esa limitación; sin embargo, el modo en que tratan de remediarla es median-

---

[26] Véase H. D. Thoreau, *Civil Disobedience and Other Essays,* Nueva York, Dover Publications, 1993.

te la imposición «terrorista» directa de una igualdad *de facto* cada vez mayor (iguales salarios, igual servicio médico...), que sólo se puede imponer mediante nuevas formas de desigualdad formal (distintos tipos de tratamiento preferente para los menos privilegiados). En resumen, el axioma de la «igualdad» significa, o bien no la suficiente (sigue siendo la forma abstracta de la desigualdad real), o bien demasiada (forzar la igualdad mediante métodos «terroristas»); en un sentido estrictamente dialéctico es una noción formalista, es decir, que su limitación es precisamente que su forma no es lo bastante concreta, sino un mero contenedor neutro de cierto contenido que elude esa forma.

El problema a este respecto no es el terror como tal; nuestra tarea actual consiste precisamente en reinventar un terror emancipatorio. El problema está en otra parte: el «extremismo» político igualitario o el «radicalismo excesivo» siempre deberían entenderse como un fenómeno de *desplazamiento* ideológico-político: como un índice de su opuesto, de una limitación, de una imposibilidad efectiva de «llegar hasta el final». ¿Qué era el recurso jacobino al «terror» radical sino una especie de actuación histérica que atestiguaba su incapacidad para perturbar los fundamentos mismos del orden económico (la propiedad privada, etc.)? ¿Y no ocurre lo mismo con los llamados «excesos» de la Corrección Política? ¿No reflejan también el abandono de cualquier intento de acabar con las causas reales (económicas, etc.) del racismo y el sexismo? Quizá haya llegado pues la hora de problematizar los lugares comunes compartidos por prácticamente todos los izquierdistas «posmodernos», según los cuales el «totalitarismo» político es en cierto modo el resultado del predominio de la producción material y de la tecnología sobre la comunicación intersubjetiva y/o la práctica simbólica, como si la raíz del terror político residiera en el hecho de que el «principio» de la razón instrumental, de la explotación tecnológica de la naturaleza, se extienda también a la sociedad, siendo tratadas las personas como pura materia prima a partir de la cual habría que crear al Hombre Nuevo. ¿Y si fuera exactamente *al contra-*

rio? ¿Y si el «terror» político indicara precisamente que se *niega* su autonomía a la esfera de la producción (material), *subordinándola* a la lógica política? ¿No será que todo «terror» político, desde el jacobino a la Revolución cultural maoísta, presupone la constricción de la producción, su reducción al campo de batalla político? Con otras palabras, eso equivale efectivamente nada menos que al abandono de la idea clave de Marx de que la lucha política es un espectáculo que, para ser descifrado, tiene que remitirse a la esfera de la economía («si el marxismo tiene algún valor analítico para la teoría *política,* no está en la insistencia en que el problema de la libertad quede subsumido en las relaciones sociales implícitamente declaradas como "apolíticas" –es decir, naturalizadas– en el discurso liberal»[27]).

En cuanto a las raíces filosóficas de esta limitación del terror igualitario, es relativamente fácil distinguir las razones del error fundamental del terror jacobino en Rousseau, quien estaba dispuesto a llevar hasta su extremo «estalinista» la paradoja de la voluntad general:

> Dejando a un lado este contrato original, el voto de la mayoría obliga siempre al resto, como consecuencia del propio contrato. Aun así, surge esta pregunta: ¿cómo puede un hombre ser libre y al mismo tiempo verse obligado a someterse a una voluntad que no es la suya? ¿Cómo pueden ser libres los que se oponen si han de someterse a leyes con las que no están de acuerdo? Respondo a esta cuestión diciendo que está mal planteada. El ciudadano acepta todas las leyes, incluso las que se aprueban contra su voluntad y las que lo castigan cuando se atreve a transgredir alguna. La voluntad constante de todos los miembros del Estado es la voluntad general, y es ésta la que los hace ciudadanos y libres. Cuando se propone una ley en la asamblea del pueblo, lo que se le pregunta no es si aprueba o desecha la proposición, sino si ésta es o no conforme a

---

[27] W. Brown, *States of Injury,* Princeton, Princeton University Press, 1995, p. 14.

la voluntad general que es la suya. Cada cual, al dar su voto, expresa su parecer sobre el particular, y el recuento de los votos proporciona una declaración de la voluntad general. Así pues, cuando prevalece la opinión contraria a la mía, esto prueba únicamente que he cometido un error y que lo que creía que era la voluntad general no lo era en realidad. Si prevaleciera mi opinión particular contra la voluntad general, yo habría hecho algo distinto de lo que quería, y entonces no habría sido libre[28].

La trampa «totalitaria» se encuentra aquí en el cortocircuito entre lo constatativo y lo performativo[*]: al considerar el procedimiento de votación, no como acto de decisión performativo sino constatativo, como expresión (o adivinación) de la voluntad general (que queda así sustancializada en algo que *preexiste* a la votación), Rousseau elude la difícil cuestión de los derechos de los que quedan en minoría (obligados a obedecer la decisión de la mayoría, porque, al conocer el resultado de la votación, saben cuál es realmente la voluntad general). Con otras palabras, los que quedan en minoría no son simplemente una minoría: al conocer el resultado del voto (que va contra su voto individual), no se enteran simplemente de que han quedado en minoría, sino de que estaban *equivocados* sobre la naturaleza de la voluntad general.

Llama la atención el paralelismo entre esta sustanciación de la voluntad general y la noción religiosa de predestinación: en el caso de esta última, el destino queda también sustancializado en una decisión que precede al proceso, de forma que lo que está en cuestión en las actividades de los individuos no es constituir performativamente su destino, sino descubrir (o adivinar) su destino preexistente. Lo que se soslaya en ambos casos es la inversión

---

[28] J.-J. Rousseau, *El contrato social,* libro 4, cap. 2, «El sufragio», ed. cast. *online:* http://www.scribd.com/doc/9415999/Rousseau El Contrato Social.
[*] Véase, por ejemplo, http://es.wikipedia.org/wiki/Teoría_de_los_actos_de_habla. *[N. del T.]*

dialéctica de la contingencia en necesidad, esto es, la forma en que el resultado de un proceso contingente es la apariencia de necesidad: las cosas «habrán sido» necesarias retroactivamente. Esta inversión fue descrita así por Jean-Pierre Dupuy:

> El acontecimiento catastrófico está inscrito en el futuro como un destino seguro, pero también como un accidente contingente: podría no haber ocurrido, incluso si, en *futur antérieur* [futuro compuesto], aparece como necesario [...]. Si ocurre un acontecimiento excepcional, como por ejemplo una catástrofe, podría no haber tenido lugar; pero el hecho de que no tuviera lugar sólo probaría que no era inevitable. De modo que es la realización del acontecimiento –el hecho de que ocurra– lo que crea retroactivamente su necesidad[29].

Dupuy ofrece el ejemplo de las elecciones presidenciales francesas en mayo de 1995, y en concreto el pronóstico que hizo público en enero el principal instituto de encuestas: «Si el próximo 8 de mayo resulta elegido el señor Balladur, cabría decir que la elección presidencial estaba decidida antes incluso de que tuviera lugar». Cuando ocurre un acontecimiento, éste crea la cadena de precedentes que lo hacen parecer inevitable; *esto,* y no los lugares comunes sobre cómo se expresa la necesidad subyacente en y mediante el juego accidental de las apariencias, es *in nuce* la dialéctica hegeliana de la contingencia y la necesidad. Lo mismo se puede decir de la Revolución de Octubre (una vez que los bolcheviques vencieron y estabilizaron su poder, su victoria apareció como resultado y expresión de una necesidad histórica más profunda); incluso la muy cuestionada primera victoria presidencial de G. W. Bush en Estados Unidos, tras su discutible mayoría en Florida, aparece retroactivamente como expresión de una tendencia política más profunda. En este sentido,

---

[29] J.-P. Dupuy, *Petite métaphysique des tsunami*, París, Seuil, 2005, p. 19.

aunque estemos determinados por el destino, *somos libres para elegirlo*. Según Dupuy, es también así como debemos enfocar la crisis ecológica: no se trata de apreciar «realistamente» las posibilidades de catástrofe, sino de aceptarla como Destino en el sentido hegeliano del término; al igual que en el caso de la elección de Balladur, «si sucede una catástrofe, siempre se puede decir que estaba destinada a suceder desde antes de que ocurriera». Destino y acción libre (que obstruye el condicional «si») van así de la mano: la libertad es en su sentido más radical la libertad de cambiar el propio Destino[30]. Esto nos retrotrae a nuestra pregunta central: ¿cómo sería una política jacobina que tuviera en cuenta ese ascenso retroactivo-contingente de la universalidad? ¿Cómo habría que reinventar el terror jacobino?

Volvamos al texto *Humanisme et terreur* de Merleau-Ponty, según el cual algunos estalinistas, cuando se veían obligados a admitir (normalmente en conversaciones privadas) que muchas de las víctimas de las purgas eran inocentes y fueron acusadas y asesinadas porque «el partido necesitaba su sangre para fortalecer su unidad», imaginaban el momento futuro de la victoria final, cuando a todas las víctimas necesarias se les dará lo que les es debido y se reconocerá su inocencia y su gran sacrificio por la Causa. Esto es lo que Lacan, en su seminario sobre *L'Éthique de la psychanalyse*[31], llama la «perspectiva del juicio final», una pers-

---

[30] Habría que tener presente que la noción de predestinación es totalmente ajena a su contrapartida oriental, la reencarnación. Lo que ambas comparten es la idea de que mi estado actual está predeterminado, aunque en el primer caso lo sea por una inescrutable y contingente decisión divina que precede a mi existencia y que, por lo tanto, no tiene nada que ver con mis actos, mientras que en el segundo caso son mis propios actos en vidas anteriores los que determinan mi situación actual, que depende, por tanto, de mí. Lo que se pierde en la noción de reencarnación es la distancia irreductible entre virtud y gracia, entre mi carácter y mi destino, esto es, la extrema contingencia y externalidad de mi destino con respecto a mi carácter.

[31] J. Lacan, *Le Séminaire* (S VII), 1959-1960, Seuil, 1986 [ed. ingl.: *The Ethics of Psychoanalysis*, Londres, Routledge, 1992].

pectiva aún más claramente discernible en uno de los términos
clave del discurso estalinista, el de la «culpa objetiva» y el «significado objetivo» de nuestros actos: aunque un individuo honrado actúe con intenciones sinceras, puede ser sin embargo «objetivamente culpable» si sus actos sirven a las fuerzas reaccionarias,
y es por supuesto el Partido el único que puede juzgar sobre lo
que «significan objetivamente» sus actos. Aquí tenemos de nuevo, no sólo la perspectiva del Juicio Final (que formula el «significado objetivo» de esos actos), sino también el agente presente
que ya tiene la capacidad única para juzgar los acontecimientos
actuales desde esa perspectiva[32].

Podemos ver ahora por qué el dictamen de Lacan «il n'y a pas
de grand Autre» [«no hay un gran Otro»] nos lleva directamente
al núcleo del problema ético: lo que excluye es precisamente esa
«perspectiva del Juicio Final», la idea de que en algún lugar,
aunque sea siquiera como punto de referencia virtual, y aunque
aceptemos que no podemos ocupar nunca ese lugar para dictar
desde él sentencia, tiene que haber una norma que nos permita
valorar «objetivamente» nuestros actos y conocer su «significado
real», su auténtico estatus ético. Incluso la idea de Derrida de la
«deconstrucción como justicia» parece basarse en una esperanza
utópica que mantiene el espectro de la «justicia infinita», para
siempre pospuesta, siempre por llegar, pero que está ahí como
horizonte último de nuestra actividad. El propio Lacan señalaba
la forma de salir de ese embrollo refiriéndose a la filosofía de
Kant como antecedente crucial de la ética psicoanalítica. Como
tal, la ética kantiana alberga efectivamente un potencial «terrorista»; un rasgo que apunta en esa dirección sería la bien conocida tesis de Kant de que la Razón sin Intuición está vacía,

---

[32] Lo mismo se puede decir de un ateo hedonista radical como el marqués de
Sade: lectores perspicaces de su obra (como Pierre Klossowski) aventuraron hace
tiempo que la compulsión a gozar que impulsa al libertino sadiano supone una
referencia implícita a una divinidad oculta, a lo que Lacan llamaba el «Ser-Supre-
mo-del-Mal», un dios oscuro que se alimenta del sufrimiento de los inocentes.

mientras que la Intuición sin Razón está ciega. ¿No es su contrapartida política la afirmación de Robespierre según la cual la
Virtud sin Terror es impotente, mientras que el Terror sin Virtud es funesto, al golpear ciegamente?

Según la crítica habitual, la limitación de la ética universalista
kantiana del «imperativo categórico» (el apremio incondicional a
cumplir nuestro deber) reside en su indeterminación formal: la
ley moral no me dice *cuál* es mi deber, simplemente me dice *que*
debería cumplir con mi deber, y así deja abierto el margen para
un voluntarismo vacío (cualquier cosa que yo decida que es mi
deber *lo es* realmente). Sin embargo, lejos de ser una limitación,
esa misma característica nos lleva al núcleo de la autonomía ética
kantiana: no es posible deducir de la ley moral misma las normas
concretas que tengo que seguir en mi situación específica, lo que
significa que el propio sujeto tiene que asumir la responsabilidad
de traducir la inducción abstracta de la ley moral a una serie de
obligaciones concretas. La aceptación cabal de esta paradoja
nos obliga a rechazar cualquier referencia al deber como excusa:
«Sé que esto es duro y puede ser doloroso, pero ¿qué puedo hacer?; es mi deber...» La ética kantiana del deber incondicional se
toma a menudo como justificante de tal actitud, y el propio Adolf
Eichmann aludió a la ética kantiana tratando de justificar su papel en la planificación y ejecución del Holocausto: sólo estaba
cumpliendo con su deber y obedeciendo las órdenes del *Führer*.
Sin embargo, el objetivo del énfasis kantiano en la autonomía
moral plena del individuo y en su responsabilidad es precisamente evitar tales maniobras con las que se intenta desplazar la acusación hacia alguna figura del gran Otro.

El acostumbrado lema del rigor ético es: «¡No hay ninguna
excusa para no cumplir con el deber!». Aunque la bien conocida
máxima de Kant «Du kannst, denn du sollst!» [«¡Puedes, puesto
que debes!»] parece ofrecer una nueva versión del aforismo, implícitamente lo complementa con su inversión mucho más ter-
minante: «¡No hay excusa para cumplir con el deber!». La propia
referencia a éste como excusa para mis actos debería por tanto

ser rechazada como hipócrita. Recordemos el ejemplo proverbial del maestro severo y sádico que somete despiadadamente a sus alumnos a una disciplina y torturas sin cuento; su excusa ante sí mismo (y ante otros) es: «Yo mismo encuentro difícil ejercer tal presión sobre los pobres críos, pero ¿qué puedo hacer?; ¡es mi deber!». Esto es lo que prohíbe terminantemente la ética psicoanalítica, para la que soy totalmente responsable, no solamente de cumplir con mi deber, sino también de determinar cuál es éste.

Siguiendo la misma línea, en sus escritos de 1917 Lenin lanza sus sarcasmos más mordaces a quienes se dedican a una búsqueda infinita de algún tipo de «garantía» para la revolución; esa garantía asume dos formas principales: o bien la noción reificada de la Necesidad social (no se debería intentar la revolución demasiado pronto; hay que esperar el momento justo, cuando la situación está «madura» según las leyes del desarrollo histórico: «Es demasiado pronto para la revolución socialista; la clase obrera todavía no está madura») o la legitimidad normativa «democrática» («la mayoría de la población no está de nuestra parte, así que la revolución no sería realmente democrática»); como dice repetidamente Lenin, es como si el agente revolucionario, antes de intentar tomar el poder estatal, debiera obtener el permiso de alguna figura del gran Otro (organizar un referéndum que asegure que la mayoría apoya la revolución). Para Lenin, como para Lacan, «la revolution ne s'autorise que d'elle même»: hay que asumir el acto revolucionario sin esperar la cobertura del gran Otro; el miedo a tomar el poder «prematuramente», la pretensión de una garantía, es el temor al abismo del acto.

Sólo una actitud así de radical nos permitiría romper con la forma de política actualmente predominante, la biopolítica pospolítica, que es una política de temor, formulada como defensa contra una discriminación o acoso potencial. Ahí reside la auténtica línea de la res entre la política radicalmente emancipadora y la política del *statu quo*: no es la diferencia entre dos visiones positivas o conjuntos de axiomas diferentes, sino la diferencia entre la política basada en un conjunto de axiomas universales y la que renuncia a la propia dimensión constitutiva de lo político, ya que recurre al miedo como último principio unificador: miedo a los inmigrantes, al crimen, a la depravación sexual atea, al Estado desmesurado (y sus pesados impuestos), a las catástrofes ecológicas. etc.; tal (pos)política equivale siempre a una asamblea aterradora de personas aterrorizadas. Por eso el gran acontecimiento −no sólo en Europa− a principios de 2006 fue la generalización de medidas contra la inmigración, cortando finalmente el cordón umbilical que las unía a los partidos de extrema derecha. Los principales partidos en Francia, Alemania, Austria, Holanda..., con un renovado orgullo por la propia identidad cultural e histórica, consideran ahora aceptable insistir en que los inmigrantes son invitados que tienen que acomodarse a los valores culturales que definen la sociedad anfitriona: «Así es nuestro país, lo tomas o lo dejas».

¿Cómo podemos salir de esa (pos)política del miedo? El auténtico contenido de la democracia liberal global es la administración biopolítica de la vida, que introduce una tensión entre la forma democrática y el contenido administrativo-regulador. ¿Cuál podría ser entonces la antítesis de la biopolítica? ¿Y si asumimos el riesgo de resucitar la vieja «dictadura del proletariado» como la única forma de superar la biopolítica? Puede que suene ridículo hoy día y que parezcan dos términos incompatibles de campos diferentes, sin espacio común: el último análisis del poder político frente a la vieja y desacreditada mitología comunista... Aun así, sigue siendo hoy día la única opción alternativa auténtica. La expresión «dictadura del proletariado» sigue apuntando al problema clave.

Es normal que surja un reproche de sentido común: ¿por qué dictadura?; ¿por qué no auténtica democracia, o simplemente el poder del proletariado? «Dictadura» no es sin embargo un término opuesto a democracia, sino el propio modo subyacente de funcionar de la democracia; desde un principio, las tesis sobre la «dictadura del proletariado» daban por supuesto que se contraponía a otra(s) forma(s) de dictadura, ya que todo poder estatal es una dictadura. Cuando Lenin calificaba la democracia liberal como una forma de dictadura burguesa, no se refería con ello a la idea simplista de la manipulación de la democracia que la convierte en una mera fachada, o a que el poder y control real de las cosas esté en manos de una camarilla secreta, que, si viera amenazado su poder en unas elecciones democráticas, mostraría su verdadero rostro y asumiría el control directo; lo que quería decir es que la propia *forma* del estado democrático-burgués, la soberanía de su poder, en sus propios supuestos político-ideológicos, supone una lógica «burguesa».

Habría pues que emplear el término «dictadura» en el sentido preciso de que la democracia es también una forma de dictadura, esto es, una determinación puramente *formal*. Muchos querrían subrayar a este respecto que el autocuestionamiento es intrínsecamente constitutivo de la democracia y que ésta siempre permite, e incluso exige, cuestionar sus propias características. Sin embargo, esta autorreferencialidad tiene que detenerse en algún punto: ni siquiera las elecciones «más libres posibles» pueden poner en cuestión los procedimientos legales que las legitiman y organizan, el aparato de Estado que garantiza (por la fuerza, si es necesario) el proceso electoral, etc. El Estado, en su aspecto institucional, es una presencia masiva de la que no se puede dar cuenta en términos de representación de intereses; la ilusión democrática es que sí se puede. Badiou conceptualiza este exceso como el exceso de la representación del Estado sobre lo que representa; se puede decir también, como Benjamin, que, aunque la democracia puede eliminar más o menos la violencia constituida, tiene que basarse permanentemente en la violencia constitutiva.

Recordemos la lección hegeliana de la «universalidad concreta»: imaginemos un debate entre un filósofo hermenéutico, un deconstruccionista y un filósofo analítico. Lo que acaban descubriendo más pronto o más tarde es que no ocupan simplemente posiciones en un espacio común compartido llamado «filosofía»: lo que los distingue es la propia definición de qué es la filosofía; con otras palabras, un filósofo analítico percibe el campo global de la filosofía y las diferencias respectivas entre los participantes de forma diferente que un filósofo hermenéutico: lo que los distingue son las propias diferencias, y eso es lo que las hace invisibles a primera vista; queda así invalidada la lógica clasificatoria gradual «esto es lo que compartimos, y nuestras diferencias comienzan aquí». Para el filósofo analítico actual, la filosofía ha alcanzado finalmente, tras el giro cognitivista, la madurez del razonamiento serio, dejando atrás las especulaciones metafísicas; para un hermenéutico, por el contrario, la filosofía analítica es el fin de la filosofía y la pérdida irreparable de una auténtica actitud filosófica, al transformarse la filosofía en otra ciencia positiva más. Así pues, cuando los participantes en el debate se ven sorprendidos por esa brecha más fundamental que los separa, tropiezan con el momento de la «dictadura»; lo mismo sucede, de forma análoga, con la democracia política: su dimensión dictatorial se hace palpable cuando la lucha se convierte en disputa por el propio campo de batalla.

Así pues entonces, ¿qué pasa con el proletariado? En la medida en que constituye la parte «descoyuntada» del edificio social, que aunque está integrada formalmente en ese edificio no tiene un lugar determinado dentro de él y es la «parte de ninguna parte» que representa la universalidad, la «dictadura del proletariado» significa el empoderamiento directo de la universalidad, y es así la «parte de ninguna parte» la que marca el tono. Es universalista-igualitaria por razones puramente formales: como parte de ninguna parte, carece de los rasgos particulares que legitimarían su lugar en el cuerpo social: pertenece al conjunto de la sociedad sin pertenecer a ninguno de sus subconjuntos, como tal, su pertenencia es directamente universal. Ahí alcanza su límite la lógica de la representación de múltiples intereses particulares y su conciliación mediante compromisos; cualquier dictadura rompe con esa lógica de la representación (y por eso es por lo que la definición simplista del fascismo como dictadura del capital financiero es equivocada: Marx ya sabía que el régimen protofascista de Napoleón III rompía con la lógica de la representación). Habría por tanto que desmitificar a fondo el espantajo de la «dictadura del proletariado»: la que representa fundamentalmente es el momento trémulo en que la compleja red de representaciones queda suspendida debido a la intrusión directa de la universalidad en el campo político. Con respecto a la Revolución francesa, fue significativamente Danton, y no Robespierre, quien ofreció la fórmula más concisa del imperceptible desplazamiento de la «dictadura del proletariado» a la violencia estatal o, en términos de Benjamin, de la violencia divina a la violencia mística: «Seamos terribles para que el pueblo no tenga que serlo»[33]. Para Danton, el terror del Estado revolucionario jacobino era una especie de acción preventiva cuyo verdadero objetivo no era la venganza contra los enemigos, sino evitar la violencia «divina» directa de los *sans-culottes,* del propio pueblo. Con otras palabras, hagamos lo que el pueblo nos demanda *de forma que no tenga que hacerlo él mismo...*

Desde la antigua Grecia, tenemos un nombre para esa intrusión: democracia. ¿Qué es la democracia, fundamentalmente? Un fenómeno que apareció por primera vez en la antigua Grecia cuando los miembros del *demos* (los que no tenían un lugar determinado en el edificio social jerarquizado) no sólo exigían que se oyera su voz contra los que ejercían el poder; no sólo protestaban contra los ataques que sufrían y querían que su voz fuera reconocida e incluida en la esfera pública, al mismo nivel que la de la oligarquía aristocrática dominante; ellos, los excluidos, los que no tenían un lugar fijo en el edificio social, se presentaban como encarnación de toda la sociedad, de la auténtica Universalidad: «Nosotros –los "nadie", los que no figuramos en el orden establecido– somos el pueblo, somos Todo frente a quienes sólo representan sus intereses y privilegios particulares». El conflicto propiamente político se muestra en esa tensión en-

---

[33] Citado en S. Schama, *Citizens,* Nueva York, Viking Penguin, 1989, pp. 706-707.

tre el cuerpo social estructurado, en el que cada parte tiene su lugar, y «la parte de ninguna parte» que sacude ese orden en nombre del principio vacío de universalidad, de lo que Étienne Balibar llama igualibertad *[égaliberté]*, la igualdad de principio de todos los humanos *qua* seres hablantes, incluidos los *liumang* [vagabundos] de la China actual, los desplazados que vagan libremente, sin empleo ni alojamiento, pero también sin identidad cultural o sexual precisa y sin papeles oficiales.

Esta identificación con el Todo de la parte de la sociedad sin un lugar propiamente definido (o que rehúye el lugar subordinado que se le asigna en ella) es el gesto elemental de politización discernible en todos los grandes acontecimientos democráticos desde la Revolución francesa (en la que el *tiers état* se proclamó idéntico a la Nación como tal, contra la aristocracia y el clero) hasta el hundimiento del socialismo en el Este de Europa (cuando diversos «foros» disidentes se proclamaron representantes de toda la sociedad contra la *nomenklatura* del Partido). En este sentido preciso, política y democracia son sinónimos: el objetivo básico de la política antidemocrática es y ha sido siempre, por definición, la despolitización, la exigencia de que «las cosas vuelvan a la normalidad» y de que cada individuo se dedique a sus tareas particulares. Y esto nos lleva inevitablemente a la paradójica conclusión de que la «dictadura del proletariado» *es otro nombre de la violencia de la propia explosión democrática.* La «dictadura del proletariado» es, pues, el nivel cero en el que se suspende la diferencia entre el poder estatal legítimo e ilegítimo, esto es, en el que el poder del Estado *como tal* es ilegítimo. Saint-Just dijo en noviembre de 1792: «Todo rey es un rebelde y un usurpador». Esta frase es la piedra angular de la política emancipadora: no hay ningún rey «legítimo» que pueda sustituir al usurpador, ya que *ser rey es de por sí una usurpación,* en el mismo sentido en que para Proudhon la propiedad es de por sí un robo. Tenemos aquí la «negación de la negación» hegeliana, el paso de la negación directa-simple («este rey no es legítimo, es un usurpador»), a la autonegación intrínseca (un «rey legítimo» es un oxímoron, ya que ser rey *es* una usurpación). Por eso, para Robespierre, el juicio a Luis XVI no era un juicio en absoluto:

> [...] Aquí no se trata de llevar a cabo ningún juicio. Luis no es un acusado; vosotros no sois jueces; no sois y no podéis ser otra cosa que hombres de Estado y representantes de la Nación. No tenéis que dictar sentencia a favor o en contra de un hombre, sino tomar una medida de salud pública y ejercer un acto de providencia nacional [...].
>
> Luis era rey y se ha fundado una república; el problema que nos ocupa queda decidido por esas solas palabras. Luis fue destronado por sus crímenes; Luis denunció al pueblo francés como rebelde; llamó para castigarlo a los ejércitos de los tiranos, sus cofrades; la victoria y el pueblo han decidido que él era el verdadero rebelde; Luis no puede por tanto ser juzgado; ya ha sido juzgado y condenado, o la República no queda absuelta. Proponer un proceso para Luis XVI, sea el que sea, es retroceder al despotismo real y constitucional; es una idea contrarrevolucionaria, pues significa poner en cuestión la propia Revolución. En efecto, si Luis puede ser todavía objeto de un proceso, es que puede ser absuelto; puede ser inocente. ¿Qué digo? Se supone que lo es hasta que sea juzgado. Pero, si Luis es absuelto; si se puede suponer que es inocente, ¿en qué se convierte la Revolución? [...][34].

Este extraño emparejamiento entre democracia y dictadura se basa en la tensión incluida en la propia noción de democracia. Lo que Chantal Mouffe llama «paradoja democrática» invierte casi simétricamente la paradoja fundamental del fascismo autoritario: si la tarea de la democracia (institucionalizada) consiste en integrar la lucha antagónica misma en el espacio institucional/diferencial, transformándola en antagonismo regulado, el fascismo procede en la dirección opuesta. Aunque en su práctica y su lenguaje lleva al límite la lógica antagonista (hablando

---

[34] Véanse más adelante las pp. 141-142.

de «lucha a muerte» contra sus enemigos y manteniendo siempre –si no realizando– una amenaza extrainstitucional de violencia, la «presión directa del pueblo» que desborda los complejos canales legal-institucionales), su objetivo político es precisamente el opuesto, un cuerpo social jerarquizado extremadamente ordenado (no es de extrañar que todos los fascismos recurran siempre a metáforas orgánico-corporativas). Este contraste se puede presentar claramente en términos de la oposición lacaniana entre el «sujeto de enunciación» y el «sujeto del enunciado (contenido)»: mientras que la democracia admite la lucha antagónica como objetivo (en términos lacanianos, como su enunciado, su contenido), sus procedimientos son sistémico-regulados; el fascismo, por el contrario, trata de imponer el objetivo de la armonía jerárquicamente estructurada mediante un antagonismo desbocado.

De forma análoga, la ambigüedad de la pequeña burguesía, esa contradicción corporeizada (como decía Marx a propósito de Proudhon), queda ejemplificada de forma idónea en su relación con la política: por un lado, la clase media está contra la politización y sólo quiere mantener su modo de vida, que la dejen trabajar y llevar su vida en paz (y por eso tiende a apoyar los golpes autoritarios que le prometen poner fin a la enloquecida movilización política de la sociedad, de manera que cada uno pueda volver al lugar que le es propio). Por otro lado, constituye –so capa de la laboriosa y patriótica mayoría moral, que se siente amenazada– el principal componente de las movilizaciones de masas al estilo del populismo de derechas, como sucede por ejemplo en la Francia actual, donde la única fuerza que realmente perturba la administración humanitaria y tecnocrática pospolítica es el Frente Nacional de Le Pen.

En la democracia hay dos aspectos elementales irreconciliables: la violenta imposición igualitaria de los que «sobran», la «parte de ninguna parte», los que, aunque estén formalmente incluidos en el edificio social, carecen de un lugar determinado en él; y el procedimiento (más o menos) regulado para elegir a los que ejercerán el poder. ¿Cómo se relacionan entre sí esos dos aspectos? ¿Qué sucede si la democracia en el segundo sentido (el procedimiento regulado para registrar la «voz del pueblo») es en último término *una defensa contra sí mismo,* contra la democracia en el sentido de la violenta intrusión de la lógica igualitaria que perturba el funcionamiento jerarquizado del edificio social, un intento de refuncionalizar ese exceso, de convertirlo en parte del funcionamiento normal del sistema social?

El problema se plantea pues así: ¿cómo regular/institucionalizar el violento impulso democrático-igualitario, cómo evitar que se vea sofocado en la democracia por el segundo sentido del término (procedimiento regulado)? Si no hay forma de hacerlo, entonces la «auténtica» democracia seguirá siendo un efímero arrebato utópico, que al día siguiente, como es proverbial, tiene que ser normalizado[35].

La proposición orwelliana «la democracia es terror» es así el «juicio infinito» de la democracia, su más alta identidad especulativa. Esta dimensión se pierde en la noción de democracia de Claude Lefort, como algo que incluye el lugar vacío del poder, la distancia constitutiva entre el lugar del poder y los agentes contingentes que pueden ocupar ese lugar durante un periodo limitado de tiempo. Paradójicamente, la premisa subyacente de la democracia es así no sólo es que ningún agente político tiene un

---

[35] La trampa que hay que evitar aquí es oponer esos dos polos como el «bien» y el «mal», esto es, desdeñar los procedimientos democráticos institucionalizados como «osificación» de la experiencia democrática primordial. Lo que importa verdaderamente es hasta qué punto consiguen institucionalizarse, convertirse en orden social, esas explosiones democráticas. Por un lado, son fácilmente recuperables para los poderosos, ya que «el día después» la gente se despierta en la sobria realidad de las relaciones de poder revigorizadas por la sangre fresca democrática (por eso a los poderosos les complacen los «estallidos de creatividad» como Mayo del 68); por otro, con frecuencia el procedimiento democrático «osificado» al que la mayoría sigue adhiriéndose como «letra muerta» es la única defensa que les queda contra el asalto de las pasiones «totalitarias» de la plebe.

derecho «natural» al poder, sino algo mucho más radical: que el «pueblo» mismo, fuente última de la soberanía en la democracia, no existe como entidad sustancial. Desde la perspectiva kantiana, la noción democrática de «pueblo» es un concepto negativo, cuya función consiste simplemente en designar cierto límite: prohíbe a cualquier agente particular gobernar con una soberanía total (los únicos momentos en que «existe el pueblo» son las elecciones democráticas, que son precisamente los momentos de desintegración de todo el edificio social, ya que en ellas el «pueblo» se ve reducido a una colección mecánica de individuos). El axioma básico del «totalitarismo» es precisamente la proclamación de que *el pueblo existe,* y su error es estrictamente homólogo del abuso kantiano («paralogismo») de la razón política: «El pueblo existe» mediante un agente político determinado que actúa como si encarnara directamente (y no sólo representara) al pueblo, su verdadera voluntad (el Partido totalitario y su Líder), esto es –en términos de crítica trascendental–, como una encarnación fenoménica directa de el pueblo nouménico... La vinculación obvia entre esa noción de democracia y la idea lacaniana de la inconsistencia del gran Otro fue estudiada, entre otros, por Jacques-Alain Miller:

¿Es la «democracia» un significante-amo? Sin ninguna duda. Es el significante-amo que dice que no hay ningún significante-amo, al menos no por sí solo, y que cualquier significante-amo tiene que insertarse prudentemente entre otros. La democracia es la gran S lacaniana de la A tachada, que dice: soy el significante del hecho de que el Otro tiene un agujero, o de que no existe[36].

Miller es consciente, por supuesto, de que *cualquier* significante-amo atestigua el hecho de que no hay significante-amo, ningún Otro del Otro, de que existe una carencia en el Otro, etc.;

---

[36] Jacques-Alain Miller, *Le Neveu de Lacan,* Verdier, 2003, p. 270 *(sic, no Neveau [N. del T.]).*

la propia distancia entre S1 y S2 se debe a esa carencia (como sucede con Dios en Spinoza, el Significante-Amo por definición ocupa el lugar vacío en la serie de significantes «ordinarios»). La diferencia es que, con la democracia, esa carencia está directamente inscrita en el sistema social, institucionalizada en un conjunto de procedimientos y regulaciones; no es de extrañar pues que Miller cite aprobadoramente a Marcel Gauchet considerando que, en la democracia, la verdad sólo se ofrece «en división y descomposición» (y uno no puede sino señalar con ironía que Stalin y Mao hicieron la misma proclamación, aunque con un deje «totalitario»: en la política, la verdad sólo emerge a través de las divisiones despiadadas de la lucha de clases...).

Es fácil observar que, desde ese horizonte kantiano de la democracia, su aspecto «terrorista» –la violenta imposición igualitaria de los que están «de más», la «parte de ninguna parte»– sólo puede aparecer como su distorsión «totalitaria», esto es, que desde esa perspectiva la línea que separa la auténtica explosión democrática del terror revolucionario del régimen «totalitario» del Estado-Partido (o, para decirlo de forma reaccionaria, la línea que separa la oclocracia gobernada por «la turba de los desposeídos» de la brutal opresión de la plebe desde el Estado-Partido) queda borrada (se puede argumentar, por supuesto, que la oclocracia directa es intrínsecamente inestable y que se convierte necesariamente en su opuesto, en una tiranía sobre la propia plebe; sin embargo, ese desplazamiento no cambia en absoluto el hecho de que estamos tratando precisamente con un desplazamiento, un viraje radical). Foucault se ocupa de ese desplazamiento en sus escritos sobre la revolución iraní, donde opone la realidad histórica de un complejo proceso de transformaciones culturales, económicas, políticas y de otro tipo al acontecimiento mágico de la rebelión que de algún modo suspende la red de la causalidad histórica y no se puede reducir a ella:

El hombre que se rebela es en último término inexplicable. Tiene que haber un desarraigo que interrumpe el despliegue de la historia y su larga serie de razones, para que alguien prefiera «realmente» el riesgo la muerte a la certidumbre de tener que obedecer[37].

Deberíamos tener muy presente la connotación kantiana de esas proposiciones: una rebelión es un acto de libertad que suspende momentáneamente el nexo de la causalidad histórica o, dicho con otras palabras, en la rebelión transpira la dimensión nouménica. Evidentemente, lo paradójico es que esa dimensión nouménica coincide con su opuesto, con la pura superficie de un fenómeno: el noúmeno no sólo se muestra, sino que es lo que, en un fenómeno, es irreducible a la red causal de la realidad que lo ha generado; en resumen, *el noúmeno es fenómeno* qua *fenómeno*. Existe una clara vinculación entre ese carácter irreducible del fenómeno y la noción deleuziana del acontecimiento como flujo de lo que está llegando a ser, como el surgimiento de una superficie que no se puede reducir a sus causas «corpóreas». Su respuesta a los críticos conservadores que denuncian los miserables e incluso aterradores resultados reales de un levantamiento revolucionario es que siguen ciegos a la dimensión del devenir:

> Últimamente está de moda condenar los horrores de la revolución. No es nada nuevo; el romanticismo inglés está repleto de reflexiones sobre Cromwell muy similares a las reflexiones actuales sobre Stalin. Dicen que las revoluciones siempre acaban mal, pero confunden siempre dos cosas diferentes: cómo terminan históricamente las revoluciones y cómo se hace revolucionario el pueblo. Esas dos cosas se refieren a dos tipos distintos de gente. La única esperanza de los seres humanos está en hacerse revolucionarios: es la única forma de librarse de su vergüenza o de responder a lo intolerable[38].

---

[37] J. Afary y K. B. Anderson, *Foucault and the Iranian Revolution,* Chicago, The University of Chicago Press, 2005, p. 263.
[38] G. Deleuze, *Negotiations,* Nueva York, Columbia University Press, 1995, p. 171.

Deleuze también describe las explosiones revolucionarias de una forma estrictamente pareja a la de Foucault:

> El movimiento iraní no experimentó la «ley» de las revoluciones según la cual, dicen algunos, la tiranía que ya albergaban secretamente reaparece bajo el ciego entusiasmo de las masas. Lo que constituyó la parte más interna y más intensamente vivida del levantamiento atañía, de forma inmediata, a un tablero político ya superpoblado, pero esa inmediatez no equivale a identidad. La espiritualidad de quienes iban a la muerte no guarda ninguna semejanza con el Gobierno sangriento de un clero fundamentalista. Los clérigos iraníes quieren autentificar su régimen apelando al significado que tenía el levantamiento, pero eso no desacredita más la rebelión que el puro hecho de que ahora haya un gobierno de mulás. En ambos casos se manifiesta el «miedo», miedo a lo que sucedió el último otoño en Irán, algo que no se había visto en el mundo desde hacía mucho tiempo[39].

Foucault es, a este respecto, efectivamente deleuziano: lo que le interesa no son los acontecimientos iraníes al nivel de la realidad social presente y sus interacciones causales, sino una superficie de acontecimiento, la pura virtualidad de la «chispa de vida» que da cuenta de la unicidad del hecho. Lo que tuvo lugar en Irán, en los intersticios de dos épocas de la realidad social, no fue la explosión del pueblo como entidad sustancial con un conjunto de propiedades, sino el hecho de convertirse en Pueblo. La cuestión no es pues el desplazamiento que las relaciones de poder y dominación entre agentes sociopolíticos reales, la redistribución del control social, etc., sino el propio hecho de trascender –o más bien de suspender por un momento– ese mismo dominio, del surgimiento de un terreno de «voluntad colectiva» totalmente nuevo, un puro Suceso-Sentido en

---

[39] J. Afary y K. B. Anderson, *op. cit.,* p. 265

el que todas las diferencias quedan anuladas, se vuelven irrelevantes. Tal acontecimiento no sólo es nuevo con respecto a lo que venía sucediendo antes, sino que es nuevo «en sí mismo» y así permanece para siempre nuevo.

Es con ese trasfondo como se puede formular una crítica de la estética política de Jacques Rancière, de su idea de una dimensión estética del propio acto político: una explosión democrática reconfigura el orden «policial» jerárquicamente establecido del espacio social; ofrece un espectáculo de un tipo diferente, de un *reparto* diferente del espacio público[40]. En la actual «sociedad del espectáculo», tal reconfiguración estética ha perdido su dimensión subversiva: resulta demasiado fácil su apropiación por el orden existente. La auténtica tarea no reside en las explosiones democráticas momentáneas que socavan el orden «policial» establecido, sino en la dimensión que Badiou designa como «fidelidad» al Acontecimiento: ¿cómo traducir/inscribir la explosión democrática en el orden «policial» positivo, cómo imponer a la realidad social un orden *nuevo* duradero? *Ésa* es la dimensión propiamente «terrorista» de cada verdadera explosión democrática: la brutal imposición de un orden nuevo. Y por eso, aunque a todos les gusten las rebeliones democráticas, las explosiones espectaculares/carnavalescas de la voluntad popular, se hace patente la ansiedad cuando esa voluntad quiere persistir, institucionalizarse y cuanto más «auténtica» es una rebelión, más «terrorista» es su institucionalización. Es ahí donde habría que situar el momento decisivo de un proceso revolucionario; en el caso de la Revolución de Octubre, por ejemplo, no en la explosión de 1917-1918, ni siquiera en la subsiguiente Guerra Civil, sino en la intensa experimentación de principios de la década de los veinte, los intentos (desesperados, a menudo ridículos) de inventar nuevos rituales para la vida cotidiana: ¿con qué sustituir los procedimientos anteriores del matrimonio y los funerales?; ¿cómo organizar la interacción más habitual en una fábrica, en un bloque de

---

[40] Véase J. Rancière, *The Politics of Aesthetics: The Distribution of the Sensible*, Londres, Continuum, 2004.

apartamentos? Es a ese nivel de lo que, a diferencia del «terror abstracto» de la «gran» revolución política, cabría llamar el «terror concreto» de la imposición de un orden nuevo en la vida cotidiana, al que fracasaron en último término las revoluciones jacobina, soviética y china, y no por ausencia de intentos en esa dirección. Lo mejor de los jacobinos no se hallaba en su escenificación del terror, sino en las explosiones utópicas de imaginación política a propósito de la reorganización de la vida cotidiana, con todo tipo de propuestas, en una frenética actividad, durante un par de años, desde la autoorganización de las mujeres a los hogares comunales en los que los ancianos podrían pasar sus últimos años dignamente y en paz. ¿Qué decir, pues, de los intentos bastante ridículos de Robespierre de imponer una nueva religión cívica enalteciendo al Ser Supremo? El propio Robespierre formuló sucintamente la razón principal de su oposición al ateísmo: «El ateísmo es aristocrático»[41]. Para él era la ideología de los aristócratas cínicos y hedonistas que habían perdido todo sentido de misión histórica.

La enojosa consecuencia que habría que aceptar a este respecto es que la preeminencia de la democracia igualitaria sobre los procedimientos democráticos sólo se puede «institucionalizar» imbuida de su opuesto, como *terror* revolucionario-democrático. Volvemos así a la pregunta: ¿cómo habría que reinventar actualmente el terror jacobino? Alain Badiou, en su *Logiques des mondes*[42], examina la idea eterna de la política de la justicia revolucionaria y su ejercicio, desde los antiguos «legistas» chinos hasta Lenin y Mao, pasando por los jacobinos, distinguiendo en ella cuatro momentos: *voluntarismo* (la creencia de que se pueden «mover montañas», ignorar las leyes «subjetivas» y los obstáculos «objetivos»), *terror* (una voluntad implacable de aplastar a los enemigos del pueblo), *justicia igualitaria* (su imposición brutal e inmediata, sin atender a las «complejas circunstancias» que supuestamente obligan a proce-

---

[41] M. Robespierre, *Œuvres complètes,* París, Ernest Leroux, 1910-1967, vol. 10, p. 195.
[42] Véase A. Badiou, *op. cit.,* «Introduction».

der gradualmente) y, por último, *confianza en el pueblo;* baste aquí recordar dos ejemplos, el del propio Robespierre y su «gran verdad» («La característica distintiva del Gobierno popular es su confianza en el pueblo y su severidad hacia sí mismo»), y la crítica de Mao a *Los problemas económicos del socialismo en la URSS* de Stalin, donde califica su planteamiento como «casi enteramente equivocado. Su error básico es su desconfianza hacia los campesinos»[43]. La única forma apropiada de contrarrestar la amenaza de catástrofe ecológica que pende sobre nosotros ¿no es precisamente la combinación de esos cuatro momentos? Lo que se exige es:

– *justicia igualitaria* estricta (todo el mundo debe pagar el mismo precio en términos de renuncias, esto es, habría que imponer a escala mundial las mismas normas per cápita de consumo de energía, emisión de dióxido de carbono, etc.; no se debería permitir que los países desarrollados sigan envenenando el medio ambiente a la velocidad actual, mientras se acusa a los países subdesarrollados del Tercer Mundo, desde Brasil hasta China, de arruinarlo con su rápido desarrollo;

– *terror* (castigo implacable de cuantos violen las medidas protectoras impuestas, incluyendo severas limitaciones de las «libertades» liberales; control tecnológico de los eventuales transgresores de las normas);

– *voluntarismo* (la única forma de afrontar la amenaza de catástrofe ecológica es por medio de decisiones colectivas a gran escala que irán contra la lógica inmanente «espontánea» del desarrollo capitalista; no es cuestión de coadyuvar a la materialización de la tendencia o necesidad histórica, sino de «parar el tren» de la historia que corre hacia el precipicio de la catástrofe global);

---

[43] La trampa reside, por supuesto, en la ambigüedad del «pueblo»: la gente en la que se confía ¿son los individuos empíricos o el Pueblo, en nombre del cual se puede desviar el terror del pueblo contra sus enemigos, dirigiéndolo contra el propio pueblo? ¿No ofrece el reto ecológico una oportunidad única para reinventar esa «Idea eterna»?

– y, por último, sin que sea lo menos importante, todo esto combinado con la *confianza en el pueblo* (la convicción de que la gran mayoría del pueblo apoya esas severas medidas, las entiende como propias y está dispuesto a participar en su puesta en vigor). No habría que recelar de la reactivación, combinando el terror con la confianza del pueblo, de una de las figuras de todo terror igualitario-revolucionario, el «informador» que denuncia a los culpables ante las autoridades (ya en el caso del escándalo Enron, la revista *Time* se mostraba acertada al elogiar como auténticos héroes públicos a los empleados que habían filtrado determinados datos a las autoridades financieras)[44].

Retrocediendo a principios de siglo XVII, tras el establecimiento del *shogunato* Tokugawa Japón adoptó colectivamente la decisión singular de aislarse de las culturas extranjeras y proseguir su propia vía de vida restringida y reproducción equilibrada, centrada en el refinamiento cultural, evitando una expansión salvaje. El periodo subsiguiente, que duró hasta mediados del siglo XIX, ¿era realmente un sueño aislacionista del que Japón se vio cruelmente despertado por el comodoro Perry al mando de la flota estadounidense? ¿Y qué pasa si el verdadero sueño es que podemos proseguir indefinidamente nuestro expansionismo y si todos tenemos que repetir, *mutatis mutandis,* la decisión japonesa, y decidir colectivamente intervenir en nuestro desarrollo seudonatural para cambiar su dirección? Lo más trágico es que la propia idea de tal decisión colectiva está actualmente desacreditada. A propósito de la desintegración del socialismo estatalista hace dos décadas, no se debería olvidar que, aproximadamente en el mismo momento, la ideología estatal del bienestar de la socialdemocracia occidental sufrió también un golpe fatídico y también dejó de funcionar como imaginario capaz

---

[44] Sin embargo, hay que evitar absolutamente a este respecto la tentación de juzgar las catástrofes ecológicas como una especie de «violencia divina» de la naturaleza, su justicia/venganza. Tal conclusión supondría una proyección oscurantista inaceptable en ella del significado.

de suscitar una adhesión colectiva apasionada. La idea de que «la época del Estado del Bienestar ha terminado» es ya un lugar común. Lo que compartían esas dos ideologías derrotadas era la noción de que la humanidad tiene, como sujeto colectivo, capacidad para limitar de algún modo el desarrollo sociohistórico impersonal y anónimo y para impulsarlo en una dirección determinada.

Actualmente tal idea se descarta rápidamente como «ideológica» y/o «totalitaria»: el proceso social se concibe de nuevo como algo dominado por un hado anónimo que escapa a cualquier tipo de control social social. El ascenso del capitalismo global se nos presenta así como un destino fatal contra el que no se puede luchar: o bien uno se adapta a él, o queda al margen de la historia y se ve aplastado. Lo único que cabe es hacer el capitalismo global tan humano como sea posible, luchar por un «capitalismo global con rostro humano» (eso es lo que significa, en último término, la Tercera Vía, aunque quizá habría que decir *significaba*). Habrá que romper la barrera del sonido, habrá que asumir el riesgo de respaldar de nuevo decisiones colectivas a gran escala, y éste es quizá el principal legado que nos dejaron Robespierre y sus camaradas.

Momentos antes de la ejecución de Robespierre, el verdugo se dio cuenta de que su cabeza no entraría en la guillotina con las vendas que cubrían sus heridas en la mandíbula, por lo que se las arrancó brutalmente; Robespierre lanzó al parecer un agudo grito fantasmal, que no se interrumpió hasta que la hoja cayó sobre su cuello. Ese último grito es legendario: dio lugar a toda una variedad de interpretaciones, la mayoría de ellas relacionadas con el aterrador chillido inhumano del espíritu del mal obligado a abandonar el cuerpo humano que lo alberga, como si en el último momento el propio Robespierre se hubiera humanizado, dejando a un lado la encarnación de la virtud revolucionaria que representaba y apareciendo como un miserable ser humano aterrorizado.

La imagen popular que ha quedado de él es la de una especie de hombre elefante invertido: mientras que este último ocultaba en un cuerpo terriblemente deformado un alma sensible e inteligente, Robespierre era una persona amable y cortés que ocultaba una cruel determinación, fría como el hielo, que sólo asomaba a sus ojos verdes. Así sirve perfectamente a los actuales liberales antitotalitarios, que ya no necesitan presentarlo como un monstruo cruel con una malvada sonrisa despectiva, como hacían los reaccionarios del siglo xix; ahora todos están dispuestos a reconocer su integridad moral y su devoción total a la causa revolucionaria, ya que el verdadero problema es su pureza, origen de todos sus excesos, como refleja el título de su última biografía, *Fatal Purity,* de Ruth Scurr[45]. Los títulos de algunas de las reseñas del libro son igualmente significativos: «El terror vestía una levita verde-mar», «El buen terrorista», «El diabólico verdugo de la virtud» y, sobresaliendo por encima de todos, la de Graham Robb, «Pequeño y engreído como un caballito de mar»[46]. Para que nadie lo pase por alto, Antonia Fraser lo juzga en la suya como «una lección escalofriante para estos tiempos»: Robespierre era personalmente honrado y sincero, pero «el derramamiento de sangre que provocó ese hombre "sincero" nos advierte certeramente que la convicción de la propia rectitud, excluyendo a todos los demás, puede ser tan peligrosa como la motivación más cínica de un tirano deliberado»[47]. Dichosos nosotros que vivimos bajo cínicos manipuladores de la opinión pública, y no bajo sinceros fundamentalistas musulmanes, dispuestos a llevar a la práctica incondicionalmente sus proyectos... ¡Qué mejor prueba de la miseria ético-política de nuestra época, cuya última razón movilizadora es la desconfianza en la virtud! Frente a tal realismo oportunista, deberíamos declarar la fe simple en la idea eterna de libertad que pervive más allá de todas las derrotas, sin la cual, como estaba claro para Robespierre, una revolución «no es sino un crimen estruendoso que destruye otro

---

[45]   R. Scurr, *Fatal Purity,* Londres, Chatto & Windus, 2006.

[46]   G. Robb, «Sea-Green, Mad as a Fish», *The Daily Telegraph,* 6 de mayo de 2006.

[47]   A. Fraser, «Head of the Revolution», *The Times,* Books Section, 22 de abril de 2006, p. 9.

crimen»; la fe que expresó terminantemente en su último discurso el 8 de termidor de 1794, el día antes de su arresto y ejecución:

> [Existen], os lo aseguro, almas sensibles y puras; existe esa pasión tierna, imperiosa e irresistible, tormento y delicia de los corazones magnánimos; ese horror profundo hacia la tiranía, ese celo que se compadece por los oprimidos, ese amor sagrado a la patria, ese amor aún más sublime y más puro a toda la humanidad, sin el que una gran revolución no es más que un crimen estruendoso que destruye otro crimen; existe esa ambición generosa de fundar sobre la Tierra la primera República del mundo [...][48].

---

[48] Véase más adelante la p. 239.

Lecturas complementarias seleccionadas

Textos de Robespierre

En inglés
ROBESPIERRE, M., *Speeches* (con un esbozo biográfico), Nueva York, International Publishers, 1927.

En francés
ROBESPIERRE, M., *Œuvres*, A. Soboul y M. Bouloiseau (eds.), París, 10 vols., 1958B67 (reimpreso en 2000 por la Société des Études Robespierristes [París]; se espera en breve plazo la publicación de un undécimo volumen de textos inéditos).

Selecciones antiguas pero útiles
ROBESPIERRE, M., *Textes choisis*, nn. e intr. de J. Poperen, París, Éditions sociales, 3 vols., 1956-1958 (reimpresa en 1974).
—, *Discours et rapports à la Convention*, París, UGE 10/18, 1965.

Una selección, basada en la de Jean Poperen, que es la más accesible
ROBESPIERRE, M., *Écrits*, nn. e intr. de C. Mazauric, París, Éditions sociales, 1989.

Dos selecciones recientes
ROBESPIERRE, M., *Pour le bonheur et pour la liberté. Discours*, selec. y ed. de Y. Bosc, F. Gauthier y S. Wahnich, París, La Fabrique, 2000.
—, *Discours sur la religion, la République, l'esclavage*, París, Éditions de l'Aube, 2006.

Biografías

BOULOISEAU, M., *Robespierre,* París, PUF, Que sais-je?, 1987.

JORDAN, D. P., *The Revolutionary Career of Maximilien Robespierre,* Nueva York, Free Press, 1985.

MASSIN, J., *Robespierre,* Aix-en-Provence, Alinéa, 1988.

SCURR, R., *Fatal Purity: Robespierre and the French Revolution,* Londres, Chatto and Windus, 2006.

Estudios sobre Robespierre y el terror

ANDRESS, D., *The Terror: The Merciless War for Freedom in Revolutionary France,* Nueva York, Strauss and Giroux, 2006.

BRUNEL, F., *Thermidor, la chute de Robespierre,* Bruselas, Éditions Complexe, 1989.

GUENIFFEY, P., «Robespierre», en F. Furet y M. Ozouf, *Dictionnaire critique de la Révolution française,* París, Flammarion, 1988.

HAYDON, C. y DOYLE, W. (eds.), *Robespierre,* Cambridge, Cambridge University Press, 1999.

LABICA, G., *Robespierre. Une politique de la philosophie,* París, PUF, 1990.

MATHIEZ, A., *Études sur Robespierre,* París, Messidor, 1988.

MAYER, A., *The Furies: Violence and Terror in the French and Russian Revolutions,* Princeton, PUP, 2002.

MAZAURIC, C., «Robespierre», en A. Soboul, *Dictionnaire historique de la Révolution française,* París, PUF, 1989.

SOBOUL, A. (ed.), *Actes du colloque Robespierre,* París, Société des Études Robespierristes, 1967.

WAHNICH, S., *La Liberté ou la mort: essai sur la Terreur et le terrorisme,* París, La Fabrique, 2003.

Glosario

acaparadores Término utilizado por Robespierre para referirse a determinadas figuras odiadas por el pueblo, ya fueran los administradores responsables del abastecimiento de alimentos o los que defendían el libre comercio del grano, y especialmente a quienes preferirían almacenar sus productos en lugar de llevarlos al mercado (a partir de julio de 1793 estos últimos podían ser condenados a muerte).

Asamblea Constituyente Nacida de los Estados Generales el 9 de julio de 1789, se mantuvo en funciones hasta el 30 de septiembre de 1791. Robespierre fue miembro de esta Asamblea como representante del Tercer Estado por la provincia de Artois.

Club de los Cordeleros Agrupación política creada en París el 27 de abril de 1790 con el nombre de Société des Amis des Droits de l'Homme et du Citoyen y que se estableció en la antigua capilla del convento de los frailes cordeleros, contando entre sus miembros a Marat, Danton, Desmoulins y Hébert. Los cordeleros, más radicales y populistas que los jacobinos, participaron activamente en las movilizaciones revolucionarias, organizando, por ejemplo, la manifestación del Campo de Marte reprimida por la Guardia Nacional el 17 de julio de 1791; rechazaron la Constitución de 1791 y tras la huida del rey pidieron su arresto y deposición. El 10 de agosto de 1792 se pronunciaron por la abolición de la monarquía y el 22 de mayo de 1793 fomentaron la insurrección contra los girondinos proponiendo su expulsión de la Convención Nacional. Tras la caída de los girondinos se dividieron en *indulgentes* o *moderados* (encabezados por Danton y Desmoulins) y *exagerados* (por Hébert), promotores estos últimos⊠ de la Ley de Sospechosos y del Terror y partidarios de una dictadura de la Comuna. Tanto Hébert como Danton y Desmoulins fueron guillotinados, el 24 de marzo y el 5 de abril de 1794 respectivamente.

Club de los Jacobinos Esta asociación, creada en Versalles en abril de 1789, en vísperas de la inauguración de los Estados Generales, y cuyo nombre oficial era el de Société des Amis de la Constitution et de la Liberté, estaba dominada al principio por monárquicos constitucionalistas como La Fayette o Mirabeau; Robespierre se incorporó en octubre de 1789, tras la *marcha sobre Versalles* de las mujeres de París y el traslado de la Asamblea Constituyente al picadero de las Tullerías y del propio club al vecino convento de los monjes dominicos (a los que en París se llamaba «jacobinos» porque su primera sede estuvo en la calle St. Jacques) de la calle St. Honoré. Tras la escisión de los *feuillantes* en 1791, los jacobinos se fueron desplazando progresivamente hacia posiciones republicanas. Los girondinos lo abandonaron tras las matanzas de septiembre de 1792 y a partir de entonces se convirtió en un poderoso centro de los *montañeses* (véase más adelante). Cerrado tras el 9 de termidor del año II, se reconstituyó varias veces hasta su disolución definitiva en 1799.

Comité de Salvación Pública Creado por la Convención el 6 de abril de 1793, estaba encargado de la «défense extérieure et intérieure de la République». El 10 de julio lo abandonó Danton y el 27 de julio se incorporó a él Robespierre hasta su detención y ejecución un año después. Fue asumiendo cada vez más poderes convirtiéndose en el gobierno *de facto* de la República, proceso que suscitó un grave conflicto con el Comité de Seguridad General.

Comité de Seguridad General   Creado en la Asamblea Legislativa tras la Jornada del 10 de agosto de 1792 a partir del Comité de Vigilancia, la Convención lo confirmó el 2 de octubre como órgano encargado de las cuestiones de policía y de justicia; a partir de la primavera de 1794 entró en conflicto con el Comité de Salvación Pública dominado por Barère, Couthon y Robespierre.

Comuna Insurreccional de París   Durante la noche del 9 al 10 de agosto de 1792, bajo la amenaza de invasión extranjera y ante el temor a una traición del rey, se constituyó en París una Comuna Insurreccional dirigida por Jérôme Pétion y Georges Danton, formada por 52 comisarios designados por las *secciones* (véase más adelante), entre los que predominaban los «exagerados» partidarios de Hébert y Chaumette. Impulsó la creación del Tribunal Revolucionario destinado a juzgar a los sospechosos y más adelante impuso la proscripción de los girondinos (31 de mayo-2 junio de 1793) y la ley del máximo general (29 de septiembre de 1793) y participó activamente en el movimiento de descristianización, lo que le valió la enemistad de Robespierre y del Comité de Salvación Pública. Tras ser purgada por la eliminación de los «exagerados», el 9 de termidor trató sin éxito de movilizar a los parisienses para salvar a Robespierre.

Convención Nacional   Asamblea elegida por sufragio cuasi universal masculino, sucedió oficialmente a la Asamblea Legislativa el 21 de septiembre de 1792 y con ella nació la Primera República Francesa; estuvo dominada por los girondinos hasta el 2 de junio de 1793 y luego por la Montaña, en la que Robespierre desempeñaba un papel preponderante, hasta el 9 de termidor del año II (27 de julio de 1794). Siguió funcionando bajo el dominio de la *reacción termidoriana* hasta la proclamación del Directorio el 26 de octubre de 1795.

federados   Batallones de voluntarios integrados en los ejércitos de la Revolución, que solían movilizarse para combatir la subversión interna. Desempeñaron un papel decisivo en la caída de la monarquía el 10 de agosto de 1792.

federalistas Designación aplicada a los delegados de los departamentos girondinos hostiles a la autoridad de la Convención a finales de 1792-principios de 1793.

Feuillantismo El Club de los Feuillantes, o Societé des Amis de la Constitution, nació como escisión de los aristócratas jacobinos tras la fuga y detención del rey el 20-21 de junio de 1791 y la matanza del Campo de Marte del 17 de julio; agrupaba a los principales defensores de la monarquía constitucional, como La Fayette o el alcalde de París Jean-Sylvain Bailly.

Fraude de la Compañía de las Indias Orientales El 3 de abril de 1790 la Asamblea Nacional decretó que «le commerce de l'Inde, au-delà du cap de Bonne-Espérance, est libre pour tous les Français», privando así a la Compañía de su monopolio; los accionistas, reunidos en asamblea general el 10 de abril, nombraron ocho comisarios encargados de mantener a pesar de todo sus actividades. Durante el Terror la Convención, al sospechar que la Compañía financiaba las actividades contrarrevolucionarias, decretó el 26 de julio de 1793 el cierre cautelar de todos sus establecimientos; a finales de agosto un segundo decreto sometió la transferencia de acciones a un elevado impuesto y al parecer Fabre d'Églantine, al que Danton había tomado como secretario cuando era ministro de Justicia, aprovechó la ocasión para organizar un lucrativo negocio modificando el decreto del 8 de octubre que ordenaba la liquidación de la Compañía y la requisa de todos sus bienes –que ascendían a más de 28 millones de libras–, así como el encarcelamiento de sus directores. Cuando se descubrió el fraude a finales de 1793, Barère, Saint-Just y Robespierre lo denunciaron como una «conspiración», extendiendo la acusación de corrupción a Danton y otros «indulgentes» o «moderados», al tiempo que acusaban a Hébert y los «exagerados» de difamar a la Convención; unos y otros fueron guillotinados en marzo-abril de 1794.

girondinos («brissotinos») Nombre dado por la historiografía del siglo xix al grupo predominante en la Asamblea Legislativa (octubre de 1791-septiembre de 1792) y en la Convención hasta el 2 de junio de 1793, por provenir muchos de ellos del suroeste de Francia; Gironde es el nombre del estuario del Garona. En aquella época se los conocía como «brissotinos» o «rolandinos» y sus principales portavoces eran Brissot y Vergniaud. En la Convención constituían el ala derecha, partidaria del liberalismo económico y hostil a las intervenciones del movimiento popular.

Gobierno revolucionario El 10 de octubre de 1793 un informe de Billaud-Varenne proclamó el Gobierno «revolucionario hasta que llegue la paz» (un decreto del 8 de noviembre especificaba sus características), lo que en la práctica significaba que la Constitución de 1793 quedaba suspendida. De hecho no llegó a aplicarse, siendo sustituida por otra –menos democrática–, aprobada mediante plebiscito el 5 de fructidor del año III (22 de agosto de 1795), 13 meses después de la caída de Robespierre.

jornadas Las grandes jornadas de la revolución coincidieron a menudo con insurrecciones populares. Las principales fueron el 14 de julio de 1789 (asalto a La Bastilla); 5-6 de octubre de 1789 (marcha de las mujeres sobre Versalles); 17 de julio de 1791 (matanza del Campo de Marte); 10 de agosto de 1792 (caída de la monarquía); 31 de mayo-2 de junio de 1793 (caída de los girondinos); 4-5 de septiembre de 1793 (nueva irrupción de los *sans-culottes* en la Convención e imposición del Terror); 9 de termidor del año II/27 de julio de 1794 (caída de Robespierre).

Ley del Máximo General Aprobada por la Convención el 29 de septiembre de 1793 a instancias de los *sans-culottes* y de la Comuna de París, imponía un límite al precio del grano y de la harina con el fin de combatir la especulación.

Ley de los Sospechosos Decreto aprobado por la Convención el 17 de septiembre de 1793, que definía a los sospechosos de ser agentes de la contrarrevolución, principalmente clérigos, nobles y extranjeros.

Montaña Nombre dado a los bancos más altos de la Asamblea Legislativa y luego de la Convención, donde se sentaban los diputados (alrededor de 200) que mantenían relaciones más estrechas con el movimiento popular y que apoyaban la regulación de la economía y mantenían una concepción igualitaria de las relaciones sociales, a diferencia de los diputados de «la Llanura» [Plaine] o «el Pantano» [Marais] (cerca de 400), nombre que recibían los bancos más bajos y sobre todo de los girondinos (160), claramente liberales. Sus representantes más eminentes eran Marat, Danton y Robespierre.

representantes enviados a los departamentos Miembros de la Convención enviados junto con los ejércitos a partir de la primavera de 1793; aunque parte de ellos desempeñaron un importante papel en la aplicación local del Terror, su comportamiento dependía en gran medida de la personalidad de cada uno y de las circunstancias.

sans-culottes Término al principio despectivo que sustituía al de *canaille* para las clases más bajas. Literalmente se refería a la omisión de los pantalones hasta la rodilla que llevaban los aristócratas, lo que supuestamente indicaba pobreza e ignorancia. Con el tiempo el término se fue identificando cada vez más con el «pueblo» como clase opuesta a la «aristocracia». Robespierre lo utilizaba sobre todo para designar a los ardientes patriotas de origen modesto.

secciones de París Originalmente sólo se trataba de los 48 distritos electorales establecidos por la Asamblea Constituyente el 21 de mayo de 1790, cada uno de los cuales contaba con un comité de 16 personas elegidas por los ciudadanos «activos» del distrito. Desde mediados de 1792 éstos comenzaron a ocuparse de forma permanente de cuestiones políticas, y a finales de julio se abolió la distinción entre ciudadanos «activos» y «pasivos». Las asambleas de sección se convirtieron pronto en el principal órgano político de los *sans-culottes,* y como tales fueron combatidas por el Comité de Salvación Pública.

terror   Término utilizado para designar las distintas medidas represivas tomadas por el Estado desde septiembre de 1792 hasta julio de 1794, que se fueron haciendo cada vez más sistemáticas desde el momento en que la Convención lo asumió como estrategia de Estado a partir del 5 de septiembre de 1793. La ley del «Gran Terror» del 22 de pradial del año II (10 de junio de 1794) marcó su culminación. Tales medidas represivas deben entenderse en el contexto de guerra interna y externa, asociadas a las medidas económicas que pretendían establecer una mayor igualdad.

Tribunal Revolucionario   Creado por la Convención en marzo de 1793, a propuesta de Danton, para juzgar sin apelación a los enemigos de la revolución. Su poder se amplió notablemente con la ley del «Gran Terror» (22 de pradial del año II/10 de junio de 1794); desde aquel momento hasta el 9 de termidor pronunció 1.647 penas de muerte, y los días 10, 11 y 12 de termidor otras 93 que afectaban a la mayoría de los miembros de la Comuna de París. Fue suprimido casi un año después, el 31 de mayo de 1795.

Vendée   Departamento del oeste de Francia donde se produjo una insurrección contra la revolución –originalmente suscitada por la movilización de 300.000 hombres para el ejército– a partir de marzo de 1793. A pesar de la dura represión, la guerra de la Vendée se mantuvo, con altibajos, hasta 1796.

Figuras clave citadas en el texto

Abate Maury (Jean-Sifrein, 1746-1817) Elegido como diputado para la Asamblea Constituyente, fue uno de los principales defensores del Antiguo Régimen contra la Revolución. Emigró a Roma en 1792.

Barère de Vieuzac (Bertrand, 1755-1841) Diputado por la provincia de Gascuña en la Asamblea Constituyente y luego por Bigorre (Altos Pirineos) en la Convención, desde 1790 comenzó a frecuentar los círculos masónicos. Tras la huida del rey se opuso a su deposición y abandonó el Club de los Jacobinos para unirse al de los Feuillantes. Tras la Jornada del 10 de agosto entró en el Consejo de Justicia; condujo el interrogatorio del rey ante la Convención, induciendo a los diputados de centro a votar su condena a muerte. Miembro del Comité de Salvación Pública desde el 6 de abril de 1793, fue uno de los principales organizadores del Terror, en ocasiones en contra de Robespierre, Saint-Just y Couthon, así como del golpe del 9 de termidor con el que éstos fueron eliminados. Se distinguió también por su odio al federalismo y a las lenguas minoritarias en Francia, que se esforzó por proscribir.

Billaud-Varenne (Jacques-Nicolas, 1756-1819) Miembro del Club de los Jacobinos, desde 1790 proclamó por escrito su republicanismo, por lo que se vio obligado a ocultarse. Miembro de la Comuna de París a partir del 10 de agosto de 1792, fue elegido como diputado para la Convención, en la que formó parte de la Montaña. En septiembre de 1793 se incorporó al Comité de Salvación Pública, desde el que promovió la formación del Tribunal Revolucionario y la aplicación del Terror. Desde junio de 1794 se apartó del «triunvirato» formado por Robespierre, Saint-Just y Couthon, convirtiéndose en uno de los instigadores del 9 de termidor.

Brissot (Jacques-Pierre, 1754-1793) Miembro del Club de los Jacobinos, participó en la redacción de la petición de deposición del rey y proclamación de una República presentada en el Campo de Marte el 17 de julio de 1791. Diputado en la Asamblea Legislativa, fue uno de los dirigentes girondinos más fervientes en favor de la guerra. Elegido para formar parte de la Convención, se opuso a Robespierre y a la Montaña. Fue acusado de federalismo y condenado a muerte en la guillotina por el Tribunal Revolucionario.

Chaumette (Pierre-Gaspard, 1763-1794) Miembro del Club de los Cordeleros de origen humilde, fue elegido procurador-síndico de la comuna de París en 1792. Robespierre lo odiaba por sus convicciones ateas y su campaña descristianizadora. En abril de 1794 fue detenido, acusado de tratar de «anéantir toute espèce de morale, effacer toute idée de divinité et fonder le gouvernement français sur l'athéisme» y guillotinado.

Cloots (Jean-Baptiste, nombre que cambió por el de Anacharsis, 1755-1794) Noble muy rico de origen holandés, a finales de 1789 se instaló en París, proclamándose «orador del género humano»; se incorporó al Club de los Jacobinos y en 1792 obtuvo la ciudadanía francesa y fue elegido como diputado en la Convención. Como ateo militante próximo a los hebertistas, fue expulsado de la Convención a propuesta de Robespierrre y guillotinado junto a ellos.

Couthon (Georges Auguste, conocido también como Aristide, 1755-1794) Procedente de una familia de notarios reales, desde 1782 perdió el uso de sus piernas debido a la artritis.

Miembro del Club de los Jacobinos, elegido diputado a la Asamblea Legislativa en 1791 y a la Convención un año después, se negó al principio a tomar partido por los girondinos o los montañeses, pero su amistad con Robespierre, basada en parte en sus comunes convicciones deístas, lo aproximaron a la Montaña. El 31 de mayo de 1793 entró a formar parte del Comité de Salvación Pública, en el que defendió el 18 de floreal del año II (7 de mayo de 1794) el decreto presentado por Robespierre por el que la República Francesa reconocía al Ser Supremo. También fue él quien presentó la ley del 22 de pradial (10 de junio de 1794) llamada del «Gran Terror» que otorgaba mayor discrecionalidad al Tribunal Revolucionario. Fue guillotinado junto a Robespierre y Saint-Just mes y medio después.

Danton (Georges Jacques, 1759-1794)   Fundador del Club de los Cordeleros en abril de 1790, se convirtió en ministro de Justicia el 11 de agosto de 1792 tras la caída de la monarquía. Elegido para formar parte de la Convención, era uno de los portavoces más notorios de la Montaña. Tras la eliminación de los girondinos, en la que no puso al parecer mucho entusiasmo, abandonó el Comité de Salvación Pública. Aunque aceptó la instauración del Terror, criticó enérgicamente a los hebertistas ultrarrevolucionarios y junto con otros «indulgentes» pidió su fin a principios de 1794. Fue acusado por Saint-Just de cohecho y de conspiración por pretender poner fin a la guerra, condenado a muerte y ejecutado el 5 de abril de 1794.

Desmoulins (Camille, 1760-1794)   Miembro del Club de los Cordeleros y diputado de la Montaña, era muy amigo de Danton y durante un tiempo también de Robespierre. A finales de 1793-principios de 1794 pidió una mitigación del Terror en su periódico *Le Vieux Cordelier*. Condenado y ejecutado el 5 de abril de 1794, su mujer, Anne-Lucile Laridon-Duplessis, lo fue también ocho días después junto a Chaumette y la viuda de Hébert, acusada de «conspiración» por

Barère, Couthon y Robespierre (quien había sido testigo en su boda tres años antes).

Dumouriez (Charles-François du Périer du Mouriez, 1739-1823) Miembro del Club de los Jacobinos, se convirtió en ministro de Asuntos Exteriores en marzo de 1792 con el apoyo de los girondinos y a continuación en comandante en jefe de los ejércitos del norte, venciendo al ejército prusiano en la batalla de Valmy el 20 de septiembre de 1792. En diciembre trató de salvar la vida del rey y tras la ofensiva fracasada de marzo de 1793 fue acusado de traición, por lo que decidió rendirse al enemigo, entregando a los austriacos al ministro de la Guerra Beurnonville y los cuatro comisarios enviados por la Convención para detenerlo y llevarlo consigo a París.

Fouché (Joseph, 1759-1820) Diputado en la Convención, durante el proceso del rey se pasó de los girondinos a la Montaña. Encargado junto con Collot d'Herbois de la represión de los federalistas de Lyon, se distinguió por su feroz aplicación del Terror. Fue uno de los instigadores de la conspiración del 9 de termidor contra Robespierre; más tarde, con Napoleón, fue ministro de la Policía de 1799 a 1810.

Hébert (Jacques-René, 1757-1794) Famoso fundador del periódico *Le Père Duchesne,* que en 1790-1791 todavía era constitucional y favorable al rey y a La Fayette y achacaba todos los males a María Antonieta y sobre todo al abate Maury, gran defensor de la autoridad del papa contra la constitución civil del clero; a partir de julio de 1791 y de la matanza del Campo de Marte se radicalizó convirtiéndose en portavoz de los revolucionarios más radicales. Figura clave junto a Marat del Club de los Cordeleros, en diciembre de 1792 fue nombrado segundo sustituto del procurador de la Comuna de París Pierre Chaumette. Su violenta campaña de descristianización lo hizo entrar en conflicto con Robespierre, a quien acusó de moderación en las cuestiones sociales, y en marzo de 1794 fue detenido, acusado de «exageración» y condenado a muerte.

La Fayette (Gilbert du Motier, marqués de, 1757-1834) En 1777 se trasladó a América para ayudar a los insurgentes anti-colonialistas en su guerra por la independencia; sus victorias alentaron al Gobierno francés a apoyarlos. Elegido como diputado por la nobleza en los Estados Generales, en julio de 1789 fue elegido general de la Guardia Nacional, responsable de la matanza de manifestantes del Campo de Marte. Junto con el alcalde de París Bailly fue uno de los principales impulsores del Club de los Feuillantes, que pretendía una monarquía constitucional y que se opuso al destronamiento del rey.

Marat (Jean-Paul, 1743-1793) Miembro destacado del Club de los Cordeleros, fue elegido diputado por París en la Convención, pero ya desde septiembre de 1789 publicaba su famoso periódico *L'Ami du Peuple*. Considerado responsable de las masacres de septiembre por la Circular del Comité de Vigilancia de la Comuna de París en la que se denunciaba la conspiración monárquica, así como de la subsiguiente campaña contra los girondinos de la Montaña, se convirtió en la figura más odiada por éstos, que trataron sin éxito de hacerlo condenar por el Tribunal Revolucionario e indujeron a Charlotte Corday a asesinarlo el 13 de julio de 1793, lo que lo convirtió en objeto de culto para las clases populares.

Priestley (Joseph, 1733-1804) Importante teólogo y químico inglés, defensor de los «disidentes» en su país, en 1792 se le concedió la ciudadanía francesa y fue elegido miembro de la Convención, pero poco después decidió emigrar a Estados Unidos.

Ronsin (Charles-Philippe, 1752-1794) Miembro del Club de los Cordeleros, autor de varias piezas de teatro patrióticas, en septiembre de 1793 se convirtió en general en jefe del ejército revolucionario parisiense. Partidario de Hébert, fue ejecutado junto a éste y otros «exagerados» en marzo de 1794.

Saint-Just (Louis-Antoine, de, 1767-1794) Diputado en 1791 en la Asamblea Legislativa, se le negó el derecho a ocupar su escaño por no haber cumplido los veinticinco años. El 5 de septiembre de 1792 fue elegido diputado por el departamento del Aisne a la Convención, donde se unió inmediatamente a la Montaña. Desde su primer discurso del 13 de octubre se convirtió en uno de sus principales oradores, tanto en el proceso al rey como en la redacción de la Constitución. En 1794 formó con Robespierre y Couthon el «triunvirato» que dirigía el Comité de Salvación Pública. Trató de imprimir al Terror un aspecto social con los «decretos de ventoso». Fue detenido y guillotinado junto a Robespierre y Couthon.

Cronología

6 de mayo de 1758 Nacimiento de Robespierre en Arras, capital de la antigua provincia de Artois, junto a la frontera belga.

15 de mayo de 1781 Robespierre recibe en París su habilitación como abogado; el 8 de noviembre se inscribe en el Consejo provincial de Artois.

8 de agosto de 1788 Robespierre publica su primer texto político, *À la nation artésienne,* sobre la necesidad de reformar los Estados (representación institucional) de Artois.

1789

26 de abril Robespierre es elegido como diputado por el Tercer Estado en Artois.

Mayo-junio Robespierre participa en las reuniones del «club bretón» que poco después se iba a convertir en la Société des amis de la Constitution, más conocida como «Club de los Jacobinos».

9 de julio Tras el juramento de los diputados del Tercer Estado en el Jeu de Paume el 20 de junio, la asamblea de los tres Estados reunidos se proclama Asamblea Nacional Constituyente.

14 de julio Asalto a la Bastilla.

1790

31 de marzo Robespierre es elegido como presidente mensual del Club de los Jacobinos.

1791

20-21 de junio Huida de París de la familia real, interrumpida en Varennes.

17 de julio Matanza de más 50 personas en el Campo de Marte al disparar la Guardia Nacional dirigida por La Fayette contra la multitud reunida para firmar una petición al rey.

1 de octubre Inauguración de la Asamblea Legislativa Nacional.

1792

10 de agosto Abolición de la monarquía y constitución de la Comuna Insurreccional de París, en la que Robespierre representaba a la sección de la Place Vendôme.

2-6 de septiembre Matanzas de los nobles encarcelados en las prisiones de París.

6 de septiembre Robespierre es elegido diputado por París a la Convención.

20 de septiembre Victoria de los republicanos en la batalla de Valmy.

21 de septiembre Inauguración de la Convención. Comienzo, sin proclamación oficial, de la primera República.

1793

21 de enero Ejecución de Luis XVI.

10 de marzo Creación del Tribunal Revolucionario.

31 de mayo-2 de junio Exclusión de los principales girondinos de la Convención y detención de 29 de ellos.

23-24 de julio Aprobación la Constitución.

27 de julio Robespierre entra a formar parte del Comité de Salvación Pública.

Septiembre Primeras medidas «terroristas» adoptadas por la Convención el día 5; Ley de los Sospechosos (17 de septiembre); precio máximo general y salario mínimo (29 de septiembre).

10 de octubre Se proclama el «Gobierno revolucionario hasta que llegue la paz».

18 de noviembre (27 de brumario del año II) Informe presentado por Billaud-Varenne sobre el funcionamiento del Gobierno revolucionario.

1794

4 de febrero (16 de pluvioso del año II) Abolición de la esclavitud en las colonias francesas.

26 del febrero-3 de marzo (8-13 de ventoso del año II) Decretos de ventoso de Saint-Just.

14-24 de marzo (24 de ventoso-4 de germinal) Juicio y ejecución de Hébert y otros «exagerados».

30 de marzo-5 de abril (10-16 de germinal) Juicio y ejecución de Danton, Desmoulins y otros «indulgentes».

8 de julio (20 de pradial) Festival del Ser Supremo.

10 de junio (22 de pradial) Ley del «Gran Terror».

3 de julio (15 de mesidor) Última aparición de Robespierre en el Comité de Salvación Pública antes de termidor.

27 de julio (9 de termidor) La Convención decreta la detención de Robespierre y Saint-Just después de negarles la palabra.

28 de julio de 1694 (10 de termidor del año II) Ejecución de Robespierre, Saint-Just y Couthon.

Primera parte
Robespierre en la Asamblea Constituyente y en el Club de los Jacobinos

Maximilien Robespierre, elegido el 26 de abril de 1789 como quinto diputado [de ocho] del Tercer Estado para representar a la provincia de Artois en los Estados Generales, intervino con frecuencia en la Asamblea Constituyente y en la Société des Amis de la Constitution, más conocida como Club de los Jacobinos, a la que se había incorporado en octubre; allí pronunció algunos de sus discursos más famosos.

Tras la fuga del rey y su detención en Varennes el 21 de junio de 1791, el 1 de octubre la primera Asamblea Legislativa Nacional sustituyó a la Constituyente. El propio Robespierre había presentado en ésta la propuesta, que fue aprobada, de que ninguno de sus diputados pudiera presentarse a las elecciones restringidas para la nueva Asamblea. Aunque muchos de ellos regresaron a sus provincias de origen y no volvieron a desempeñar ningún papel político importante, Robespierre regresó a París el 28 de noviembre y reanudó su actividad política desde el Club de los Jacobinos.

1

Sobre el derecho de voto de actores y judíos

23 de diciembre de 1789[1]

El 23 de diciembre de 1789 Robespierre intervino en la Asamblea Constituyente oponiéndose al abate Maury, quien había denunciado las costumbres de los actores. Éstos habían sido excomulgados por la Iglesia bajo el Antiguo Régimen y privados de derechos al quedar excluidos de toda posición social.

Dos días antes Clermont-Tonnerre[2] habría propuesto que la profesión o la fe de cada uno no pudiera ser causa de ineligibilidad para los cargos públicos.

El 24 de diciembre se concedió el derecho a ejercer cargos públicos a los protestantes pero no a los judíos, quienes no obtuvieron los mismos derechos que los demás ciudadanos hasta el 27 de septiembre de 1791.

Todo ciudadano que cumpla las condiciones de elegibilidad que habéis prescrito tiene derecho a ejercer oficios públicos. Cuan-

---

[1] «Sur le droit de vote des comédiens et des juifs», *Œuvres*, vol. VI, pp. 167-168.
[2] Stanislas de Clermont-Tonnerre (1752-1792), miembro de la alta nobleza y diputado en la Asamblea, al principio de la Revolución era un liberal hostil a los privilegios, pero más tarde reclamó el establecimiento de dos cámaras y el derecho de veto absoluto para el rey. Murió defenestrado por la multitud durante la Jornada del 10 de agosto.

do debatisteis esas condiciones, tratabais de la gran causa de la humanidad. El orador anterior ha tratado de distinguir tres causas diferentes a partir de determinadas circunstancias específicas; las tres están contenidas en el principio [general], pero, en nombre la razón y la verdad, las examinaré brevemente:

Nunca se podrá defender con éxito en esta Asamblea que una función necesaria de la ley pueda ser estigmatizada por la propia ley. Habría que modificar ésta para que desaparezcan los prejuicios carentes de ninguna base.

No creo que se necesite una ley sobre la cuestión de los actores: todos los que no están excluidos son elegibles. Pero quizá fue conveniente que un miembro de esa Asamblea llamara la atención sobre una clase oprimida durante demasiado tiempo. Los actores merecerán mayor estima pública cuando un absurdo prejuicio no se oponga a que la obtengan; entonces las virtudes de los individuos contribuirán a depurar los espectáculos y los teatros se convertirán en escuelas públicas de principios, buenas costumbres y patriotismo.

Se os han dicho cosas sobre los judíos infinitamente exageradas y a menudo contrarias a la historia. ¿Cómo se los puede culpar de las persecuciones que han sufrido entre diferentes pueblos? Se trata, por el contrario, de crímenes nacionales que deberíamos expiar, devolviéndoles derechos humanos imprescriptibles de los que ningún poder humano podía despojarles. Todavía se les atribuyen vicios y prejuicios, exagerados por el espíritu sectario y [determinados] intereses. Pero ¿a qué podemos imputarlos realmente sino a nuestras propias injusticias? Tras haberlos excluido de todos los honores, y hasta del derecho a la estima pública, no les hemos dejado más que los objetos de la especulación lucrativa. Traigámoslos a la felicidad, a la patria, a la virtud, ofreciéndoles la dignidad de personas y de ciudadanos; esperemos que nunca pueda considerarse políticamente apropiado, se diga lo que se diga, condenar al envilecimiento y a la opresión a una multitud de hombres que viven entre nosotros. ¿Cómo podrían basarse los intereses sociales en la violación de los principios eternos de la justicia y la razón que son los fundamentos de cualquier sociedad humana?

2

Sobre el sufragio universal y el marco de plata

Abril de 1971[1]

Robespierre no llegó a pronunciar nunca el siguiente discurso, pero fue impreso y discutido en las sociedades populares.

En él se oponía a la distinción entre ciudadanos «activos» y «pasivos» por la que sólo los varones mayores de veinticinco años que pagaban una contribución equivalente al trabajo de tres días serían electores con derecho de voto. Además, sólo eran elegibles los que pagaban un impuesto más alto, de un marco de plata.

De los siete millones de ciudadanos (varones), tres millones quedaban así excluidos y considerados como «pasivos», y sólo 50.000 eran elegibles. La Constitución de 1791 establecía esa distinción y estatuía así una forma de sufragio censitario o restringido.

El sufragio casi universal masculino no se consiguió hasta la caída de la monarquía y la elección de la Convención.

Señores,

He dudado por un momento si debía proponeros mis ideas sobre algunas disposiciones que al parecer habéis adoptado; pero viendo que se trataba, bien de defender la causa de la na-

---

[1] «Sur le Marc d'Argent», *Œuvres,* vol. VII, pp. 158-174.

ción y de la libertad, o de traicionarla permaneciendo en silencio, ya no he dudado más. He emprendido esta tarea con una confianza aún más firme en la medida en que sabía que compartía con vosotros la imperiosa pasión por la justicia y el bienestar público que me la imponía y que son vuestros propios principios y vuestra autoridad lo que invoco en su favor.

¿Por qué estamos reunidos en este templo de la ley? Sin duda para devolver a la nación francesa el ejercicio de los derechos imprescriptibles que pertenecen a todos. Tal es el objeto de cualquier constitución política; será justa y libre si lo cumple, pero no será más que un ataque a la humanidad si lo contraría.

Vosotros mismos habéis reconocido esta verdad de una forma llamativa cuando, antes de comenzar vuestra gran tarea, decidisteis que había que declarar solemnemente esos sagrados derechos que son, por decirlo así, los fundamentos eternos sobre los que debía basarse.

«Todos los hombres han nacido y permanecen libres e iguales en derechos.»

«La soberanía reside esencialmente en la nación.»

«La ley es la expresión de la voluntad general. Todos los ciudadanos tienen derecho a contribuir a su formación, ya sea personalmente o mediante los representantes elegidos libremente.»

«Todos los ciudadanos pueden ser elegidos para todos los cargos públicos, sin más distinción que la de sus virtudes y talentos»[2].

Ésos son los principios que habéis consagrado; a partir de ellos será fácil valorar las disposiciones que me propongo combatir; bastará compararlas con esas reglas invariables de la sociedad humana.

Ahora bien, en primer lugar: ¿es la ley la expresión de voluntad general cuando la mayoría de aquellos para los que se hace no puede contribuir a su formación de ninguna manera? No. Pero negar a todos los que no pagan una contribución igual a

---

[2] Declaración de los Derechos del Hombre y del Ciudadano aprobada por la Asamblea Constituyente en agosto de 1789.

tres jornadas de trabajo el derecho a escoger a los electores que a su vez nombrarán a los miembros de la Asamblea legislativa* ¿qué otra cosa es sino excluir absolutamente a la mayoría de los franceses de la deformación de la ley? Esa disposición es pues esencialmente anticonstitucional y antisocial.

En segundo lugar, ¿son todos los hombres iguales en sus derechos, cuando algunos gozan exclusivamente del derecho a poder ser elegidos como miembros del cuerpo legislativo o de otras instituciones públicas, otros solamente del derecho a nombrarlos, y el resto quedan privados tanto de un derecho como del otro? No. Tales son, sin embargo, las monstruosas diferencias que establecen entre ellos los decretos que hacen a un ciudadano activo, pasivo, o medio activo y medio pasivo, según que su nivel de fortuna le permita pagar tres jornales como impuesto directo o un marco de plata. Todas esas disposiciones son por tanto esencialmente anticonstitucionales y antisociales.

En tercer lugar, ¿son todos los hombres elegibles para todos los puestos públicos sin otra distinción que la de sus virtudes y talentos, cuando la imposibilidad de pagar la contribución exigida los descalifica para todos los puestos públicos, cualesquiera que sean sus virtudes y sus talentos? No; todas esas disposiciones son por tanto esencialmente anticonstitucionales y antisociales.

En cuarto lugar y por último, ¿es la nación soberana cuando a la mayoría de los individuos que la componen se les arrebatan los derechos políticos que constituyen la soberanía? No, y sin embargo acabáis de ver que esos mismos decretos desposeen de ellos a la mayoría de los franceses. ¿Qué sería entonces vuestra declaración de derechos, si se mantuvieran esos decretos? Una fórmula vacía. ¿Qué sería la nación? Esclava; ya que la libertad consiste en obedecer leyes voluntariamente adoptadas y la servidumbre en verse obligado a obedecer a una voluntad exterior. ¿Qué sería vuestra constitución? Una auténtica aristocracia, ya

---

* Robespierre escribe: «Choisir les électeurs destinés à nommer les membres de l'Assemblée législative». *[N. del T.]*

que aristocracia es el estado en que parte de los ciudadanos son soberanos y el resto súbditos. ¿Y qué tipo de aristocracia? La más insoportable de todas, la de los ricos.

Todos los hombres nacidos y domiciliados en Francia son miembros de la sociedad política llamada nación francesa, es decir, ciudadanos franceses. Lo son por la naturaleza de las cosas y por los primeros principios del derecho de gentes. Los derechos anejos a ese título no dependen de la fortuna que cada individuo posea, ni de la cantidad de impuestos a los que esté sometido, porque no es el impuesto lo que nos hace ciudadanos; la calidad de ciudadano sólo obliga a contribuir a los gastos comunes del Estado según la capacidad de cada uno. Ahora bien, podéis dar leyes a los ciudadanos, pero no podéis aniquilarlos.

Los partidarios de las medidas que estoy criticando han percibido por sí mismos esa verdad, ya que, no atreviéndose a negar la calidad de ciudadano a quienes estaban desheredando políticamente, se limitaron a evadir el principio de igualdad que necesariamente presupone mediante la distinción entre ciudadanos activos y ciudadanos pasivos. Contando con la facilidad con que se gobierna a los hombres con palabras, trataron de confundirnos proclamando con esa nueva expresión la más manifiesta violación de los derechos humanos.

Pero ¿quién podría ser tan estúpido como para no ver que esas palabras no pueden cambiar los principios ni resolver la dificultad, ya que declarar que tales ciudadanos no serán activos o que no ejercerán los derechos anejos al título de ciudadano es exactamente lo mismo en el idioma de esos sutiles políticos? Pero yo les preguntaré siempre con qué derecho pueden golpear así a sus conciudadanos y electores con la inactividad y la parálisis; no dejaré de reclamar contra esa locución insidiosa y bárbara, que mancillaría tanto nuestro código como nuestra lengua si no nos apresuramos a borrarla de ambos, para que la palabra libertad no quede sin significado y se convierta en irrisoria.

¿Qué podría añadir a esas verdades tan obvias? Nada para los representantes de la nación cuyas opiniones y deseos ya han anticipado mi demanda; sólo me queda responder a los deplorables sofismas sobre los que los prejuicios y ambiciones de cierta clase de hombres tratan de asentar la desastrosa doctrina que combato; es sólo a ellos a los que me voy a dirigir ahora:

¡El pueblo! ¡Gente que no tiene nada! ¡Los peligros de la corrupción! El ejemplo de Inglaterra, de pueblos a los que se supone libres; ésos son los argumentos esgrimidos contra la justicia y la razón.

Sólo tendría que responder con una palabra: el pueblo, esa multitud cuya causa defiendo, tiene derechos cuyo origen es el mismo que el de los vuestros. ¿Quién os ha concedido el poder para quitárselos?

¡La utilidad general, decís! Pero ¿hay algo más útil que lo que es justo y honesto? ¿Y no se aplica esa máxima eterna sobre todo a la organización social? Y, si el propósito de la sociedad es la felicidad de todos, la conservación de los derechos del hombre, ¿qué deberíamos pensar de quienes quieren basarla en el poder de unos pocos individuos y el envilecimiento y anulación del resto del género humano? ¿Quiénes son entonces esos sublimes políticos, que aplauden su propio genio cuando por medio de laboriosas sutilezas han conseguido por fin sustituir por sus vanas fantasías los inmutables principios grabados en los corazones de todos los hombres por el legislador eterno?

¡Inglaterra! ¡Ja! ¿Qué os importan Inglaterra y su depravada constitución, que podían pareceros libres cuando os habíais hundido hasta el grado más bajo de la servidumbre, pero a las que ya es hora de dejar de alabar por ignorancia o por costumbre? ¡Pueblos libres! ¿Cuáles? ¿Qué os dice la historia de aquellos a los que honráis con ese nombre? ¿No son sino catervas más o menos alejadas de los caminos de la razón y la naturaleza, más o menos esclavizadas bajo gobiernos establecidos por el azar, la ambición o la fuerza? ¿Es pues para copiar servilmente los errores e injusticias que han degradado durante tanto tiempo a la especie humana para lo que la eterna providencia eterna os llamaba, desde que comenzó el mundo, para restablecer sobre la tierra el imperio de la justicia y la libertad, en el seno de la más brillante ilustración que nunca haya iluminado la razón pública, en las circunstancias más milagrosas que la providencia se haya dignado reunir para ofreceros la posibilidad de devolver a la humanidad su felicidad, su virtud y su dignidad original?

¿Sienten realmente todo el peso de esa misión sagrada aquellos que, como respuesta a nuestras justificadas quejas, se contentan con decirnos fríamente: «Aun con todos sus vicios, nuestra Constitución es la mejor que haya existido nunca»? ¿Es pues para que dejarais imprudentemente en esa Constitución vicios esenciales, destructores de los fundamentos básicos del orden social, para lo que 26 millones de personas depositaron su destino en vuestras manos? ¿Habrá quien llegue a decir que la reforma de gran número de abusos y varias leyes útiles son otras tantas gracias acordadas al pueblo que eximen de la necesidad de hacer más en su favor? No, todo lo bueno que habéis hecho era un deber imperioso; la omisión del bien que podéis hacer sería una prevaricación, y el mal que haríais un crimen de lesa nación y lesa humanidad. Hay más: si no lo hacéis todo por la libertad, es como si no hubierais hecho nada. No hay dos formas de ser libre: o se es enteramente, o se vuelve a ser esclavo. El menor recurso dejado al despotismo restaurará pronto su poder. ¿Qué estoy diciendo? Os rodea ya con sus encantos y su influencia, pronto os abrumará con su fuerza. Aquellos a quienes complace haber unido sus nombres a un gran cambio, pero no les preocupa si es lo bastante grande para asegurar la felicidad humana, ¡no os equivoquéis! El ruido de los elogios que el asombro y la frivolidad hacen resonar a vuestro alrededor se extinguirá pronto; la posteridad, comparando la grandeza de vuestros deberes y la inmensidad de vuestros recursos con los fallos fundamentales de vuestra obra, dirá de vosotros con indignación: «Podrían haber hecho felices y libres a los hombres, pero no quisieron hacerlo; no estaban a la altura de la tarea».

Pero decís: «¡El pueblo! ¡Gente que no tiene nada que perder! ¿Podrán entonces ejercer como nosotros los derechos de los ciudadanos?».

¡Gente que no tiene nada que perder! ¡Qué injusto y falso es a los ojos de la verdad ese lenguaje de arrogancia y delirio!

Esas gentes de las que habláis son al parecer personas que viven y subsisten en el seno de la sociedad sin los medios para vivir y subsistir; porque, si dispusieran de esos medios, tendrían, creo, algo que perder o preservar. Sí, las burdas prendas con que me cubro, el humilde aposento en el que puedo gozar del derecho a retirarme y vivir en paz; el módico salario con el que alimento a mi mujer y mis hijos, todas esas cosas, lo admito, no son tierras, castillos ni mobiliario; puede que no sea nada para los acostumbrados al lujo y la opulencia, pero es algo importante para la humanidad; una propiedad sagrada, tan sagrada sin duda como los brillantes dominios de la riqueza.

¿Qué digo? Mi libertad, mi vida, el derecho a disfrutar de seguridad o de obtener venganza para mí y los que me son queridos, el derecho a combatir la opresión, a ejercer libremente todas las facultades de mi espíritu y de mi corazón, todos esos bienes tan dulces, los primeros que la naturaleza concede a la humanidad, ¿no quedarían confiados, como los vuestros, a la custodia de las leyes? ¡Y decís que no me interesan esas leyes; y queréis despojarme de la parte que me corresponde, como a vosotros, en la administración de los asuntos públicos, por la única razón de que sois más ricos que yo! ¡Ah! Si la balanza no fuera equitativa, ¿no debería inclinarse en favor de los ciudadanos menos acomodados? Las leyes y la autoridad pública ¿no se establecen para proteger a los débiles frente a la injusticia y la opresión? Por eso es una quiebra de todos los principios sociales ponerlas enteramente en manos de los ricos.

Pero los ricos, los poderosos, razonan de otro modo. Mediante un extraño abuso de las palabras, han restringido la idea general de propiedad a ciertos objetos; se han proclamado como los únicos propietarios y aseguran que, como tales, sólo ellos tienen derecho a llamarse ciudadanos; han llamado a sus propios intereses particulares interés general y, para asegurar el éxito de esa pretensión, se han apoderado de toda la potestad social.

¿Y nosotros? ¡Oh, debilidad humana! ¡Nosotros, que pretendemos conducirlos a los principios de la igualdad y la justicia, seguimos tratando de asentar nuestra Constitución, sin darnos cuenta, sobre esos prejuicios absurdos y crueles!

Pero ¿por qué atribuís tan altas prerrogativas a ese raro mérito de poder pagar un marco de plata o algún otro impuesto? Si aportáis al tesoro público una contribución más considerable que la mía, ¿no es porque la sociedad os ha dado mayores ventajas pecuniarias? Y, si profundizamos en esa idea, ¿cuál es la fuente de esa extrema desigualdad de fortuna que concentra todas las riquezas en un pequeño número de manos? ¿No son las malas leyes, los malos gobiernos, y en fin todos los vicios de las sociedades corruptas? ¿Y por qué deberían ser castigados de nuevo por su mala fortuna las víctimas de esos abusos con la pérdida de la dignidad de [ser] ciudadanos? No os envidio la mayor ventaja que habéis recibido, ya que esa desigualdad es un mal necesario o incurable; pero al menos no me quitéis los bienes imprescriptibles de los que ninguna ley humana me puede despojar. Permitidme enorgullecerme de una pobreza honorable, y no queráis humillarme con la arrogante pretensión de reservaros la calidad de soberano, mientras que a mí me dejáis únicamente la de ser un súbdito.

Pero ¿el pueblo?... ¿La corrupción?

¡Ah! ¡Basta! ¡Basta de profanar el conmovedor y sagrado nombre del pueblo, vinculándolo a la idea de corrupción. ¿Quién se atreve, entre hombres iguales en derechos, a declarar a sus semejantes indignos de ejercer los suyos y a arrebatárselos en su propio beneficio? Si os permitís basar tal condena sobre suposiciones de corrupción, ¡qué terrible poder asumís sobre la humanidad! ¿Dónde acabarán vuestras proscripciones?

Pero ¿es realmente sobre quienes no pagan el marco de plata sobre quienes deben caer, o sobre los que pagan mucho más? Sí, pese a toda vuestra predisposición en favor de las virtudes que aporta la riqueza, me atrevo a decir que encontraréis tantas en la clase de los ciudadanos más pobres como en las de los más opulentos. ¿Creéis de buena fe que una vida dura y laboriosa produce más vicios que la indolencia, el lujo y la ambición? ¿Y tenéis menos fe en la probidad de nuestros artesanos y labradores, que según vuestras disposiciones no serán casi nunca ciudadanos activos, que en los recaudadores de impuestos, en los cortesanos, en esos que llamáis grandes señores, que según ese criterios los serían 600 veces? Quiero vengar por una vez a los que llamáis pueblo por esas sacrílegas calumnias.

Así pues, ¿sois los más adecuados para apreciarlo y para conocer a los hombres, vosotros que desde que se desarrolló vuestra razón no habéis dejado de juzgarlos con las absurdas ideas del despotismo y la arrogancia feudal? ¿Vosotros a los que, acostumbrados a la extraña jerga inventada por ellos, os resulta fácil denigrar a la mayor parte de la raza humana con las palabras chusma o populacho? ¿Vosotros que habéis revelado al mundo que había gente sin nacimiento, como si todos los hombres vivos no hubieran nacido; como si no hubiera gente de mérito surgida de la nada, y por el contrario gente tenida por respetable que eran los más viles y corruptos de los hombres? ¡Ah! Sin duda se os puede permitir no devolver al pueblo toda la justicia que le es debida. En cuanto a mí mismo, pido a quienes el instinto de un alma noble y sensible ha acercado al pueblo y los ha hecho dignos de conocer y amar la igualdad, que atestigüen que en general hay nada tan justo ni tan bondadoso como el pueblo, siempre que no se sienta irritado por una opresión excesiva; que agradece las consideraciones más elementales que se tengan con él, el menor bien que se le haga, e incluso el daño que no se le haga; que es en él donde encontramos, bajo apariencias rudas, almas francas y rectas y un buen sentido y energía que se podría buscar durante mucho tiempo en vano en la clase que lo desdeña. El pueblo pide únicamente lo que le es necesario, sólo quiere justicia y tranquilidad; los ricos aspiran a todo, quieren invadir y dominarlo todo. Los abusos son obra y dominio de los ricos, son las plagas del pueblo; el interés del pueblo es el interés general, mientras que el de los ricos son sólo sus intereses particulares; ¡y queréis anular al pueblo y hacer todopoderosos a los ricos!

¿Tendré que oír de nuevo esas acusaciones eternas que se han alzado continuamente contra él desde que se sacudió el yugo de los déspotas hasta este mismo momento, como si todo un pueblo pudiera ser acusado de unos pocos actos de venganza locales y particulares, cometidos al comienzo de una revolución inesperada, cuando, respirando por fin tras una opresión tan larga, estaba en guerra contra todos sus tiranos? ¿Qué digo? ¿Qué época ha dado nunca una prueba tan asombrosa de su bondad natural como en el momento en que, armado con una fuerza irresistible, repentinamente se detuvo y se calmó a petición de sus representantes? ¡Oh, vosotros, que os mostráis tan inexorables con la humanidad sufriente y tan indulgente con sus opresores, contemplad la historia y mirad a vuestro alrededor, contad los crímenes de los tiranos y juzgad entre ellos y el pueblo.

¿Qué digo? Deberíamos deducir de los propios esfuerzos de los enemigos de la revolución por calumniarlo ante sus representantes y por calumniaros ante él, por sugerir medidas destinadas a ahogar su voz, a debilitar su energía o a confundir su patriotismo para prolongar la ignorancia de sus derechos ocultando vuestros decretos, y de la incansable paciencia con la que el pueblo ha sobrellevado todos sus males a la espera de un orden de cosas más feliz, que él es el único sostén de la libertad. ¡Ah! ¿Quién podría entonces soportar la idea de verlo despojado de sus derechos por la propia revolución debida a su coraje, al tierno y generoso afecto con el que defiende a sus representantes? ¿Es a los ricos, a los grandes, a los que debéis la gran insurrección que salvó Francia y os salvó a vosotros? Esos soldados que depusieron sus armas a los pies de la patria alarmada ¿no eran del pueblo? Y los que los conducían contra vosotros ¿a qué clase pertenecían? ¿Era pues para ayudaros a defender sus derechos y su dignidad por lo que combatía el pueblo entonces, o era para daros el poder de aplastarlo? ¿Era para volver a caer bajo el yugo de la aristocracia de los ricos para lo que se quebró el yugo de la aristocracia feudal?

Hasta aquí me he prestado al lenguaje de los que parecen querer designar con la palabra pueblo una clase particular de gente a la que adjudican cierta idea de inferioridad y desprecio. Ya es hora de hablar con mayor precisión, recordando que el sistema al que nos oponemos proscribe a nueve décimas partes de la nación y que incluso aparta de la lista de los que llama ciudadanos activos a una innumerable multitud de personas a las que incluso los prejuicios de la arrogancia habían respetado, hombres distinguidos por su educación, su ahínco y hasta por su riqueza.

Tal es en efecto la naturaleza de esa disposición que lleva a las más absurdas contradicciones y que, tomando la riqueza como medida de los derechos de los ciudadanos, se aparta de esa misma regla vinculándolos con lo que se llaman impuestos directos, aunque sea obvio que alguien que pague considerables impuestos indirectos puede disfrutar de una mayor fortuna que otro que sólo está sometido a impuestos directos moderados. Pero ¿cómo ha podido nadie imaginar que los derechos sagrados del hombre puedan depender de la movilidad de los sistemas financieros, de sus variaciones, de las formas peculiares que el nuestro presenta en diferentes lugares del mismo Estado? ¿Qué tipo de sistema es ese en el que un hombre puede ser ciudadano en un lugar del territorio francés y dejar de serlo, del todo o en parte, cuando se desplaza a otro? ¿O en el que quien hoy es ciudadano puede dejar de serlo mañana si su fortuna sufre un revés?

¿Qué sistema es ese en el que un hombre decente, despojado por un injusto opresor, vuelve a caer en la clase de los ilotas[3], mientras que el segundo se eleva mediante el crimen al rango de ciudadano? ¿O en el que un padre ve crecer, junto al número de sus hijos, la certidumbre de que no podrá dejarles ese título con la pequeña porción de su patrimonio dividido, o en el que los hijos de familia, en la mitad del imperio, tienen que esperar a dejar de tener padre para tener una patria? ¿Para qué sirve en fin esa soberbia prerrogativa de formar parte del soberano, si el re-

---

[3] Los ilotas eran los esclavos públicos del antiguo Estado espartano (siglo v a.C.).

caudador de impuestos me la puede arrebatar reduciendo mi contribución en un sueldo? ¿Si está sometida tanto a los caprichos de los hombres como a la inconstancia de la fortuna?

Pero fijad vuestra atención especialmente en los funestos inconvenientes que ese sistema acarreará inevitablemente. ¡Qué poderosas armas estarán disponibles para la intriga! ¡Cuántos pretextos dados al despotismo y a la aristocracia para apartar de las asambleas públicas a los hombres más necesarios para la defensa de la libertad, y para dejar el destino del Estado a merced de cierto número de hombres ricos y ambiciosos! Una temprana experiencia nos ha revelado ya todos los peligros de ese abuso. ¿Qué amigo de la libertad y de la humanidad no ha gemido al ver reducida, por decirlo así, la representación nacional en las primeras asambleas electorales formadas bajo los auspicios de la nueva Constitución, a un puñado de individuos? ¡Qué deplorable espectáculo nos han dado esas ciudades o comarcas donde unos ciudadanos les disputaban a otros la posibilidad de ejercer derechos comunes a todos; donde los oficiales municipales o los representantes del pueblo, mediante valoraciones arbitrarias y exageradas de los jornales obreros, parecían estar poniendo el precio más alto posible a la calidad de ciudadano activo! ¡Ojalá no tenganos que sufrir muy pronto los funestos efectos de esos ataques contra los derechos del pueblo! Pero sois vosotros y únicamente vosotros los que podéis evitarlos. Las propias precauciones que habéis tomado para suavizar el rigor de los decretos de los que hablo, bien limitando a 20 sueldos el jornal más alto o admitiendo varias excepciones; todos esos paliativos impotentes demuestran al menos que habéis percibido toda la amplitud del mal que vuestra sabiduría está destinada a extirpar por completo. ¿Qué importa en efecto si son 20 o 30 sueldos el elemento de cálculo que decide mi existencia política? ¿No tienen los mismos derechos los que sólo llegan a 19? Y los principios eternos de la justicia y de la razón sobre los que se basan esos derechos ¿pueden quedar sometidos a las reglas de una tarifa variable y arbitraria?

Pero considerad, os pido, a qué extrañas consecuencias lleva un gran error de ese tipo. Obligados por las nociones básicas de la equidad a buscar los medios para paliarlo, habéis concedido a los soldados, como recompensa tras cierto tiempo de servicio, los derechos de los ciudadanos activos. Los habéis otorgado también como una distinción a los ministros del culto que no pueden cumplir las condiciones pecuniarias especificadas por vuestros decretos; los conferiréis asimismo en casos análogos por motivos similares. Ahora bien, todas esas medidas, tan equitativas en su intención, son otras tantas inconsecuencias e infracciones de los primeros principios constitucionales. ¿Cómo, en efecto, vosotros que habéis abolido todos los privilegios, cómo habéis podido convertir en privilegio para ciertos individuos y ciertas profesiones el ejercicio de los derechos ciudadanos? ¿Cómo habéis podido convertir en recompensa un bien que pertenece esencialmente a todos? Por otra parte, si los eclesiásticos y los militares no son los únicos que merecen algo de la patria, ¿no debería obligaros el mismo razonamiento a extender el mismo favor a las demás profesiones? Y, si lo reserváis al mérito, ¿cómo lo habéis podido hacer depender de la riqueza de cada uno?

Eso no es todo: habéis convertido la pérdida de los derechos de ciudadano activo en castigo por un crimen, el mayor de todos los crímenes, el de lesa nación; pero esa pena os parecía tan grande que habéis limitado su duración dejando además a los culpables la capacidad de ponerle fin llevando a cabo el primer acto inspirado por la ciudadanía que les pluguiera... Sin embargo, habéis infligido esa misma privación a todos los ciudadanos que no sean lo bastante ricos para pagar tal o cual cantidad o tipo de contribución; de forma que mediante la combinación de esos decretos, los que han conspirado contra la salvación y la libertad de la nación y los mejores ciudadanos, defensores de la libertad a los que la fortuna no ha favorecido o la hayan rechazado para servir a la patria, aparecen confundidos en la misma clase. Pero incluso en eso me equivoco, ya que vuestra predilec-

ción se inclina en favor de los primeros devolviéndoles el disfrute pleno de los derechos ciudadanos desde el momento en que
tengan a bien hacer las paces con la nación y aceptar el beneficio
de la libertad, mientras que los segundos quedan privados de
ellos indefinidamente y sólo los podrían recuperar cumpliendo
una condición que no está a su alcance. ¡Cielo santo! ¡Genio y
virtud situados por debajo de la opulencia y el crimen por el
legislador!

«¡Ojalá estuviera todavía vivo aquel gran hombre!», hemos
dicho a veces, comparando la idea de esta gran revolución con
la de quien más contribuyó a su preparación; «ojalá estuviera
vivo aquel sensible y elocuente filósofo, cuyos escritos desarro-
llaron entre nosotros los principios de la moralidad pública que
nos hicieron capaces de concebir el plan de regenerar nuestra
patria!». Y bien, si estuviera todavía vivo, ¿qué es lo que vería?
Las leyes sagradas que él defendió, violadas por la incipiente
constitución; y su nombre borrado de la lista de los ciudadanos.
¿Qué dirían todos los grandes hombres que en otros tiempos
gobernaron los pueblos más libres y virtuosos sobre la tierra
pero que no dejaron con qué cubrir los costes de su funeral y
cuyas familias tuvieron que ser alimentadas a expensas del Estado? ¿Qué dirían si, resucitando hoy entre nosotros, pudieran ver
cómo va cobrando forma esta Constitución tan alabada? ¡Arístides![4].
Grecia te nombró «el Justo» y te convirtió en árbitro de tu destino; la Francia regenerada vería en ti únicamente un hombre
insignificante que no puede pagar un marco de plata. En vano
la confianza del pueblo te llamaría a defender sus derechos; no
hay municipio que no te rechazara. Podrías haber salvado la
patria 20 veces, pero no por eso serías un ciudadano activo o

---

[4] Arístides «el Justo» (550-467 a.C.): uno de los *strategos* atenienses en la batalla de Maratón (490 a.C.), en la que los griegos obtuvieron una gran victoria
sobre los persas. Arístides se hizo famoso por su integridad personal y sus reformas como arconte de Atenas que abrieron las instituciones del Estado-
ciudad a capas más amplias de la población.

elegible... a menos que tu gran alma estuviera dispuesta a vencer los rigores de la fortuna a expensas de tu libertad o de alguna otra de tus virtudes.

Aquellos héroes no ignoraban, y nosotros mismos lo repetimos a veces, que el único fundamento sólido para libertad es la moralidad. Ahora bien, ¿qué moral puede tener un pueblo cuando sus leyes parecen destinadas a fomentar la más furiosa actividad de la sed de riqueza? ¿Y qué medio más cierto de exacerbar esa pasión pueden adoptar las leyes que desacreditar la pobreza honorable y reservar a la riqueza todos los honores y el poder? Adoptar esa actitud ¿no es sino obligar incluso a la ambición más noble, la búsqueda de gloria mediante el servicio a la patria, a refugiarse en la codicia y la intriga y hacer a la propia constitución corruptora de la virtud? Así pues, ¿qué significa esa lista cívica que estáis elaborando con tanto cuidado? Tal como yo la veo, muestra con exactitud todos los nombres de los viles personajes que el despotismo alimentó con la sustancia del pueblo; pero busco en vano el de un hombre decente indigente. Ofrece a los ciudadanos esta asombrosa lección: «Sé rico, te cueste lo que te cueste, o no serás nada».

¿Cómo, después de esto, podríais vanagloriaros de haber resucitado entre nosotros el espíritu público del que depende la regeneración de Francia, cuando, al separar a la mayoría de los ciudadanos del cuidado de los asuntos públicos, los condenáis a concentrar todos sus pensamientos y todos sus afectos en el objeto de su interés y sus placeres personales; cuando, con otras palabras, estáis elevando el egoísmo y la frivolidad sobre las ruinas de los talentos útiles y las virtudes generosas que son los únicos guardianes de la libertad? Así nunca habrá una Constitución duradera en ningún país o será, de algún modo, el dominio de una clase de hombres y para los demás sólo un objeto indiferente o generador de celos y humillación. Si se ve atacada por enemigos hábiles y poderosos, sucumbirá más pronto o más tarde. Ya es fácil, señores, prever todas las consecuencias fatales que acarrearían las disposiciones de las que hablo si se les permitiera subsistir. Pronto veréis vuestras asambleas primarias y electivas desiertas, no sólo porque esos mismos decretos prohíben el acceso a ellas a la mayoría de los ciudadanos, sino también porque la mayor parte de los que son convocados, esto es, la gente que contribuye con tres jornales, reducida a la condición de electores sin poder ser ellos mismos elegidos para los puestos que otorga la confianza de los ciudadanos, no se apresurará a abandonar sus asuntos y sus familias para acudir a asambleas en las que no pueden depositar las mismas esperanzas ni ejercer los mismos derechos que los ciudadanos más acomodados, a no ser para vender allí sus votos. Quedarán así en manos de un pequeño número de conspiradores que se repartirán todas las magistraturas y darán a Francia jueces, administradores y legisladores. ¡Setecientos cincuenta legisladores para un imperio tan vasto, que tendrán que deliberar rodeados por la influencia de una corte armada con la fuerza pública, capaz de distribuir multitud de favores y empleos y con un presupuesto que se puede estimar en más de 35 millones. Ved cómo esa corte despliega sus inmensos recursos en cada asamblea, secundada por todos esos aristócratas disfrazados, que bajo la máscara del civismo tratan de captar los votos de una nación todavía demasiado idólatra, demasiado frívola, demasiado poco informada de sus derechos como para conocer a sus enemigos, sus intereses y su dignidad; observadla tratando de establecer su fatal ascendencia sobre los miembros del Cuerpo Legislativo que no hayan llegado ya corrompidos por adelantado y entregados a sus intereses; observad cómo juegan con el destino de Francia con una facilidad que no sorprenderá a quienes durante un tiempo han seguido los progresos de su espíritu peligroso y sus intrigas siniestras; y preparaos para ver cómo el despotismo lo va envileciendo todo, corrompiendo todo, absorbiéndolo todo o, si no queréis contemplar ese espectáculo, apresuraos a devolver al pueblo todos sus derechos y al espíritu público toda la libertad que necesita para expandirse y fortalecerse.

Concluiré aquí esta argumentación; quizá hasta podría haberme ahorrado el trabajo; quizá debería haber investigado antes de nada si esas disposiciones que critico existen realmente; si son verdaderas leyes. ¿Por qué podría yo temer decir la verdad a los representantes del pueblo, u olvidar que defender ante ellos la causa sagrada de la humanidad y la inviolable soberanía de las naciones, con toda la franqueza que ello exige, no es sino alabar el más dulce de sus sentimientos y rendir el más noble homenaje a sus virtudes? Además, ¿no sabe el universo entero que vuestro verdadero deseo y el decreto que en realidad estáis preparando es la pronta revocación de las disposiciones de las que hablo, y que lo que defiendo al combatirlas es la opinión de la mayoría de la Asamblea Nacional? Así pues, declaro que semejantes decretos ni siquiera tienen por qué ser expresamente revocados; son esencialmente nulos, porque ninguna potencia humana, ni siquiera la vuestra, es competente para llevarlos adelante. El poder de los representantes, de los mandatarios de un pueblo, está esencialmente determinado por la naturaleza y objeto de su mandato. Ahora bien, ¿cuál es vuestro mandato? Hacer leyes para restablecer y cimentar los derechos de vuestros electores; por eso no es posible que les despojéis de esos mismos derechos. Poned atención: los que os han elegido, aquellos por los que existís, no eran contribuyentes de un marco de plata o de tres o diez jornales como impuestos directos; eran todos los franceses, todos los hombres nacidos o naturalizados y domiciliados en Francia, paguen lo que paguen como contribución.

El propio despotismo no se atrevió a imponer otra condición a los ciudadanos que convocó[*]. ¿Cómo podéis entonces vosotros despojar a parte de esos hombres, o por mejor decirlo a la mayoría de ellos, de esos mismos derechos políticos que ejercieron enviándoos a esta Asamblea y cuya guardia nos confiaron? No podéis hacerlo sin destruir vosotros mismos vuestro poder, ya que éste no es sino el de quienes os eligieron. Si aprobarais esos decretos no estaríais actuando como representantes de la nación, sino directamente contra ese título; no estaríais

---

[*] Robespierre escribe: «Ved el reglamento de la convocatoria de los Estados generales». *[N. del T.]*

haciendo leyes sino destruyendo el principio de la autoridad legislativa. Ni siquiera los pueblos pueden nunca autorizarlos ni adoptarlos, porque no pueden nunca renunciar a la igualdad, a la libertad, a su existencia como pueblo o a los derechos inalienables del hombre. Así pues, señores, cuando habéis tomado la bien conocida resolución de revocarlos, era menos por haber reconocido su necesidad que por dar a todos los legisladores y todos los mandatarios de la autoridad pública un gran ejemplo del respeto que deben a los pueblos, para coronar tantas leyes saludables, tantos generosos sacrificios, con el magnánimo rechazo de una aberración momentánea que nunca modificó vuestros principios ni vuestra devoción valerosa y constante a la felicidad humana.

¿Qué significa pues la eterna objeción de quienes os dicen que no os está permitido en ningún caso cambiar vuestros propios decretos? ¿Cómo ha podido ceder frente a esa pretendida máxima la regla inviolable de que la salvación del pueblo y la felicidad humana es siempre la ley suprema, imponiendo a los fundadores de la Constitución francesa la destrucción de su propia obra y el bloqueo de los gloriosos destinos de la nación y de toda la humanidad, en lugar de reparar un error cuyos peligros conocen? Sólo el ser esencialmente infalible puede ser inmutable; cambiar no sólo es un derecho sino un deber para cualquier voluntad humana que ha errado. Los hombres que deciden el destino de otros están menos exentos que nadie de esa obligación común. Pero ésa es la desgracia de un pueblo que se desplaza rápidamente de la servidumbre a la libertad: que transporta al nuevo orden de cosas, sin ser consciente de ello, los prejuicios del antiguo de los que todavía no se ha podido liberar; y esa idea de la irrevocabilidad absoluta de las decisiones del cuerpo legislativo ha sido heredada ciertamente del despotismo. La autoridad no se puede replegar sin quedar comprometida, se decía, aunque de hecho a veces se veía obligada a replegarse. La máxima era buena en efecto para el despotismo, cuyo poder opresivo sólo se podía sostener mediante la ilusión y el terror, pero la autoridad tutelar de los representantes de la nación, basada a la vez en el interés general y en la fuerza de la nación, puede reparar un error funesto sin correr otro riesgo que el de reforzar el sentimiento de confianza y de admiración que la rodea; sólo se comprometería mostrando una perseverancia inexorable en medidas contrarias a la libertad y condenadas por la opinión pública. Hay sin embargo algunos decretos que no podéis abrogar, y son los que se refieren a la declaración de los derechos del hombre, porque no sois vosotros quienes habéis hecho esas leyes; vosotros sólo las promulgasteis. Son decretos inmutables del legislador eterno, alojados en la mente y el corazón de todos los hombres mucho antes de que los inscribierais en vuestro código, los que yo invoco contra medidas que los ofenden y que deben desaparecer ante ellos. Tenéis que optar entre unos y otras y vuestra elección no puede ser incierta, según vuestros propios principios. Por eso propongo a la Asamblea Nacional el siguiente proyecto de decreto:

La Asamblea Nacional, imbuida de un respeto religioso por los derechos humanos, cuyo mantenimiento debe ser el objeto de todas los instituciones políticas;

Convencida de que una constitución destinada a asegurar la libertad del pueblo francés y a influir en el mundo, debe quedar establecida por encima de todo sobre este principio;

Declara que todos los franceses, lo que significa todos los hombres nacidos o naturalizados y domiciliados en Francia, deben disfrutar en plenitud e igualdad de los derechos del ciudadano y son elegibles para cualquier oficio público sin más distinción que la de sus virtudes y talentos.

3

Sobre la condición de los hombres libres de color

13 de mayo de 1791[1]

El 13 de mayo de 1791 Moreau de St. Méry, diputado por la colonia francesa de la Martinica, propuso una enmienda que habría equivalido a constitucionalizar la esclavitud en los territorios de ultramar. Robespierre protestó contra esa iniciativa. Pocas semanas después, en agosto de 1791, comenzaron las rebeliones de esclavos con las que se inició un proceso que culminaría en la abolición de la esclavitud por la Convención el 4 de febrero de 1794.

Quiero ofrecer una breve explicación de la enmienda: señores, vuestro mayor interés es elaborar un decreto que no ataque de una forma demasiado indignante los principios y el honor de la Asamblea.

Desde el momento en que en uno de vuestros decretos pronunciéis la palabra *esclavo,* habréis pronunciado vuestro propio deshonor y el derrumbe de vuestra Constitución *[estas últimas palabras quedan cubiertas por las protestas y aplausos].* Me estoy quejando, en nombre de la propia Asamblea, de que, no contentos con obtener de ella lo que desean, quieren obtenerlo de una for-

---

[1] «Sur la condition des hommes de couleur libres», *Œuvres,* vol. VII, pp. 361-364.

ma que la deshonraría y desmentiría todos sus principios. Si llegara a sospechar que, entre quienes han combatido los derechos de los hombres de color, había alguien que detestaba la libertad y la Constitución, creería que, para alimentar el odio, ha querido forzaros a levantar el velo sagrado y terrible que el propio pudor del legislador os había obligado a asumir *[palabras cubiertas por las protestas]*. Creería que tratan de obtener un medio para atacar siempre con éxito vuestros decretos y vuestros principios cuando se trate de los intereses directos de la metrópoli, diciéndoos que alegáis sin cesar los derechos del hombre y los principios de la libertad, pero que creíais tan poco en ellos que vosotros mismos habéis decretado constitucionalmente la esclavitud.

Es de gran interés sin duda la conservación de vuestras colonias, pero incluso ese interés guarda relación con vuestra constitución; y el interés supremo de la nación y de las propias colonias es que sigáis siendo libres y que no destruyáis con vuestras propias manos las bases de esa libertad. ¡Perezcan las colonias *[violentas protestas]*, si van a costaros vuestra felicidad, vuestra gloria, vuestra libertad! Repito: que perezcan las colonias si los colonos quieren con sus amenazas obligarnos a decretar lo que más conviene a sus intereses. Pido que la Asamblea declare que los hombres libres de color tienen los mismos derechos que los ciudadanos activos.

[...]

Concluyo de todo esto que la mayor desgracia que la Asamblea podría provocar, no sobre los ciudadanos de color, no sobre las colonias, sino sobre todo el Imperio francés, sería adoptar la fatal enmienda propuesta por el señor Moreau de St. Méry. Concluyo que absolutamente ninguna otra propuesta, cualquiera que fuera, valdría más que ésa.

4

Sobre los derechos de las sociedades y de los clubes

29 de septiembre de 1791[1]

Le Chapelier[2] *presentó un informe a la Asamblea que pretendía limitar la actividad política de los clubes, considerados como una fuerza adversa. Robespierre se opuso a esa orientación y defendió los derechos de los clubes. Pese a su intervención, la asamblea adoptó los primeros artículos del informe.*

[...]

La Constitución garantiza a los franceses el derecho a reunirse pacíficamente y sin armas; la Constitución garantiza a los franceses la comunicación libre de los pensamientos, siempre que no se haga daño a otro. Según esos principios, me pregunto cómo alguien se atreve a deciros que la correspondencia de una reunión de hombres pacíficos y sin armas con otras asambleas de la misma naturaleza puede ser proscrita por los principios de la Constitución.

---

[1] «Sur les droits des societés et des clubs», *Œuvres,* vol. VII, pp. 746-748.
[2] Isaac-René-Guy Le Chapelier (1754-1794), uno de los fundadores del Club Bretón que antecedió al de los Jacobinos e impulsor de la Ley del 14 de junio de 1791 que limitaba el derecho de asociación y coalición.

[...]

Se dice que la Revolución ha concluido; quiero suponerlo así con vosotros, aunque no entiendo del todo el significado que dais a esa afirmación, que he oído repetir con gran afectación; pero, si la hipótesis es correcta, ¿quiere eso decir que es menos necesario propagar el conocimiento, los principios de la Constitución y de la ciudadanía, sin los cuales no puede subsistir la propia Constitución? ¿Es menos útil formar asambleas en las que los ciudadanos puedan ocuparse en común de la forma más eficaz de plantear sus objetivos y los intereses más preciosos de su patria? ¿Hay alguna preocupación más legítima y más digna de un pueblo libre? Para poder decir que la Revolución ha concluido, la Constitución tendría que haberse consolidado, dado que el colapso y la inestabilidad de la Constitución debe prolongar necesariamente la Revolución, que no es otra cosa que los esfuerzos de la nación por conservar o conquistar la libertad. Ahora bien, ¿cómo puede nadie proponer anular y dejar sin influencia el medio más poderoso de reforzarla, que el propio ponente admite que se ha reconocido generalmente como necesario hasta ahora?

¿Y de dónde proviene esa extraña prisa por desmontar todos los puntales que mantienen en pie un edificio todavía poco consolidado? ¿Qué plan es ése de tratar de sumergir a la nación en una profunda incuria con respecto a sus intereses más sagrados, de querer prohibir a los ciudadanos cualquier tipo de inquietud, cuando todo sugiere que todavía se pueden tener sin ser por ello un insensato? ¿De convertir en un crimen la vigilancia que la razón impone incluso a los pueblos que han disfrutado de la libertad durante siglos?

Para mí, cuando veo por un lado que la incipiente Constitución tiene todavía enemigos internos y externos, cuando veo que las palabras y los signos externos han cambiado, pero las acciones siguen siendo las mismas y los corazones sólo pueden haber cambiado gracias a un milagro; cuando veo que la intriga y la duplicidad dan la alarma y al mismo tiempo siembran la agitación y el desconcierto, cuando veo que los jefes de las facciones opuestas luchan menos por la causa revolucionaria que por hacerse con el poder para mandar en nombre del monarca; cuando por otro lado veo el celo exagerado con el que prescriben una obediencia ciega, al mismo tiempo que proscriben hasta la palabra libertad; y cuando veo los extraordinarios medios que utilizan para matar el espíritu público resucitando los prejuicios, la frivolidad y la idolatría, lejos de aprobar el espíritu de embriaguez que anima a los que me rodean, lo único que veo en él es el vértigo propagado por la esclavitud de las naciones y el despotismo de los tiranos *[aplausos]*. Si quienes comparten las preocupaciones de los legisladores son vistos como hombres peligrosos; si no estoy convencido de que quienes piensan así sean insensatos o imbéciles, la razón me obliga a verlos como pérfidos. Si tengo que dejar de hablar contra los planes de los enemigos de la patria y si debo aplaudir la ruina de mi país, dadme las órdenes que queráis y hacedme perecer antes que perder la libertad *[aplausos y murmullos];* aun así habrá todavía en Francia amigos de la libertad lo bastante sinceros, lo bastante perspicaces como para percibir las trampas que nos ponen por todas partes y para evitar que los traidores disfruten del fruto de sus esfuerzos.

Sé que, para preparar el éxito de los proyectos que se ofrecen hoy a vuestra deliberación, se tomó el cuidado de prodigar las críticas, sofismas, calumnias y todos los pequeños medios empleados por hombres pequeños que son a la vez el oprobio y la plaga de las revoluciones *[aplausos, risas en el centro]*. Sé que han ganado para sus opiniones a todos los malvados y estúpidos de Francia *[risas]*. Sé que ese tipo de proyectos complacen a todos los interesados en prevaricar impunemente; pues cualquier hombre susceptible de ser corrompido teme la vigilancia de los ciudadanos instruidos, como los bandidos temen la luz que deja al descubierto sus crímenes. Sólo la virtud puede permitir desvelar ese tipo de conspiración contra las sociedades patrióticas. Destruidlas, y habréis quitado el freno más poderoso a la corrupción, habréis derribado el último obstáculo que se eleva todavía en el camino de esos siniestros planes; ya que los conspiradores, los intrigantes, los ambiciosos, sí que sabrán reunirse y eludir la ley que han hecho aprobar; sabrán cómo unirse bajo los auspicios del despotismo para reinar en su nombre y se habrán librado de las sociedades de hombres libres que se reúnen pacífica y públicamente ejerciendo sus derechos, porque es necesario oponer la vigilancia de la gente honesta a las fuerzas de los intrigantes ambiciosos y corruptos. Podrán desgarrar la patria impunemente para cultivar su ambición personal sobre las ruinas de la nación.

Señores, si pudierais reproducir ahora claramente en vuestro espíritu las circunstancias del pasado, recordaríais que esas sociedades estaban compuestas de los hombres más recomendables por su talento y por su celo por la libertad que habían conquistado; que se reunían en ellas para preparar por adelantado la lucha en esta misma Asamblea contra la liga de los enemigos de la Revolución, para saber cómo frustrar las trampas que los intrigantes no han dejado de tendernos hasta este mismo momento. Si recordarais todas las circunstancias comprobaríais con tanta sorpresa como dolor que ese decreto se debe quizá a la injuria personal que se ha hecho a ciertas personas que habían adquirido demasiada influencia sobre la opinión pública que ahora los rechaza.

¿Es pues una desgracia tan grande si, en nuestras actuales circunstancias, la opinión pública y el espíritu público se desarrollan a expensas de unos pocos hombres que tras servir a la causa de la patria en apariencia, no han hecho ahora sino traicionarla con mayor audacia? *[aplausos, murmullos].*

Sé lo dura que es mi franqueza; pero el único consuelo que les queda a los buenos ciudadanos por el peligro en que esos hombres han puesto los asuntos públicos es juzgarlos con severidad.

Se os ha presentado a las sociedades patrióticas como si hubieran usurpado el poder público, cuando en realidad nunca han tenido la ridícula pretensión de interferir con las autoridades constituidas, cuando en realidad nunca han tenido otro objetivo que informar e ilustrar a sus conciudadanos sobre los verdaderos principios de la constitución y expandir la ilustración, sin la cual ésta no puede sobrevivir.

Si algunas sociedades se han apartado de las reglas prescritas, ahí está la ley para reprimir esas infracciones particulares; pero ¿tenemos que inferir de unos pocos actos aislados, de los que no se ha dado ninguna prueba, la conclusión de que es necesario destruir, paralizar, aniquilar enteramente una institución útil en sí misma, necesaria para el mantenimiento de la constitución, y que, como admiten incluso sus enemigos, ha rendido servicios esenciales a la libertad? Si hay un espectáculo repugnante es el de una Asamblea representativa capaz de sacrificar la seguridad de la Constitución a los intereses de unos pocos individuos devorados por sus pasiones y ambiciones.

Me limito a plantear la cuestión previa sobre la propuesta del comité, y dejo a los quieran combatir mi opinión el cuidado de refutarme con juegos de palabras tan ingeniosos y su arte maquiavélico... *[los aplausos desde la izquierda y las tribunas del público impiden oír las últimas palabras].*

5

Extracto de «Sobre la guerra»

Sesión del 2 de enero de 1792[1]

Cuando la probabilidad de conflicto con otros países parecía disminuir, Brissot, líder de los «brissotinos» (girondinos), intervino en la Asamblea Legislativa en favor de la guerra. El 29 de diciembre afirmó que ésta era «necesaria para Francia por su honor, la seguridad exterior, su tranquilidad interior, para restablecer sus finanzas y el crédito público y para poner fin al terror, a las traiciones y a la anarquía [...]. Esta guerra supondrá un gran beneficio nacional». El 30 de diciembre habló sobre una «cruzada por la libertad universal». Robespierre respondió a Brissot con un discurso en la Sociedad de Amigos de la Constitución [el «Club de los Jacobinos»] que comenzó el 2 de enero de 1792 y concluyó en la sesión del 11 de enero.

[...]
¿Haremos la guerra, o haremos la paz? ¿Atacaremos a nuestros enemigos o los esperaremos en nuestro hogar? Creo que este enunciado no presenta la cuestión bajo todos sus aspectos y en toda su amplitud. ¿Qué decisiones deben tomar la nación y sus representantes en las circunstancias en las que nos encontramos,

---

[1] «Sur la guerre», *Œuvres,* vol. VIII, pp. 74-92.

con respecto a sus enemigos internos y externos? He ahí el auténtico punto de vista desde el que se debe considerar, si se quiere abarcarlo en su totalidad y discutirlo con toda la exactitud que exige. Lo que importa, por encima de todo, cualquiera que pueda ser el fruto de nuestros esfuerzos, es ilustrar a la nación sobre sus verdaderos intereses y los de sus enemigos; es no arrebatar a la libertad su último recurso, engañando al pueblo en las actuales circunstancias críticas. Trataré de cumplir ese objetivo respondiendo principalmente a la opinión de M. Brissot.

Si unos pocos trazos generales, si la pintura brillante y profética de una guerra que acabe en fraternales abrazos de todos los pueblos de Europa, fueran argumentos suficientes para decidir una cuestión tan seria, admitiría que M. Brissot la ha resuelto perfectamente; pero su discurso me ha parecido mostrar un vicio que no tiene gran importancia en un discurso académico pero sí en la mayor de todas las discusiones políticas, y es que ha evitado todo el tiempo el punto fundamental de la cuestión, para erigir toda su construcción al margen, sobre una base absolutamente ruinosa.

Ciertamente, me gustaría tanto como al señor Brissot una guerra emprendida para extender el reino de la libertad, y podría entregarme también al placer de contar por adelantado todas sus maravillas. Si yo fuera dueño de los destinos de Francia, y si pudiera dirigir según mi voluntad sus fuerzas y sus recursos, habría enviado desde hace mucho tiempo un ejército a Bravante, habría socorrido a los habitantes de Lieja y quebrado las cadenas de los bátavos[2]; ese tipo de expediciones son muy de mi gusto. Pero también es verdad que no habría declarado la guerra a sujetos rebeldes, les habría quitado hasta la voluntad de unirse[3]; no habría permitido a enemigos más formidables y más próximos a nosotros protegerlos y suscitar entre nosotros peligros más serios.

---

[2] Alusión a los levantamientos populares en los Países Bajos en 1789 a raíz de la Revolución francesa. Las graves contradicciones internas impidieron su éxito.
[3] Alusión al encuentro de los emigrados contrarrevolucionarios en tierras del obispo de Tréveris.

Pero, en las circunstancias en que veo mi país, arrojo una mirada inquieta a mi alrededor y me pregunto si la guerra de la que se habla será la que el entusiasmo nos promete; me pregunto quién la propone, cómo, en qué circunstancias y por qué.

Ahí es, en nuestra situación extraordinaria, donde reside toda la cuestión. Habéis desviado de ella su mirada; pero he demostrado lo que era claro para todo el mundo, que la actual propuesta de guerra en el resultado de un proyecto concebido hace mucho tiempo por los enemigos internos de nuestra libertad; os he mostrado su objetivo; os he indicado sus medios de ejecución; otros han demostrado que no era más que una trampa ostensible: un orador, miembro de la Asamblea Constituyente, os ha dicho a ese respecto verdades muy importantes[4]; no hay nadie que no haya percibido esa trampa y que, después de haber protegido constantemente a los emigrantes rebeldes, se nos proponía ahora declarar la guerra a sus protectores, al tiempo que aún se defendía a los enemigos de dentro, confederados con ellos. Vos mismo habéis admitido que la guerra complacía a los emigrados, al Gobierno, a los intrigantes de la Corte, a esa facción numerosa, cuyos jefes, demasiado conocidos, dirigen desde hace tiempo todos los pasos del poder ejecutivo; todas las trompetas de la aristocracia y del Gobierno dan a la vez la señal. Por último, quien creyera que la conducta de la Corte, desde el comienzo de esta Revolución, no se ha opuesto siempre a los principios de la igualdad y el respeto a los derechos del pueblo, sería considerado un insensato, aun si lo creyera de buena fe; quienquiera que dijera que la Corte propone una medida tan decisiva como la guerra, sin relacionarla con su plan, no daría una idea más respetable de su juicio. Ahora bien, ¿podéis decir que es indiferente para el bien del Estado que la propuesta de guerra esté motivada por el amor a la libertad o por el espíritu del despotismo, por la fidelidad o por la perfidia? Y, aun así, ¿qué

---

[4] Alusión a Claude-Ambroise Régnier (1746-1814), diputado por el distrito de Nancy.

habéis respondido a todos esos hechos decisivos? ¿Qué habéis dicho para disipar tantas sospechas justas? Vuestra respuesta a ese principio fundamental de toda esta discusión basta para juzgar toda vuestra argumentación.

La desconfianza –decíais en vuestro primer discurso– es un estado espantoso: *impide a los dos poderes actuar de concierto; impide al pueblo creer en las demostraciones del poder ejecutivo, entibia su adhesión y mengua su sumisión*[5].

¡La desconfianza es un estado espantoso! ¿Es ése el lenguaje de un hombre libre que cree que ningún precio es demasiado alto para la libertad? ¡Impide a los dos poderes actuar de concierto! ¿Sois vos quien habla así? Pero ¡bueno! ¿Es la desconfianza del pueblo la que impide funcionar al poder ejecutivo, y no su propia voluntad? ¿Es el pueblo el que debe creer ciegamente en las *demostraciones* del poder ejecutivo, y no el poder ejecutivo el que debe merecer la confianza del pueblo, no mediante *demostraciones,* sino mediante hechos? *¡La desconfianza entibia su adhesión!* ¿Y a quien debe pues el pueblo adhesión? ¿A un hombre? ¿Es a la obra de sus manos, o más bien a la patria, a la libertad? *¡Mengua su sumisión!* A la ley, cabe suponer. ¿Y ha faltado esa sumisión hasta ahora? ¿Quién tiene más reproches que hacerse a este respecto, el pueblo o sus opresores? Esas frases me causaron cierta sorpresa, y debo confesar que ésta no ha disminuido cuando he oído el comentario con el que las habéis desarrollado en vuestro último discurso.

Nos habéis dicho que había que desterrar la desconfianza, porque se ha producido un cambio en el Gobierno[6]. ¿Y bien? Vos, con tanta filosofía y experiencia; vos, a quien he oído 20 veces decir, sobre la política y el espíritu inmortal de las cortes, todo lo que piensa sobre ese tema quienquiera que posea la facultad de

---

[5] Alusión al discurso de Brissot del 16 de diciembre de 1791.

[6] Alusión a la sustitución de Montmorin por Lesart al frente del Ministerio de Asuntos Exteriores y de Duportail por Narbonne como ministro de la Guerra. Esos cambios suponían la victoria de la facción belicista en el entorno del rey.

pensar; ¿sois vos quien pretende que el Gobierno cambia por cambiar un ministro? Voy a explicarme libremente sobre los ministros; primero, porque no temo que se sospeche de mí que aspiro a sucederlos, ni yo mismo ni mis amigos; segundo, porque ni siquiera deseo que sean sustituidos, convencido como estoy de que quienes aspiran a su cargo no serían mejores. No es a los ministros a los que ataco; son sus principios y sus actos. Que se transformen, si pueden, y combatiré a sus detractores. Por consiguiente, tengo derecho a examinar las bases sobre las que reposa la confianza que les prestáis. Acusáis al ministro Montmorin, quien cedió su lugar, para pedir confianza en el ministro Lessart, quien se ha hecho cargo de su puesto. ¡No permita Dios que pierda ni un momento en establecer un paralelo entre esos dos ilustres defensores de los derechos del pueblo! Expedís certificados de patriotismo a otros dos ministros, porque provienen al parecer de la clase plebeya[7], pero en mi opinión, os lo digo francamente, cabe presumir que en las circunstancias actuales no habrían llamado *plebeyos* al Gobierno si no se los hubiera juzgado dignos de ser nobles. Me extraña que un representante del pueblo otorgue confianza a un ministro que el pueblo de la capital temía que pudiera ocupar un puesto municipal; me extraña veros recomendar benevolencia pública para el ministro de Justicia[8], que ha paralizado el tribunal provisional de Orleans[9], absteniéndose de enviarle los principales procedimientos; el ministro que ha calumniado groseramente a las sociedades patrióticas ante la Asamblea Nacional, para provocar su destrucción; el ministro que más recientemente ha pedido a la asamblea actual la suspensión de la creación de los nuevos tribunales para las causas penales, con el pretexto de que la nación no está madura para los jurados y de

---

[7] Alusión a Gerville, ministro del Interior, y Tarbé, ministro de Finanzas.
[8] Alusión a Duport-Dutertre, ministro de Justicia desde el 21 de noviembre de 1790 hasta el 22 de marzo de 1792.
[9] Alusión al hecho de que el Tribunal Supremo había absuelto a los contrarrevolucionarios.

que (¿quién podría creerlo?) el invierno es una estación demasiado dura para establecer esa institución, declarada parte esencial de nuestra Constitución por el propio acto constitucional, reclamada por los principios externos de la justicia y por la tiranía insoportable del sistema bárbaro que pesa todavía sobre la patria y sobre la humanidad; ese ministro, opresor del pueblo de Aviñón, rodeado por todos los intrigantes que vos mismo habéis denunciado en vuestros escritos, y enemigo declarado de todos los patriotas invariablemente vinculados a la causa pública. Habéis ofrecido vuestra confianza al actual ministro de la Guerra. ¡Ah! Por favor, ahorradnos el trabajo de discutir la conducta, las relaciones y el personal de esos individuos, cuando de lo que debemos ocuparnos es de los principios y de la patria. No basta al parecer tener que oír la apología de esos ministros, sino que queréis además aislarlos de las opiniones y de la compañía de los que son notoriamente sus consejeros y sus colaboradores.

Hoy nadie duda de que existe una coalición poderosa y peligrosa contra la igualdad y contra los principios de nuestra libertad; se sabe que la coalición que puso sus manos sacrílegas sobre las bases de la Constitución se ocupa activamente de los medios para culminar su obra; que domina en la Corte y que gobierna a los ministros; vos mismo habéis admitido que tenía un plan para extender aún más el poder ministerial y aristocratizar la representación nacional; nos habéis pedido que creamos que los ministros y la corte no tenían nada que ver con ella; habéis contradicho, a este respecto, las afirmaciones de varios oradores y la opinión general; os habéis contentado con alegar que unos intrigantes no podrían desbaratar la libertad. ¿Ignoráis que son los intrigantes los que provocan la desgracia de los pueblos? ¿Que no se puede desdeñar el perjuicio que pueden causar esos intrigantes, secundados por la fuerza y los tesoros del Gobierno? ¿Que vos mismo prometisteis perseguir con energía a una parte de esos de los que tratamos aquí ahora? ¿Y que desde la partida del rey, cuyo misterio comienza a aclararse, han tenido el poder de hacer retroceder la Revolución y de cometer impunemente los atentados más condenables contra la libertad? ¿De dónde os viene pues de repente tanta indulgencia o seguridad?

No os alarméis, nos ha dicho el mismo orador, si esa facción quiere la guerra; no os alarméis si, como ella, la Corte y los ministros quieren la guerra; si los periódicos a sueldo del Gobierno predican la guerra; cierto que los ministros se unirán siempre a los moderados contra los patriotas, pero se unirán a los patriotas y a los moderados contra los emigrados. ¡Qué tranquilizadora y luminosa teoría! Los ministros, admitís, son enemigos de los patriotas; los moderados, en los que se apoyan, quieren hacer aristocrática nuestra constitución; ¿y queréis que adoptemos sus proyectos? Los ministros sobornan, como decís vos mismo, periódicos que se esfuerzan por apagar el espíritu público, por borrar los principios de libertad y por alabar a los más peligrosos de sus enemigos y calumniar a todos los buenos ciudadanos, ¿y queréis que me fíe de las opiniones y los principios de los ministros?

¿Creéis que los agentes del poder ejecutivo están más dispuestos a adoptar las máximas de la igualdad y a defender los derechos del pueblo en toda su pureza, que a transigir con los miembros de la dinastía, con los amigos de la Corte, a expensas del pueblo y de los patriotas, a los que califican soberbiamente de facciosos? Y, aunque los aristócratas de todo pelaje pidan la guerra y todos los ecos de la aristocracia reproduzcan su grito de guerra, tampoco hay que desconfiar de sus intenciones. Por mi parte, admiro vuestra felicidad y no la envidio. Vos estabais destinado a defender la libertad sin desconfianza, sin disgustar a sus enemigos, sin indisponerse con la Corte, ni con los ministros ni con los moderados. ¡Qué fáciles y sonrientes se han vuelto para vos los caminos del patriotismo!

A mí me parece en cambio que, cuanto más se avanzaba por esa vía, más obstáculos y enemigos se encontraban, y más abandonado se veía uno por todos los que habían entrado en ella; y afirmo que, si me viera rodeado de cortesanos, de aristócratas, *de moderados,* me vería al menos tentado a pensar que me hallaba en compañía muy poco recomendable.

Si no me equivoco, la debilidad de los argumentos con los que habéis querido tranquilizarnos con respecto a las intenciones de quienes nos empujan a la guerra es la prueba más convincente de lo que digo. Lejos de abordar el verdadero estado de la cuestión, lo habéis rehuido siempre. Todo lo que habéis dicho está pues fuera de cuestión. Vuestra opinión no se basa más que en hipótesis vagas y extrañas.

[...] Está en la naturaleza de las cosas que la marcha de la razón sea lenta y gradual. El Gobierno más depravado encuentra un poderoso apoyo en los prejuicios, los hábitos y la educación de los pueblos. El despotismo corrompe las mentes de los hombres hasta el punto de hacerse adorar y de hacer que la libertad parezca sospechosa y aterradora a primera vista. La idea más extravagante que puede surgir en la mente de un político es la de creer que baste realizar una incursión armada en el territorio de otro pueblo para hacerle adoptar sus leyes y su Constitución. A nadie le gustan los misioneros armados, y el primer consejo que dan la naturaleza y la prudencia es rechazarlos como enemigos [...].

Antes de perderos en la política y en los Estados de los príncipes de Europa, comenzad por echar una mirada a nuestra situación interna; conviene restaurar el orden en casa antes de llevar la libertad a otros lugares. Pero pretendéis que eso no debe preocuparnos, como si las reglas ordinarias del sentido común no se aplicaran a los grandes políticos. Poner orden en las finanzas, detener la depredación, armar al pueblo y las guardias nacionales, hacer todo lo que el Gobierno ha querido impedir hasta ahora, para no temer ni los ataques de nuestros enemigos ni las intrigas ministeriales; reanimar mediante leyes benefactoras, con energía, dignidad y sabiduría, la opinión pública y el horror hacia la tiranía, que es lo único que nos puede hacer invencibles contra todos los enemigos; todo eso son al parecer ideas ridículas; la guerra, la guerra, ya que la Corte la pide; eso nos dispensa de cualquier otra preocupación; las deudas con el pueblo quedan saldadas en el momento en que se le da la guerra, guerra contra los fugitivos del Tribunal Nacional, o contra los príncipes alemanes, mientras se predica la confianza o la idolatría hacia los enemigos internos. Pero ¿qué digo? ¿Es que tenemos enemigos dentro? No, vos no sabéis que los haya, sólo os preocupa Coblenza[10]. ¿No habéis dicho que la sede del mal está en Coblenza? Así pues, ¿no está en París? ¿No hay pues ninguna relación entre Coblenza y otro lugar mucho más cercano? ¿Qué? Os atrevéis a decir que lo que ha hecho retroceder la Revolución es el temor que inspiran a la nación los aristócratas fugitivos que siempre ha despreciado, y esperáis de esta nación prodigios de todo tipo. Sabed pues que, en opinión de todos los franceses ilustrados, la verdadera Coblenza está en Francia, que el del obispo de Tréveris no es más que uno de los recursos de una conspiración profunda tramada contra la libertad, cuyo foco, cuyo centro, cuyos jefes están entre nosotros. Si ignoráis todo eso, es que sois ajeno a todo lo que pasa en este país. Y, si lo sabéis, ¿por qué lo negáis? ¿Por qué desviar la atención pública de nuestros enemigos más temibles, para fijarla sobre otros objetivos, para conducirnos a la trampa donde nos esperan?

Otras personas que sienten vivamente la profundidad de nuestros males y conocen su verdadera causa están evidentemente equivocadas sobre el remedio que se ha de aplicar. En una especie de desesperación, quieren precipitarse hacia la guerra en el extranjero, como si esperaran que el movimiento de la guerra nos fuera a devolver de por sí la vida, o que de la confusión general puedan salir el orden y la libertad. Cometen así el error más funesto, porque no disciernen las circunstancias y confunden ideas absolutamente distintas. En las revoluciones hay movimientos contrarios y movimientos favorables a la libertad, del mismo modo que en las enfermedades hay crisis saludables y crisis mortales.

Los movimientos favorables son los dirigidos directamente contra los tiranos, como la insurrección americana o la del 14 de

---

[10] Ciudad de Renania-Palatinado, centro de las intrigas contrarrevolucionarias.

Julio; pero la guerra en el exterior, provocada, dirigida por el Gobierno en las circunstancias en que nos encontramos, es un contrasentido, es una crisis que puede conducir a la muerte del cuerpo político. Tal guerra no puede sino provocar un cambio en la opinión pública, distraer a la nación de sus justas inquietudes e impedir la crisis favorable que los atentados de los enemigos de la libertad habrían podido provocar. Es bajo ese aspecto como he presentado anteriormente los inconvenientes de la guerra. Durante una guerra en el exterior el pueblo, como ya he dicho, más atento a los acontecimientos militares, descuida deliberaciones políticas que atañen a las bases esenciales de su libertad, presta menos atención a las sordas maniobras de los intrigantes que las socavan, al poder ejecutivo que las sacude, a la debilidad o la corrupción de los representantes que no las defienden. Es algo conocido desde siempre y, pese a lo que ha dicho M. Brissot, es aplicable y llamativo el ejemplo de los aristócratas de Roma que he citado; cuando el pueblo reclamaba sus derechos contra las usurpaciones del Senado y de los patricios, el Senado declaraba la guerra y el pueblo, olvidando sus derechos y sus ultrajes, se concentraba en la guerra, dejando al Senado ejercer su dominio y preparar nuevos triunfos para los patricios. La guerra es buena para los militares, para los ambiciosos, para los bribones que especulan con ese tipo de acontecimientos; es buena para los ministros, cuyas operaciones cubre con un velo más espeso y casi sagrado; es buena para la Corte, es buena para el poder ejecutivo, cuya autoridad, popularidad y ascendiente aumenta; es buena para la coalición de los nobles, los intrigantes, de los moderados que gobiernan Francia. Esa facción puede situar sus héroes y sus miembros a la cabeza del ejército; la Corte puede confiar las fuerzas del Estado a quienes mejor pueden servirla, con tanto más éxito cuanto que habrán obtenido una especie de reputación de patriotismo; se ganarán los corazones y la confianza de los soldados para atarlos más estrechamente a la causa de la monarquía y del moderantismo; he ahí la única especie de seducción que temo para los soldados: no hace falta que nadie me tranquilice sobre la posibilidad de que deserten abierta y voluntariamente de la causa pública. Alguien a quien horrorizaría traicionar a la patria puede verse conducido por oficiales hábiles a atravesar con su espada a los mejores ciudadanos; la identificación pérfida de republicano y de faccioso, inventada por la secta de los enemigos hipócritas de la Constitución, puede llevar a ignorantes extraviados contra la causa del pueblo. Ahora bien, el gran objetivo de todos sus complots es la destrucción del partido patriótico; una vez que lo hayan aniquilado, ¿qué quedará, sino la servidumbre? No es una contrarrevolución lo que yo temo; son los progresos de los falsos principios, de la idolatría y de la pérdida del espíritu público. Ahora bien, ¿creéis que sea poca ventaja para la Corte y para el partido del que hablo, acantonar a los soldados, distribuirlos en campamentos, dividirlos en cuerpos de ejército, aislarlos de los ciudadanos, para sustituir insensiblemente, bajo los nombres imponentes de honor y disciplina militar, el amor a la libertad y los sentimientos populares alimentados por su comunicación con el pueblo, por la obediencia ciega y absoluta, por el antiguo espíritu militar en definitiva. Aunque el estado de ánimo del Ejército sea en general todavía bueno, ¿conviene acaso olvidar que la intriga y la sugestión han obtenido éxitos en varios cuerpos, y que ya no es del todo lo que era en los primeros días la Revolución? ¿No teméis el sistema, seguido durante tanto tiempo, de inducir al ejército al puro amor a los reyes y de extirpar de él todo espíritu patriótico, que siempre se ha considerado como una peste que lo aquejaba? ¿No veis con aprensión el viaje del ministro y el nombramiento de cierto general famoso por los desastres de los regimientos más patriotas?[11]. ¿No dais ninguna importancia al derecho arbitrario de vida y muerte que la ley va a otorgar a nuestros patricios militares, desde el momento en que la nación entre en guerra? ¿Ni

---

[11] Alusión a la visita por aquellos días del ministro de la Guerra Louis-Marie de Narbonne-Lara a la frontera nordeste, con cuya ocasión se denunció el supuesto estado caótico de las unidades de voluntarios.

a la autoridad policial de que gozarán los jefes militares en todas nuestras ciudades fronterizas? ¿Se ha respondido a todos estos hechos con la disertación sobre la dictadura de los romanos y el paralelismo entre César y nuestros generales? Se ha dicho que la guerra acallaría a los aristócratas de dentro y secaría la fuente de sus maniobras; pero no es cierto, conocen demasiado bien las intenciones de sus amigos secretos para temer el resultado; serán aún más activos en proseguir la guerra sorda que pueden hacernos impunemente, sembrando la división [y] el fanatismo y corrompiendo la opinión pública. Será entonces cuando el partido moderado, revestido con las insignias del patriotismo, cuyos jefes son los artífices de esa trama, desplegará toda su siniestra influencia; será entonces cuando en nombre de la salvación pública impondrá silencio a quien se atreva a exteriorizar cualquier sospecha sobre la conducta o sobre las intenciones de los agentes del poder ejecutivo en los que se apoya, generales que se habrán convertido, como él, en esperanza e ídolo de la nación; si alguno de esos generales obtiene algún éxito aparente, que seguramente no será, me atrevo a presagiarlo, demasiado mortífero para los emigrados ni fatal para sus protectores, ¿qué ascendiente no le daría a su partido? ¿Qué servicios no le podría rendir a la Corte? Sería entonces cuando se emprendería una guerra más seria contra los verdaderos amigos de la libertad y cuando triunfaría el pérfido sistema del egoísmo y de la intriga. Una vez corrompida la opinión pública, ¿hasta dónde extenderían su usurpación el poder ejecutivo y las facciones a su servicio? No tendrá que comprometer el éxito de sus proyectos mediante una precipitación imprudente; no se apresurará quizá a proponer el plan de transacciones del que ya se ha hablado; ya se atenga a ése o adopte otro, tendrá a su favor el tiempo, la languidez, la ignorancia, las divisiones internas, las maniobras de la numerosa cohorte de sus cómplices en el cuerpo legislativo, todos los resortes en fin que prepara desde hace tanto tiempo.

Esos generales, decís, no nos traicionarán y, si nos traicionaran, ¡tanto mejor! No le diré que me parece curioso ese gusto por la traición, ya que estoy totalmente de acuerdo con vos a ese respecto. Sí, nuestros enemigos son demasiado hábiles para traicionarnos abiertamente, como usted sabe; el tipo de traición que debemos temer, acabo de exponerlo, no la descubre la vigilancia pública, ya que prolonga el sueño del pueblo hasta el momento en que lo encadena; no deja ningún recurso; ésa... todos los que adormecen al pueblo favorecen su éxito; tomad buena nota de que, para lograrlo, no es ni siquiera necesario hacer seriamente la guerra; basta con ponernos en pie de guerra, basta entretenernos en la idea de una guerra en el extranjero: aunque sólo obtuvieran la ventaja de los millones adelantados, no habrían perdido el tiempo. Esos 20 millones, especialmente en el momento actual, tienen al menos tanto valor como los discursos patrióticos en los que se predica al pueblo la confianza en la guerra.

Decís que desanimo a la nación; no, la esclarezco; y esclarecer a hombres libres es despertar su valor e impedir que su propio valor se convierta en obstáculo para su libertad y, si no hubiera hecho otra cosa que desvelar tantas trampas, refutar tantas falsas ideas y pésimos principios, frenar los impulsos de un entusiasmo peligroso, habría fortalecido así el espíritu público y servido a la patria [...].

Segunda parte
En la Convención Nacional

El 6 de septiembre de 1792 Robespierre fue elegido en la capital para formar parte de la Convención.

Desde finales de 1792 y durante los primeros meses de 1793 concentró sus ataques contra los «brissotinos», quienes fueron expulsados de la Convención tras las «jornadas» del 31 de mayo y el 2 de junio de 1793.

El 27 de julio de 1793 entró a formar parte del Comité de Salvación Pública, cuyas principales decisiones no sólo defendió frecuentemente en público, sino que también fue su espíritu impulsor hasta mayo de 1794.

6

Extractos de la «Respuesta a la acusación de Louvet»

5 de noviembre de 1792[1]

Durante el otoño de 1792 Robespierre tuvo que hacer frente a los ataques de los girondinos en la Convención. Uno de ellos, Jean-Baptiste Louvet, un brillante orador, proclamó que Robespierre quería instalar una dictadura. Este último respondió con un discurso que influyó poderosamente en la legitimación de las iniciativas populares desde el 10 de agosto de 1792 en adelante, que marcaron la caída de la monarquía y la creación de una comuna insurreccional de la que formaba parte Robespierre.

[...] Pero vayamos a las pruebas reales. Uno de los reproches más terribles que se me han hecho, y no haré ningún esfuerzo por ocultarlo, es el nombre de Marat[2]. Voy pues a comenzar por deciros francamente cuáles han sido mis relaciones con él. Podría incluso hacer una profesión de fe al respecto, pero sin decir nada mejor ni peor de lo que pienso, ya que no sé disimular mi pensamiento para halagar la opinión general. En enero de 1792 Marat vino a verme. Hasta entonces no había tenido con él

---

[1] «Réponse à l'accusation de Louvet» (extractos), *Œuvres*, vol. IX, pp. 79-101.
[2] Véase el glosario.

ningún tipo de relación, ni directa ni indirecta. La conversación se desarrolló sobre los asuntos públicos, de los que me habló con desesperación. Le dije todo lo que los patriotas, incluso los más ardientes, pensaban de él; a saber, que él mismo había puesto un obstáculo al bien que podían producir las verdades útiles expuestas en sus escritos, obstinándose en repetir continuamente proposiciones extraordinarias y violentas (como la de hacer caer entre quinientas y seiscientas cabezas culpables), que enojaban tanto a los amigos de la libertad como a los partidarios de la aristocracia. Defendió su opinión; yo persistí en la mía, y debo admitir que encontró mis puntos de vista tan estrechos que poco tiempo después, cuando retomó su periódico[3], que había abandonado por algún tiempo, dando cuenta de la conversación que acabo de relatar, escribió literalmente que, tras ella, había quedado totalmente convencido de que no yo no tenía *ni las opiniones ni la audacia de un nombre de Estado* y, si las críticas de Marat pudieran ser argumentos en mi favor, podría todavía mostraros algunas de sus hojas, publicadas seis semanas antes de la última revolución, en las que me acusaba de *feuillantismo*[4] porque en cierto periódico yo no decía abiertamente que había que derogar la Constitución.

Desde aquella primera y única visita de Marat, no volví a verlo hasta la Asamblea Nacional. Y aquí me encuentro con M. Louvet, quien me acusa de haber designado a Marat como diputado; de haber hablado mal de Priestley[5] y, por último, de haber dominado la asamblea electoral mediante la intriga y el terror [...].

Antes de poner fin a este apartado, ¿podríais decirnos aunque sólo sea lo que entendéis por esas dos porciones del pueblo que distinguís en vuestros discursos e informes, una de las cuales es halagada, adulada y extraviada por nosotros, mientras que la otra es apacible, pero se siente intimidada; una de las cuales os aprecia,

---

[3] Alusión a la publicación de Marat *L'Ami du Peuple*.
[4] Véase el glosario.
[5] Véase el glosario.

mientras que la otra parece inclinarse por nuestros principios? ¿Tenéis la intención de distinguir entre los que Lafayette[6] llamaba gente honrada y los que denominaba *sans-culottes* y chusma?

Queda todavía el más fecundo y el más interesante de los capítulos que constituyen vuestra declaración difamatoria: el que concierne a mi conducta en el consejo general de la Comuna[7].

Se me pregunta en primer lugar por qué, después de haber abandonado el puesto de acusador público, he aceptado el de oficial municipal.

Responderé que abandoné en enero de 1792 el puesto lucrativo y nada peligroso, se diga lo que se diga, de acusador público, y acepté las funciones de miembro del Consejo de la Comuna el 10 de agosto de 1792. Se me acusa, presentándolo como un crimen, de la manera misma como entré en la sala donde mantenía sus sesiones la nueva corporación municipal, y mi denunciante me ha reprochado muy seriamente haber dirigido mis pasos hacia la oficina; en aquel momento, cuando otros cuidados nos ocupaban, estaba lejos de prever que me vería obligado a informar un día a la Convención Nacional de que sólo me había aproximado a la oficina para hacer verificar mis poderes. De todos esos hechos M. Louvet deduce nada menos que la certeza de que el Consejo General, o al menos varios de sus miembros, estaba reservado para altos destinos. ¿Podéis dudarlo? ¿No era un destino bastante alto el de dedicarse a defender la patria? Podría afirmar que me honro en tener que defender aquí la causa de la Comuna y la mía propia. Pero sólo puedo regocijarme de que un gran número de ciudadanos hayan servido a la cosa pública mejor que yo mismo. No pretendo una gloria que no me pertenece. No fui nombrado hasta el día 10 [de agosto]; pero los que habían sido elegidos antes estaban ya reunidos en la casa común aquella noche temible, en el momen-

---

[6] Véase el glosario.
[7] Robespierre era miembro del Consejo General desde el 10 de agosto de 1792. Véase el glosario.

to en que la conspiración monárquica estaba a punto de estallar, y ellos son verdaderamente los héroes de la libertad; son ellos los que, sirviendo de centro de reunión para los patriotas, armando a los ciudadanos, dirigiendo los movimientos de una insurrección tumultuosa, de la que dependía la salvación pública, desbarataron la traición haciendo arrestar al comandante de la guardia nacional, vendido a la corte, después de evidenciar, con pruebas escritas de su propia mano, que había dado a los comandantes de los batallones la orden de dejar pasar al pueblo insurgente, para atacarlo a continuación desde atrás. Ciudadanos, por más que la mayoría de vosotros ignorara esos hechos, que sucedieron lejos de vuestros ojos, os importa conocerlos, aunque sólo fuera para no ensuciar a los representantes del pueblo francés con una ingratitud fatal para la causa de la libertad; debéis oírlos con interés, al menos para que no se diga que aquí sólo tienen derecho a ser recibidas las denuncias. ¿Es pues tan difícil comprender que, en tales circunstancias, esta corporación municipal tan calumniada debía incluir a los ciudadanos más generosos? Allí estaban los hombres que la bajeza monárquica desdeña, porque su alma es fuerte y sublime; allí hemos visto, tanto entre los ciudadanos como entre los nuevos magistrados, rasgos de heroísmo que el incivismo y la impostura se esforzarán en vano por borrar de la historia.

Las intrigas desaparecen junto a las pasiones que las han hecho nacer; sólo permanecen las grandes acciones y los grandes personajes. Ignoramos los nombres de los viles facciosos que apedrearon a Catón[8] en el foro romano, y la mirada de la posteridad sólo se detiene en la imagen sagrada de aquel gran hombre.

¿Queréis juzgar al Consejo general revolucionario de la Comuna de París? Situaos en el seno de esta inmortal Revolución que lo ha creado y de la que vosotros mismos sois la consecuencia.

---

[8] Catón el Viejo (234-149 a.C.): censor romano conocido por su austeridad personal y su oposición al lujo. Se erigió una estatua en su honor, pero sus enemigos alzaron en varias ocasiones a la plebe en su contra.

Se os recuerda sin cesar, desde que os habéis reunido, que en ese cuerpo se habían introducido intrigantes. Sé que existían en efecto algunos, ¿y quién tiene más derecho que yo a quejarse de ello? Están entre mis enemigos y, además, ¿qué cuerpo, por puro y poco numeroso que fuera, estuvo nunca absolutamente exento de esa plaga?

Se os denuncian continuamente algunos actos represibles imputados a ciertos individuos. Ignoro esos hechos; no los niego ni los creo, pero he oído demasiadas calumnias para creer las denuncias que parten de la misma fuente y que llevan la impronta de la tendenciosidad o el furor. No os diré siquiera que el miembro de ese Consejo general al que se intenta comprometer con más celo escapa necesariamente a esos rasgos; no me rebajaré a observar que nunca he sido acusado de ninguna especie de comisión ni me he mezclado en forma alguna en ninguna operación particular; que no he presidido ni un solo instante la Comuna, que no he tenido ni la menor relación con ese Comité de Vigilancia tan calumniado[9]. Y, cotejando unas cosas con otras, admitiría de buen grado asumir todo el bien y todo el mal atribuido a ese cuerpo, al que se ha atacado con tanta frecuencia con la intención de inculparme personalmente.

Se reprochan a la nueva corporación municipal arrestos que se califican de arbitrarios, aunque ninguno de ellos se haya hecho sin un interrogatorio. Cuando el cónsul de Roma hubo sofocado la conspiración de Catilina, Clodio lo acusó de haber violado las leyes[10]. Cuando el cónsul dio cuenta al pueblo de su administración, juró que había salvado la patria, y el pueblo

---

[9] El Comité de Vigilancia, creado por la Comuna de París para dirigir la policía revolucionaria, fue convertido por la Convención el 2 de octubre en Comité de Seguridad General. Dirigió las purgas de septiembre de 1793 valiéndose de la «Ley de los Sospechosos».

[10] Alusión a la acusación de ilegalidad dirigida por Clodio contra Cicerón cuando este último desmanteló la «conjuración de Catilina» a finales de la República romana (siglo i a.C.).

aplaudió. He visto en esta tribuna a ciudadanos que, sin ser Clodio, días antes de la Revolución del 10 de agosto tuvieron la prudencia de refugiarse en Ruán y ahora denuncian enfáticamente la conducta del consejo de la Comuna de París. ¡Arrestos ilegales! ¿Es pues con el Código Penal en mano como hay que evaluar las salutíferas precauciones que exige la salvación pública en tiempos de crisis, causadas por la impotencia misma de las leyes? ¿Nos reprocharéis también haber quebrado ilegalmente plumas mercenarias, empeñadas en propagar la impostura y blasfemar contra la libertad?[11]. ¿Crearéis una comisión para recibir las quejas de los escritores aristócratas y monárquicos? ¿Nos reprocharéis haber arrestado a todos los conspiradores a las puertas de esta ciudad? ¿Haber desarmado a los ciudadanos sospechosos, haber expulsado de nuestras asambleas, donde deliberábamos sobre la salvación pública, a los enemigos reconocidos de la Revolución? Quizá pensáis someter a juicio a la vez a la corporación municipal, a la asamblea electoral, a las secciones de París, a las asambleas primarias de los cantones y a todos cuantos nos han imitado, ya que todas esas cosas eran ilegales, tan ilegales como la Revolución, como la caída del trono y de la Bastilla, tan ilegales como la propia libertad.

Pero ¿qué digo? Lo que acabo de presentar como una hipótesis absurda es una realidad muy cierta. Se nos ha acusado en efecto de todo eso, y también de muchas otras cosas. ¿No se nos ha acusado de haber enviado, de acuerdo con el consejo ejecutivo, comisarios a varios departamentos para propagar nuestros principios y persuadirlos para que se unan a los parisinos contra el enemigo común?

¿Qué idea nos habíamos hecho pues de la última Revolución? La caída del trono ¿parecía tan fácil antes del éxito? ¿No se trataba más que de un golpe de mano en las Tullerías? ¿No era preciso aniquilar en toda Francia el partido de los tiranos, y por

---

[11] Alusión a la supresión de los periódicos monárquicos como *L'Ami du Roi* a partir del 10 de agosto de 1792.

consiguiente transmitir a todos los departamentos la conmoción saludable que acababa de electrizar París? ¿Y cómo podía ser ajeno ese cuidado a los magistrados que habían llamado al pueblo a la insurrección? Se trataba de la salvación pública; ¡les iba en ello la cabeza! ¡Y se ha presentado como un crimen haber enviado a comisarios a otras comunas, para impulsarlas a afirmar y consolidar su obra! ¿Qué digo? La calumnia ha perseguido a esos mismos comisarios; algunos de ellos han sido enviados a prisión. El *feuillantismo* y la ignorancia han evaluado el calor de su estilo, han medido todos sus pasos con el compás institucional, buscando un pretexto para presentar a los misioneros de la Revolución como incendiarios y enemigos del orden público. Apenas cesaron las circunstancias que habían encadenado a los enemigos del pueblo, esos mismos cuerpos administrativos, todos los que conspiraban contra él, han venido a calumniarlos ante la propia Convención Nacional.

Ciudadanos, ¿queréis una revolución sin revolución? ¿De dónde procede este espíritu de persecución que ha llevado a revisar, por decirlo así, lo que ha roto nuestras cadenas? ¿Cómo se puede pretender someter a juicio los eventuales efectos de tales conmociones? ¿Quién puede señalar, después de que sucediera, el punto preciso donde iban a romper las olas de la insurrección popular? A ese precio, ¿qué pueblo podría nunca sacudirse el yugo del despotismo? Dado que una gran nación no puede alzarse de forma simultánea, y que quienes pueden derrocar la tiranía son necesariamente los ciudadanos que se hallan más próximos a ella, ¿cómo se atreverían éstos a atacarla si, tras la victoria, los delegados de provincias remotas pudieran hacerlos responsables de la duración o la violencia de la tormenta política que ha salvado a la patria? Deberían ser considerados más bien como representantes tácitos de toda la sociedad. Los franceses amigos de la libertad, congregados en París en agosto pasado, actuaron en realidad en nombre de todos los departamentos. Hay que aprobarlos o desaprobarlos en su conjunto. Hacerlos criminalmente responsables de unos pocos desórdenes, aparentes o reales, inevitables en una conmoción tan grande, equivaldría a castigarlos por su devoción. Tendrían derecho entonces a decir a sus jueces: «Si desaprobáis los medios que hemos empleado para vencer, dejadnos los frutos de la victoria. Retomad vuestra constitución y todas vuestras leyes antiguas; pero restituidnos el precio de nuestros sacrificios en combate; devolvednos a nuestros conciudadanos, nuestros hermanos, nuestros hijos, muertos por la causa común».

Ciudadanos, el pueblo al que representáis lo ha ratificado todo. Nuestra presencia aquí es la prueba; no os ha encargado lanzar la mirada severa de la Inquisición sobre los hechos que atañen a la insurrección, sino cimentar mediante leyes justas la libertad que le ha devuelto. El Universo, la posteridad, no verá en esos acontecimientos más que su causa sagrada y su sublime resultado; debéis verlos como ella. Debéis juzgarlos, no como jueces de paz, sino como hombres de Estado y legisladores del mundo. Y no penséis que invoco los principios eternos porque necesitemos cubrir con un velo algunas acciones reprensibles. No, no nos hace falta, lo juro por el trono derrocado y por la República que se alza sobre él.

Se os ha hablado a menudo de los acontecimientos del 2 de septiembre[12]. Es el tema al que estaba más impaciente por llegar, y lo trataré de forma absolutamente desinteresada. He observado que, llegado a esta parte de su discurso, el propio M. Louvet ha generalizado de manera muy vaga la acusación dirigida antes contra mí personalmente; no es menos cierto que la calumnia ha trabajado en la sombra. Los que han dicho que participé de algún modo en los acontecimientos de los que hablo son excesivamente crédulos o excesivamente perversos; en cuanto a quien, contando con el éxito de la difamación cuyo plan había dispuesto de antemano por entero, ha creído poder imprimir impunemente a continuación que yo los había dirigido, me contentaré con abando-

---

[12] Alusión a las «matanzas de septiembre» de 1792 en las que la multitud, alarmada por la amenaza de invasión austroprusiana y los rumores de conspiración monárquica, asaltó las cárceles y mató a unos 1.300 prisioneros, especialmente clérigos y aristócratas.

narlo a sus remordimientos, si para tenerlos no necesitara un alma. Diré, para aquellos a quienes la impostura hubiera podido extraviar, que antes de que llegaran a suceder yo había dejado de frecuentar el Consejo General de la Comuna; la Asamblea Electoral, de la que era miembro, había comenzado sus sesiones; y no he sabido lo que sucedía en las prisiones sino por el rumor público y más tarde sin duda que la mayoría de los ciudadanos; pues estaba, bien en mi casa, bien en los lugares adonde me llamaban mis funciones públicas. En cuanto al Consejo General de la Comuna, es igualmente cierto, a ojos de cualquier persona imparcial, que, lejos de provocar los acontecimientos del 2 de septiembre, hizo todo lo que estaba en su mano para impedirlos. Si preguntáis por qué no los impidió, voy a decíroslo. Para formarse una idea justa de esos acontecimientos, hay que buscar la verdad, no en los escritos o en los discursos calumniosos que los han desnaturalizado, sino en la historia de la reciente revolución.

Si habéis pensado que el movimiento impreso a los espíritus por la revolución de agosto había expirado totalmente a comienzos de septiembre, os equivocaríais; y los que han tratado de persuadiros de que no había ninguna analogía entre esos dos momentos fingen no conocer los hechos ni el corazón humano [...].

Sin embargo, una causa nueva y mucho más importante convirtió una lenta fermentación en ebullición. Gran número de ciudadanos pensaban que la jornada del 10 de agosto rompía los hilos de las conspiraciones reales y consideraban la guerra terminada, cuando de repente se difundió por París la noticia de la rendición de Longwi y de Verdún y de que Brunswick avanzaba hacia París a la cabeza de un ejército de 100.000 hombres[13]. Frente al avance del enemigo no quedaba ninguna plaza

---

[13] Alusión al «Manifiesto de Brunswick» del 25 de julio de 1792 (redactado en realidad por Jacques Mallet du Pan, Geoffroy de Limon y Jean-Joachim Pellenc en Coblenza, y publicado el 3 de agosto en *Le Moniteur*), que amenazaba a París con una «exécution militaire et une subversion totale» si se hacía el menor daño a la familia real.

fuerte por tomar. Nuestro ejército, dividido, casi destruido por la traición de Lafayette, carecía de todo; había que ocuparse a la vez de encontrar armas, equipo de campamento, víveres y hombres. El Consejo Ejecutivo no disimulaba sus temores ni su angustia. El peligro era grande y parecía aún mayor.

Danton se presentó en la Asamblea Legislativa, le pintó vivamente los peligros y los recursos con que contábamos, propuso algunas medidas vigorosas y dio un gran impulso a la opinión pública[14]. Se dirigió luego a la casa común e invitó al Consejo General a dar la señal de alarma. El Consejo General de la Comuna percibió que la patria no podía salvarse sino por los prodigios que sólo puede generar el entusiasmo por la libertad y que era preciso que París entero se alzara para hacer frente a los prusianos. Había que dar la señal de alarma para advertir a todos los ciudadanos que se armaran; les procuró armas por todos los medios que tenía a su alcance y se dispararon cañonazos para advertir a todos; en un instante se armaron, equiparon y distribuyeron 40.000 hombres, que se dirigieron hacia Châlons... Enmedio de ese movimiento universal, la aproximación del enemigo extranjero despertó el sentimiento de indignación y de venganza que albergaba sus corazones contra los traidores que lo habían llamado. Antes de abandonar sus hogares, mujeres e hijos, los ciudadanos, los vencedores de las Tullerías, querían el castigo de los conspiradores que se les había prometido tan a menudo; corrieron a las prisiones... ¿Podían detener los magistrados al pueblo? Pues en efecto se trataba de un movimiento de todo el pueblo, y no de la sedición de unos cuantos facinerosos pagados para asesinar a sus semejantes, como se ha querido ridículamente dar a entender.

De no haber sido así, ¿cómo es que el pueblo no lo impidió? ¿Cómo es que ni la Guardia Nacional ni los federados[15] hicie-

---

[14] Danton pronunció entonces su famoso discurso contra los «enemigos de la patria»: «Para derrotarlos necesitamos audacia, todavía más audacia y siempre audacia *[il nous faut de l'audace, encore de l'audace, toujours de l'audace]*, y Francia se salvará».

[15] Véase el glosario.

ron ningún movimiento para evitarlo?[16]. Había allí gran número de federados[17]. Se conocen las vanas requisitorias del comandante de la Guardia Nacional y los vanos esfuerzos de los comisarios de la Asamblea Legislativa enviados a las prisiones.

He oído a algunos decirme fríamente que la corporación municipal debía haber proclamado la ley marcial[18]. ¡La ley marcial, mientras se aproximaba el enemigo! ¡La ley marcial, después de la jornada del 10 de agosto! ¡La ley marcial contra el pueblo, para proteger a los cómplices de un tirano destronado! ¿Qué podían hacer los magistrados contra la voluntad decidida de un pueblo indignado, que oponía a sus discursos el recuerdo de su victoria y su disposición a enfrentarse a los prusianos, y que reprochaba a las propias leyes la larga impunidad de los traidores que desgarraban el seno de su patria? Los oficiales municipales, no pudiendo persuadirlos de que confiaran a los tribunales su castigo, los convencieron al menos de que siguieran los procedimientos necesarios, con el fin de no confundir a los culpables que querían castigar con ciudadanos detenidos por causas ajenas a la conspiración del 10 de agosto; ¡y fueron los oficiales municipales que ejercieron ese ministerio —el único servicio que las circunstancias permitían rendir a la humanidad— los que se nos ha querido presentar como bandidos sanguinarios!

Ni siquiera el celo más ardiente por el cumplimiento de las leyes puede justificar la exageración ni la calumnia; podría citar aquí, contra las declamaciones de M. Louvet, un testimonio nada

---

[16] La composición de la Guardia Nacional, originalmente formada por burgueses y dirigida por La Fayette, se fue haciendo más heterogénea con el paso del tiempo, lo que contribuyó a los conflictos entre las diversas corrientes revolucionarias.

[17] Durante el verano de 1792 batallones de *federados* se dirigieron hacia la capital para salvar París de los ataques de las fuerzas extranjeras y monárquicas coaligadas contra la Revolución.

[18] Robespierre se opuso enérgicamente a la ley marcial instituida el 21 de octubre de 1789. Fue derogada por la Convención el 23 de junio de 1793.

sospechoso, el del ministro del Interior, que, aun censurando las ejecuciones populares en general, no teme hablar del espíritu de prudencia y de justicia que el pueblo –es su propia expresión– mostró en esa ocasión. ¿Qué digo? Podría citar, en favor del consejo general de la Comuna, al propio M. Louvet, que comenzaba uno de sus panfletos de la *Sentinelle*[19] con estas palabras: «Honor al Consejo General de la Comuna, que dio la señal de alarma y ha salvado a la patria». Eso lo decía en el momento de las elecciones.

Se nos asegura que pereció una persona inocente; otros han preferido exagerar el número; pero uno solo ya es sin duda demasiado. Ciudadanos, lamentemos ese error. Lo venimos lamentando desde entonces; era un buen ciudadano, se dice, era uno de nuestros amigos. Lloremos incluso por las víctimas culpables, sometidas a la ley de la venganza, que cayeron bajo el acero de la justicia popular; pero que vuestro dolor tenga fin, como todas las cosas humanas.

Guardemos algunas lágrimas para calamidades más conmovedoras. Lloremos por 100.000 patriotas inmolados por la tiranía y por nuestros conciudadanos que han muerto bajo sus techos en llamas y sus hijos masacrados en la cuna o en brazos de sus madres. ¿No tenéis vosotros también hermanos, hijos, esposas que vengar? La familia de los legisladores franceses es la patria; es todo el género humano, menos los tiranos y sus cómplices. Llorad pues por la humanidad abatida bajo su yugo odioso; pero consolaos si, imponiendo silencio a todas las viles pasiones, queréis asegurar la felicidad y el bienestar de nuestro país y del mundo; consolaos si queréis volver a traer a la tierra la igualdad y la justicia exiliadas, y secar, mediante leyes justas, la fuente de los crímenes y de las desgracias de vuestros semejantes.

Una sensibilidad que gime casi exclusivamente por los enemigos de la libertad resulta sospechosa. Dejad de agitar bajo mis

---

[19] Alusión a *La Sentinelle,* periódico mural girondino antimonárquico a cargo de Jean-Baptiste Louvet, quien comenzó a aparecer el 1 de marzo de 1792 y más regularmente a partir del 10 de agosto.

ojos la túnica ensangrentada del tirano, o creeré que queréis volver a poner grilletes a Roma. Oyendo las descripciones patéticas del desastre de Lamballe[20] y de Montmorin[21], la consternación de los malos ciudadanos y esas declaraciones furiosas contra hombres conocidos por actitudes totalmente opuestas, ¿no habéis creído oír un manifiesto de Brunswick o de Condé?[22]. Calumniadores eternos, ¿queréis pues vengar el despotismo? ¿Queréis destruir la República en su cuna? ¿Queréis deshonrar a ojos de Europa la Revolución que la trajo al mundo y proporcionar armas a todos los enemigos de la libertad? ¡Amor por la humanidad verdaderamente admirable, ese que tiende a cimentar la miseria y la servidumbre de los pueblos, que disimula el deseo bárbaro de bañarse en la sangre de patriotas [...]!

[...] Pero salgamos de este círculo de infamias que nos habéis hecho recorrer y lleguemos a la conclusión de vuestro libelo. Independientemente de ese decreto sobre la fuerza armada que tratáis de arrancarnos de tan diversos modos; independientemente de esa ley tiránica contra la libertad individual y contra la ley de prensa, que disfrazáis bajo el especioso pretexto de la inducción al asesinato, pedís para el ministro una especie de dictadura militar; queréis una ley para proscribir a los ciudadanos que os disgustan, bajo el nombre de ostracismo. Y no os avergüenza confesar abiertamente el ignominioso motivo de tantas imposturas y maquinaciones. Así, no habláis de dictadura sino para ejercerla vos mismo sin ningún freno; no habláis de proscripciones y de tiranía sino para proscribir y para tiranizar. Así, pensáis que para hacer de la Convención Nacional el ciego ins-

---

[20] La princesa Maria-Teresa di Savoia-Carignano, más conocida como princesa de Lamballe, próxima a María Antonieta y a la Contrarrevolución, cayó víctima de las matanzas de septiembre.

[21] Antiguo ministro de Asuntos Exteriores con Luis XVI, asesinado en las matanzas de septiembre.

[22] Uno de los principales líderes de los aristócratas emigrados, abandonó Francia tras el asalto a la Bastilla (14 de julio de 1789).

trumento de vuestros culpables designios, bastaba pronunciar ante ella un relato bien urdido y proponerle inmediatamente decretar la pérdida de libertad y su propio deshonor.

¿Qué me queda decir contra los acusadores que se acusan a sí mismos?... Sepultemos, si es posible, esas despreciables maniobras en un eterno olvido. ¡Ojalá podamos ocultar a los ojos de la posteridad estos días poco gloriosos de nuestra historia, en que los representantes del pueblo, extraviados por cobardes intrigas, parecen haber olvidado los grandes destinos a los que estaban llamados! En cuanto a mí, no sacaré ninguna conclusión personal. He renunciado a la fácil ventaja de responder a las calumnias de mis adversarios con denuncias aún más temibles. He querido suprimir la parte ofensiva de mi justificación. Renuncio a la justa venganza que tendría derecho a buscar contra los calumniadores; no pido nada más que el retorno de la paz y el triunfo de la libertad. Ciudadanos, recorred con paso firme y rápido vuestra soberbia carrera; ¡y pueda yo, a expensas de mi vida e incluso de mi propia reputación, unirme a vosotros en la gloria y el bienestar de nuestra patria común!

7

Extractos de «Sobre la subsistencia»

2 de diciembre de 1792[1]

En el otoño de 1792 una severa crisis económica provocó una importante subida del coste de la vida. Se generalizó el malestar y se produjeron movilizaciones en demanda de medidas fiscales. Robespierre intervino a este respecto para proponer la limitación del derecho de propiedad[2] o, con mayor precisión, su supeditación al derecho a la vida.

Hablar a los representantes del pueblo de los medios para garantizar su subsistencia no es sólo hablarles sobre el más sagrado de sus deberes, sino del más precioso de sus intereses, ya que, sin duda, se identifican con el pueblo.

No pretendo invocar únicamente la causa de los ciudadanos indigentes, sino también la de los propietarios y comerciantes.

Me limitaré a recordar unos cuantos principios evidentes que parecen olvidados. Me referiré únicamente a medidas simples que ya se han propuesto, ya que no se trata de crear brillan-

---

[1] «Sur les subsistances» (extractos), *Œuvres*, vol. IX, pp. 110-120.
[2] Véase también más adelante el texto «Proyecto de Declaración de los Derechos del Hombre y del Ciudadano» (cap. 9).

tes teorías sino de volver a las ideas primordiales del sentido común.

En los países donde la naturaleza ofrece con prodigalidad los medios para satisfacer las necesidades de la gente, la escasez sólo se puede atribuir a defectos de la Administración o de las propias leyes; las malas leyes y la mala administración tienen su origen en los falsos principios y en las malas costumbres.

Es un hecho generalmente reconocido que el suelo de Francia produce mucho más allá de lo estrictamente necesario para alimentar a sus habitantes y que la escasez actual es artificial. La conclusión que se debe extraer de este hecho y del principio que he expuesto puede ser molesta, pero no es momento para andar con contemplaciones. Ciudadanos, es a vosotros a los que corresponde la gloria de hacer que prevalezcan los verdaderos principios y de dar al mundo leyes justas. No estáis aquí para arrastraros servilmente por el surco de los prejuicios tiránicos trazado por vuestros antecesores, sino que habéis iniciado otro en el que nadie va por delante de vosotros. Debéis al menos someter a un examen riguroso todas las leyes promulgadas bajo el despotismo real y bajo los auspicios de la aristocracia nobiliaria, eclesiástica o burguesa y, hasta este momento, no había otras. La autoridad más imponente que se nos cita es la de un ministro de Luis XVI, combatida por otro ministro del mismo tirano[3]. He visto nacer la legislación de la Asamblea Constituyente sobre el comercio de grano; no era sino la que la había precedido; no ha cambiado hasta este momento, porque los intereses y los prejuicios que era en su base tampoco han cambiado. He visto, durante esa misma asamblea, los mismos acontecimientos que vuelven a producirse ahora; he visto a la aristocracia acusar al pueblo; he visto a intrigantes hipócritas atribuir sus propios crímenes a los defensores de la libertad a los que llamaban agitadores y anarquistas; he visto a un ministro impúdico, quien no adornaba ninguna virtud, exigir la

---

[3] Alusión a Turgot y al edicto de 1774 sobre el comercio y el grano que dio lugar a la «guerra de la harina». Turgot dimitió y fue sustituido por Necker.

adoración de Francia mientras la arruinaba, y cómo de esas intrigas criminales la tiranía salía armada con la ley marcial para bañarse legalmente en la sangre de ciudadanos hambrientos. Millones para el ministro, al que estaba prohibido pedir cuentas, primas en beneficio de las sanguijuelas del pueblo, libertad sin límites para el comercio y bayonetas para acallar a quienes protestaban; ésa era la política de la que alardeaban nuestros primeros legisladores.

Se pueden discutir las primas; la libertad de comercio es necesaria hasta el punto en que la codicia homicida comienza a abusar de ella; y el uso de las bayonetas es una atrocidad. El sistema está esencialmente incompleto porque no se ocupa del principio real.

Los errores en los que se ha caído a este respecto provienen en mi opinión de dos causas principales:

Primero. Los autores de esa teoría han considerado los productos más necesarios para la vida como mercancías ordinarias, y no han establecido ninguna diferencia entre el comercio del trigo, por ejemplo, y el del añil; han disertado sobre el comercio de grano, sin ocuparse de la subsistencia del pueblo y, al no hacer entrar ese dato en sus cálculos, han realizado una falsa aplicación de principios evidentes en general; es esa combinación de cosas verdaderas y falsas la que ha desvirtuado su sistema haciéndolo erróneo.

Segundo. Hicieron aún menos por adaptarlo a las tormentosas circunstancias que acarrean las revoluciones; y su vaga teoría, por buena que fuera en tiempos corrientes, no aporta ninguna solución en cuanto a las medidas inmediatas que los momentos de crisis pueden exigir de nosotros. Prestaban demasiada atención a los beneficios de los negociantes o de los propietarios y muy poca a la vida de la gente corriente. ¿Y por qué? Porque eran los grandes, los ministros, los ricos, los que escribían y los que gobernaban. ¡De haber sido el pueblo, es probable que ese sistema hubiera experimentado algunas modificaciones!

El sentido común indica, por ejemplo, que los recursos que no son estrictamente necesarios para la vida pueden dejarse a las especulaciones más desmedidas del comerciante; la escasez momentánea que éstas pueden causar es siempre un inconveniente soportable; y basta que la libertad ilimitada de ese tipo de negocios favorezca en general el mayor beneficio del Estado y de los individuos; pero la vida de la gente corriente no puede estar sometida al mismo azar. No es indispensable que pueda comprar brillantes tejidos; pero sí lo es que pueda comprar pan para mí y para mis hijos. El negociante puede muy bien guardar en sus almacenes las mercancías ambicionadas por el lujo y la vanidad hasta que llegue el momento de venderlas al precio más alto posible; pero nadie tiene derecho a acaparar montones de trigo cuando sus semejantes mueren de hambre.

¿Cuál es el primer objetivo de la sociedad? Es satisfacer los derechos indescriptibles de la persona. ¿Cuál es el primero de esos derechos? El de subsistir.

La primera de ley social es pues la que garantiza a todos los miembros de la sociedad los medios para subsistir; todos los demás están subordinados a ése; la propiedad no ha sido instituida o garantizada más que para cimentarla; es ante todo para subsistir para lo que se guardan propiedades; y no es cierto que la propiedad no pueda estar nunca en contradicción con la subsistencia de la gente.

Los alimentos necesarios para la subsistencia son tan sagrados como la vida misma. Todo lo que es indispensable para conservarla es propiedad común de toda la sociedad. Sólo el excedente puede ser propiedad individual, y dejarse en manos de los comerciantes para su beneficio. Toda especulación mercantil a expensas de la vida de mis semejantes no es un negocio, es un robo y un fratricidio.

Según ese principio, ¿cuál es el problema que se ha de resolver en materia de legislación sobre los víveres? Helo aquí: asegurar a todos los miembros de la sociedad el gozo de la parte de los frutos de la tierra necesaria para su subsistencia; a los propietarios o a los cultivadores el precio de su trabajo, y dejar lo superfluo para la libertad del comercio.

Desafío al más escrupuloso defensor de la propiedad a cuestionar esos principios, a menos de declarar abiertamente que entiende por ese término el derecho a despojar y asesinar a sus semejantes. ¿Cómo se ha podido entonces pretender que toda restricción, o incluso toda regulación de la venta de trigo, era un atentado contra la propiedad, y disfrazar ese sistema bárbaro bajo el especioso nombre de libertad de comercio? ¿No se dan cuenta los autores de ese sistema de que están necesariamente en contradicción consigo mismos?

¿Por qué estáis obligados a aprobar la prohibición de la exportación de grano al extranjero siempre que la abundancia no esté asegurada en el interior? Aquellos que fijáis el precio del pan ¿fijáis igualmente el de las especias o el de las brillantes producciones de la India? ¿Cuál es la causa de todas esas excepciones, sino la evidencia misma de los principios que acabo de exponer? ¿Qué digo? El Gobierno somete a veces el propio comercio de los objetos de lujo a modificaciones dictadas por una sana política; ¿por qué lo que afecta a la subsistencia del pueblo tendría que estar necesariamente exento de esas regulaciones?

Evidentemente, si todos los hombres fueran justos y virtuosos; si la codicia no indujera nunca a devorar la sustancia del pueblo; si todos los ricos, dóciles a la voz de la razón y de la naturaleza, se consideraran administradores de la sociedad, o hermanos del pobre, podría no reconocerse otra ley que la libertad más limitada; pero, si es cierto que la avaricia puede especular con la miseria, y la tiranía con la desesperación del pueblo; si es cierto que todas las pasiones declaran la guerra a la humanidad sufriente, ¿por qué las leyes no deberían reprimir esos abusos? ¿Por qué no detendrían la mano homicida del monopolista, como la del asesino corriente? ¿Por qué no deberían preocuparse por la subsistencia del pueblo, después de haberse ocupado durante tanto tiempo del gozo de los grandes y del poder de los déspotas?

Ahora bien, ¿cuáles son los medios para reprimir esos abusos? Se afirma que son impracticables; pero yo mantengo que son tan simples como infalibles; se afirma que suponen un problema insoluble, incluso para el genio; yo sostengo que no presentan ninguna dificultad para el sentido común y la buena fe, y que no hieren ni el interés del comercio ni los derechos de propiedad.

Que se proteja la circulación en todo el territorio de la República; pero que se tomen las precauciones necesarias para que esa circulación tenga lugar efectivamente. Es precisamente de la falta de circulación de lo que me quejo, ya que la verdadera plaga para el pueblo, el origen de la escasez, son los obstáculos puestos a la circulación, bajo el pretexto de hacerla ilimitada. ¿Circulan los medios para la subsistencia pública, cuando especuladores ávidos los acaparan en sus graneros? ¿Circulan cuando se acumulan en manos de un pequeño número de millonarios que los apartan del comercio, para hacerlos más preciosos y escasos; que calculan fríamente cuántas familias deben perecer hasta que esos recursos hayan alcanzado el momento [de venta] fijado por su atroz avaricia? ¿Circulan cuando no hacen más que atravesar las regiones donde se producen, ante la mirada de los ciudadanos autóctonos que experimentan el suplicio de Tántalo[4], para ser engullidos por el abismo sin fondo de algún especulador de la escasez pública? ¿Circulan cuando al tiempo que se obtienen las cosechas más abundantes el ciudadano necesitado languidece, al no contar con piezas de oro o trozos de papel lo bastante preciosos para obtener su parte?

Es la circulación lo que pone al alcance de todos los bienes de primera necesidad y lleva la abundancia y la vida a las chozas más humildes. ¿Circula la sangre cuando se estanca en el cerebro o en el pecho? Circula cuando fluye libremente por todo el cuerpo; los alimentos son la sangre del pueblo y su libre circulación no es menos necesaria para la salud del cuerpo social que la

---

[4] Tántalo, mítico rey de Lidia o de Frigia, castigado por los dioses a un hambre y una sed eternas: pese a hallarse en un lago con el agua a la altura de la barbilla, bajo un árbol de ramas bajas repletas de frutas, cada vez que intentaba morder una fruta o sorber agua, éstas se retiraban inmediatamente de su alcance.

de la sangre para la vida del cuerpo humano. Favoreced pues la libre circulación del grano, impidiendo todo acaparamiento funesto. ¿Cuál es el medio para satisfacer ese objetivo? ¡Quitar a la codicia el interés y la facilidad de operar con ellos! Ahora bien, hay tres causas que la favorecen: el secreto, la libertad sin freno y la certidumbre de la impunidad.

El secreto, cuando cada uno puede ocultar la cantidad de bienes de subsistencia pública que guarda y de los que priva a toda la sociedad; cuando puede fraudulentamente hacerlos desaparecer y transportarlos, sea al extranjero, sea a depósitos privativos en el interior. Ahora bien, se proponen [para impedirlo] medios muy simples: el primero es extremar las precauciones necesarias para constatar la cantidad de grano que ha producido cada comarca y la que ha cosechado cada propietario o cultivador. La segunda consiste en forzar a los comerciantes en grano a venderlo en el mercado y en prohibir todo transporte furtivo durante la noche. No es ni la posibilidad ni la utilidad de esas precauciones lo que hay que demostrar, ya que no se cuestiona ni una ni otra. ¿Es su legitimidad? Pero ¿cómo se podrían considerar un atentado contra la propiedad reglas de vigilancia general, dictadas en interés de la sociedad? ¿Eh? ¿Qué buen ciudadano se puede quejar de verse obligado a actuar con lealtad y a plena luz? ¿Quién necesita las tinieblas sino los conspiradores y los bribones? Además, ¿no os he demostrado que la sociedad tiene derecho a reclamar la porción necesaria para la subsistencia de los ciudadanos? ¿Qué digo? Es el más sagrado de sus deberes. ¿Cómo podrían ser entonces injustas las leyes necesarias para asegurar su ejercicio?

He dicho que las otras causas de las operaciones desastrosas del monopolio eran la libertad sin límites y la impunidad. ¿Qué medio hay más seguro para alentar la codicia y quitarle todo tipo de freno que afirmar como principio que la ley no tiene ni siquiera el derecho a vigilarla e imponerle las más ligeras trabas? ¿Que la única regla que le concierne es el poder de atreverse impunemente a cualquier cosa? ¿Qué digo? Tal es el grado de perfección al que ha llegado esa teoría, que casi se da por sentado que los acaparadores son intachables; que los monopolistas son benefactores de la humanidad; que en las querellas que se producen entre ellos y el pueblo, siempre es este último el que está equivocado. O bien el crimen del monopolio es imposible, o bien es real; si es una quimera, ¿cómo es posible que en todo momento se haya creído en ella? ¿Por qué hemos experimentado sus estragos desde el principio mismo de nuestra Revolución? ¿Por qué relaciones no sospechosas y hechos incontestables nos denuncian sus culpables maniobras? Si es real, ¿por qué extraño privilegio es el único que parece gozar del derecho a ser protegido? ¿Qué límites pondrán a sus atentados los vampiros despiadados que especulan con la miseria pública, si a cualquier tipo de reclamación se opusieran siempre las bayonetas y el mandato absoluto de creer en la pureza y benevolencia de los acaparadores? La libertad sin límites no es sino la excusa, la salvaguarda y la causa de ese abuso. ¿Cómo podría ser su remedio? ¿De qué se quejan? ¿De los males que ha producido el sistema actual, o siquiera de los que no se han podido prevenir? ¿Qué remedios se nos propone? El sistema actual. Denuncio ante vosotros a los asesinos del pueblo y respondéis: dejémoslos estar. Bajo este sistema, todo está contra la sociedad, todo está a favor de los comerciantes de grano.

He aquí, legisladores, donde se necesitan toda vuestra sabiduría y vuestra circunspección. Este tema es siempre delicado de tratar; es peligroso fomentar la alarma del pueblo y que parezca incluso que se atiza su descontento. Y es más peligroso aún callar la verdad y disimular los principios. Pero, si queréis seguirlos, todos los inconvenientes desaparecen; sólo los principios pueden sofocar la fuente del mal.

Sé muy bien que, cuando se examinan las circunstancias de tal disturbio particular, provocado por la escasez real o ficticia del trigo, se reconoce a veces la influencia de una causa extranjera. La ambición y la intriga necesitan suscitar disturbios; a veces son esos mismos hombres los que excitan al pueblo para encontrar un pretexto para aplastarlo y para hacer terrible la propia libertad a ojos de los débiles y egoístas. Pero no es menos cierto que el pueblo es por naturaleza acertado y pacífico; siempre lo guía una intención pura. Los malvados no pueden moverlo si no le presentan un motivo potente y legítimo ante sus ojos. Se aprovechan de su descontento más que generarlo y, cuando lo llevan a acciones desmedidas con el pretexto de la subsistencia, no es sino porque está dispuesto a recibir esos mensajes debido a la opresión y la miseria. Un pueblo feliz no fue nunca un pueblo turbulento. Quien conozca a la gente, sobre todo al pueblo francés, sabe que ningún insensato o mal ciudadano puede sublevarlo sin ninguna razón contra las leyes que ama y menos aún contra los mandatarios que ha elegido y contra la libertad que ha conquistado. Sus representantes deben testimoniarle la confianza que les da él mismo y desbaratar la malevolencia aristocrática, aliviando sus necesidades y calmando su alarma.

Hasta la alarma de los ciudadanos merece respeto. ¿Cómo calmarla si permanecéis inactivos? Aunque no fueran tan necesarias como pensamos, bastaría que [el pueblo] considerara deseables las medidas que se proponen, que demostraran a sus ojos vuestra adhesión a sus intereses, para decidiros a adoptarlas. Ya he indicado cuáles son la naturaleza y el espíritu de esas leyes, y me contentaría con demandar prioridad para los proyectos de decreto que proponen cautelas contra el monopolio, reservándome proponer modificaciones si es adoptado. He demostrado ya que esas medidas y los principios sobre los que se basan son necesarias para el pueblo. Y ahora voy a demostrar que también son útiles para los ricos y para todos los propietarios.

No les privarían de ningún beneficio honesto, de ninguna propiedad legítima; sólo les quitarían el derecho a atentar contra los demás; no perjudicarían al comercio sino el bandidaje del monopolista; la única pena que les impondrían sería la de dejar vivir a sus semejantes. Ahora bien, nada, sin duda, puede ser más ventajoso para ellos; el mayor servicio que el legislador puede ofrecer a la gente es obligarla a ser honrada. Su mayor interés no es amasar tesoros y la propiedad más dulce no puede obtenerse a costa de devorar la subsistencia de 100 familias infortunadas. El placer de aliviar a sus semejantes y la gloria de servir a su patria compensan esa deplorable ventaja. ¿En qué puede servir a los especuladores más ávidos la libertad sin límites de su odioso tráfico? Para hacerlos oprimidos u opresores. Este último destino es particularmente espantoso. Ricos egoístas, sabed prever y prevenir por adelantado los resultados terribles de la lucha del orgullo y de las pasiones más viles contra la justicia y la humanidad. Que el ejemplo de los nobles y los reyes os instruya. Aprended a disfrutar de los encantos de la igualdad y las delicias de la virtud; o al menos contentaos con las ventajas que la fortuna os da y dejad al pueblo pan, trabajo y moralidad. Es inútil que los enemigos de la libertad se agiten para desgarrar el seno de su patria; no detendrán el curso de la razón humana, como no detendrán el del Sol; la cobardía no triunfará sobre el valor y el genio de la intriga no puede sino huir ante el genio de la libertad. Y vosotros, legisladores, recordad que no sois los representantes de una casta privilegiada sino del pueblo francés; no olvidéis que el origen del orden es la justicia; que el garante más seguro de la tranquilidad pública es el bienestar de los ciudadanos, y que las largas convulsiones que desgarran los Estados no son sino un combate de los prejuicios contra los principios, del egoísmo contra el interés general; del orgullo y de las pasiones de los hombres poderosos contra los derechos y las necesidades de los débiles.

8

Sobre el juicio al rey

3 de diciembre de 1792[1]

Tras el derrocamiento de la monarquía el 10 de agosto de 1792, se planteó la cuestión de la suerte del rey. La Convención estaba dividida; Robespierre se oponía a la celebración de un juicio, considerando al antiguo monarca ya condenado. Tras varias votaciones fueron rechazadas tanto la «Llamada al pueblo» de los girondinos como la suspensión de la sentencia, y Luis XVI fue ejecutado el 21 de enero de 1793.

Ciudadanos:

La Asamblea se ha visto arrastrada, sin conciencia de ello, lejos del problema real. Aquí no se trata de llevar a cabo ningún juicio. Luis no es un acusado; vosotros no sois jueces; no sois y no podéis ser otra cosa que hombres de Estado y representantes de la Nación. No tenéis que dictar sentencia a favor o en contra de un hombre, sino tomar una medida de salud pública y ejercer un acto de providencia nacional. Un rey destronado, en la República, sólo sirve para dos cosas: o para perturbar la tranquilidad del Estado y poner en

---

[1] «Sur le jugement du roi», *Œuvres,* vol. IX, pp. 120-130.

peligro la libertad, o para fortalecer una y otra. Ahora bien, sostengo que el carácter que ha tomado hasta ahora vuestra deliberación va directamente contra ese objetivo.

En efecto, ¿cuál es la decisión que una sana política prescribe para cimentar la República naciente? Es grabar profundamente en los corazones el desprecio hacia la realeza y dejar estupefactos a todos los partidarios del rey. Así pues, presentar ante el universo su crimen como un problema; su causa como objeto de la discusión más imponente, más religiosa, la más difícil que pueda ocupar a los representantes del pueblo francés; poner una distancia inmensurable entre el recuerdo de lo que fue y la dignidad de un ciudadano es precisamente la forma de hacerlo aún más peligroso para la libertad.

Luis era rey y se ha fundado una república; el problema que nos ocupa queda decidido por esas solas palabras. Luis fue destronado por sus crímenes; Luis denunció al pueblo francés como rebelde; llamó para castigarlo a los ejércitos de los tiranos, sus cofrades; la victoria y el pueblo han decidido que él era el verdadero rebelde; Luis no puede por tanto ser juzgado; ya ha sido juzgado y condenado, o la República no queda absuelta. Proponer un proceso para Luis XVI, sea el que sea, es retroceder al despotismo real y constitucional; es una idea contrarrevolucionaria, pues significa poner en cuestión la propia Revolución. En efecto, si Luis puede ser todavía objeto de un proceso, es que puede ser absuelto; puede ser inocente. ¿Qué digo? Se supone que lo es hasta que sea juzgado. Pero, si Luis es absuelto; si se puede suponer que es inocente, ¿en qué se convierte la Revolución? Si Luis es inocente, todos los defensores de la libertad se convierten en calumniadores. Todos los rebeldes resultarían ser amigos de la libertad y defensores de la inocencia oprimida; todos los manifiestos de las cortes extranjeras no serían sino reclamaciones legítimas contra una facción dominante. La detención misma que Luis ha sufrido hasta este momento sería una vejación injusta; los federados, el pueblo de París, todos los patriotas del Imperio francés serían culpables; y este gran proceso, contrapuesto al tribunal de la naturaleza, entre el crimen y la virtud, entre la libertad y la tiranía, se decidiría por fin en favor del crimen y de la tiranía.

Ciudadanos, tened cuidado; se os extravía con falsas nociones; confundís las reglas del derecho civil y positivo con los principios del derecho de gentes; confundís las relaciones que mantienen los ciudadanos entre sí con las que enfrenta a una nación con el enemigo que conspira contra ella; confundís además la situación de un pueblo en revolución con la de un pueblo cuyo Gobierno es firme; confundís una nación que castiga a un funcionario público, conservando su forma de gobierno, con la que destruye el Gobierno mismo. Relacionamos con ideas que nos son familiares un caso extraordinario que depende de principios que nunca hemos aplicado. Así, porque estamos acostumbrados a ver juzgados según determinadas reglas los delitos de los que somos testigos, nos vemos inclinados naturalmente a creer que las naciones no pueden en ninguna circunstancia castigar con ecuanimidad a un hombre que ha violado sus derechos, y no vemos justicia allí donde no contemplamos un jurado, un tribunal, un proceso. Al aplicar los mismos términos a ideas diferentes de las que expresa el uso ordinario, acaban por extraviarnos. Tan grande es el imperio natural de la costumbre, que consideramos las convenciones más arbitrarias, a veces incluso las instituciones más defectuosas, como la regla absoluta de lo verdadero y de lo falso, de lo justo y lo injusto. No consideramos siquiera que la mayoría se atiene todavía necesariamente a los prejuicios con los que nos ha alimentado el despotismo; nos hemos humillado durante tanto tiempo bajo su yugo que nos cuesta alzarnos hasta los principios eternos de la razón; que todo lo que se remonta al origen sagrado de todas las leyes parece tener, a nuestro entender, un carácter ilegal; y que el orden mismo de la naturaleza nos parece un desorden. Los movimientos majestuosos de un gran pueblo, los sublimes impulsos de la virtud, se presentan a menudo, ante nuestros ojos tímidos, como una erupción volcánica o el trastocamiento de la sociedad política; y ciertamente no es la menor causa de los problemas que nos agitan esa contradicción eterna entre la debilidad de nuestras costumbres, la depravación de nuestro espíritu y la pureza de los principios, el carácter enérgico que supone el gobierno libre que nos atrevemos a pretender.

Cuando una nación se ha visto obligada a recurrir al derecho a la insurrección, entra en estado de naturaleza con respecto al tirano. ¿Cómo podría éste invocar el pacto social? Lo ha aniquilado. La nación puede conservarlo todavía, si lo juzga conveniente, en lo que concierne a las relaciones de los ciudadanos entre sí; pero el efecto de la tiranía y de la insurrección es una absoluta ruptura con respecto al tirano; es constituirlos en estado de guerra recíproco; los tribunales, los procedimientos judiciales, están hechos para los miembros de la sociedad. Es una contradicción grosera suponer que la Constitución pueda presidir ese nuevo orden de cosas; eso equivaldría a suponer que se sobrevive a sí misma. ¿Cuáles son las leyes que la reemplazan? Las de la naturaleza, que es la base misma de la sociedad: la salvación del pueblo. El derecho de castigar al tirano y el de destronarlo es la misma cosa. Uno de ellos no comporta otras formas que el otro; el proceso al tirano es la insurrección; su juicio es la caída de su poder; su pena la que exige la libertad del pueblo.

Los pueblos no juzgan como los tribunales; no formulan por escrito sus sentencias; lanzan rayos; no condenan a los reyes, los vuelven a hundir en la nada; y esa justicia vale tanto como la de los tribunales. Si es por su salvación por lo que se arman contra sus opresores, ¿cómo se podría suponer que adoptan un modo de castigarlos que sería para ellos un nuevo peligro?

Nos hemos dejado inducir a error por ejemplos extranjeros que no tienen nada en común con nosotros, como el de que Cromwell hiciera juzgar a Carlos I por un tribunal que él mismo controlaba[2] o que Isabel de Inglaterra hiciera condenar a

---

[2] Alusión al juicio del rey Carlos I en 1649 durante la Revolución inglesa y al papel desempeñado en él por Oliver Cromwell.

María de Escocia del mismo modo[3]. Es natural que los tiranos que inmolan a sus pares, no en beneficio del pueblo sino de su propia ambición, traten de engañar a la opinión pública con formas ilusorias. No se trata ahí ni de principios ni de libertad sino de engaño e intriga. Pero ¿qué pasa con el pueblo? ¿Qué otra ley puede seguir que no sea la de la justicia y la razón apoyadas en su propio poder absoluto?

¿En qué República fue cuestión legal la necesidad de castigar al tirano?[4] ¿Fue llamado a juicio Tarquino? ¿Qué se habría dicho en Roma si algún romano se hubiera atrevido a declararse su defensor? ¿Y qué hacemos nosotros en cambio? Llamamos de todas partes *abogados para defender la causa de Luis XVI*.

Consideramos como actos legítimos lo que todo pueblo libre hubiera reputado como el mayor de los crímenes. Inducimos nosotros mismos a los ciudadanos a la bajeza y a la corrupción. Podremos algún día otorgar coronas cívicas a los defensores de Luis; pues, si defienden su causa, pueden esperar hacerla triunfar; de otro modo no ofreceríais al Universo sino una comedia ridícula. ¡Y nos atrevemos a hablar de república! Invocamos formas porque no tenemos principios; presumimos de delicadeza porque nos falta energía; exhibimos una falsa humanidad porque el sentimiento de la verdadera humanidad nos es ajeno; reverenciamos la sombra de un rey porque no sabemos respetar al pueblo; somos tiernos con los opresores porque no tenemos compasión con los oprimidos.

¡El proceso de Luis XVI! Pero ¿qué es ese proceso, sino el llamamiento a una insurrección desde un tribunal o una asamblea cualquiera? Cuando un rey ha sido destronado por el pue

---

[3] Alusión al juicio de María Estuardo, reina de Escocia, por Isabel I, reina de Inglaterra, en 1587. Fue condenada a muerte por su participación en una supuesta conspiración católica.

[4] Tarquinio el Soberbio, último rey de Roma antes de la República. Tras ser expulsado del poder por el pueblo, pidió asilo al tirano de Cumas (509 a.C.).

blo, ¿quién tiene derecho a resucitarlo ofreciendo un nuevo pretexto para la agitación y la rebelión? ¿Y qué otros efectos puede producir esa decisión? Ofreciendo una tribuna a los defensores de Luis XVI, resucitáis todas las querellas del despotismo contra la libertad; consagráis el derecho de blasfemar contra la república y contra el pueblo, ya que el derecho a defender al antiguo déspota supone el derecho a decir todo lo que conviene a su causa. Despertáis todas las facciones; reanimáis y alentáis los sentimientos monárquicos adormecidos. Se podría al parecer tomar partido libremente a favor o en contra. ¿Qué habría más legítimo, más natural, que repetir en todas partes las máximas que sus defensores podrían proclamar en voz alta en vuestro tribunal y desde vuestro propio estrado? ¿Qué república es esta cuyos fundadores fomentan en todas partes adversarios para atacarla en su cuna?

Ved qué rápidos progresos ha hecho ya ese plan. El pasado agosto todos los partidarios de la realeza se escondían; cualquiera que hubiera osado emprender la apología de Luis XVI habría sido castigado como un traidor. Hoy alzan impunemente un audaz frente, y los portavoces más lamentables de la aristocracia retoman con confianza sus plumas envenenadas.

Ahora, en cambio, escritos insolentes, precursores de todo tipo de atentados, inundan la ciudad donde residís, los 84 departamentos, y hasta el pórtico de este santuario de la libertad. Hoy hombres armados, soldados retenidos en estos muros sin vuestro conocimiento y contra las leyes, han voceado por las calles de esta ciudad gritos sediciosos pidiendo la impunidad de Luis XVI. Hoy París encierra en su seno hombres congregados, se nos ha dicho, para arrebatárselo a la justicia de la nación. No os queda más que abrir este recinto a los atletas que ya se aprestan para tener el honor de romper una lanza en favor de la realeza. ¿Qué digo? Hoy Luis divide a los mandatarios del pueblo, unos a su favor y otros en su contra. ¿Quién habría podido sospechar hace dos meses que aquí se plantearía la cuestión de si era o no inviolable? Pero, desde que un miembro de la Convención Nacional (el ciudadano Pétion[5]) ha presentado la cuestión de *si el rey podía ser juzgado* como objeto de una deliberación seria, previa a cualquier otra cuestión, se ha invocado la inviolabilidad con la que los conspiradores de la Asamblea Constituyente han cubierto sus primeros perjurios para proteger sus últimos atentados. ¡Qué crimen! ¡Qué vergüenza! En la tribuna del pueblo francés ha resonado el panegírico de Luis XVI. Hemos oído alabar las virtudes y benevolencia del tirano. Apenas hemos podido evitar la injusticia de una decisión precipitada, salvando el honor o la libertad de los mejores ciudadanos. ¿Qué digo? Hemos visto acoger con alegría escandalosa las más atroces calumnias contra representantes del pueblo conocidos por su amor a la libertad[6]. Hemos visto a una parte de los miembros de esta asamblea proscritos por sus colegas, casi inmediatamente después de haber sido denunciados por la estupidez y la perversidad combinadas; la causa del tirano es tan sagrada que no puede ser discutida libre ni prolongadamente. ¿Y por qué extrañarnos de ello? Ese doble fenómeno se basa en la misma causa. Los que se interesan por Luis o por sus pares deben de sentirse ávidos de la sangre de los diputados del pueblo que exigen por segunda vez su castigo; sólo pueden perdonar a los que se han inclinado a su favor. El proyecto de encadenar al pueblo liquidando a sus defensores ¿se había abandonado por un solo momento? Y todos los bribones que los proscriben hoy llamándolos anarquistas y agitadores ¿no tratan de suscitar los mismos desórdenes que nos presagia su pérfido sistema? De creerlos, el proceso durará varios meses y llegará hasta la próxima primavera, cuando los déspotas desencadenarán contra nosotros un ataque general. ¡Qué carrera abierta para los conspiradores! ¡Qué

---

[5] Jérôme Pétion de Villeneuve, jacobino sustituto de Jean-Sylvain Bailly como alcalde de París, propuso a la Convención que Luis XVI fuera juzgado por la Asamblea.
[6] Alusión a los ataques de los girondinos contra la legitimidad del derrocamiento del rey el 10 de agosto de 1792.

fiesta para la intriga y la aristocracia! Así, todos los partidarios
de la tiranía podrán esperar todavía el socorro de sus aliados; y
los ejércitos extranjeros [podrán] alentar la audacia del tribunal que
debe pronunciarse sobre la suerte de Luis, al mismo tiempo
que su oro tentará su fidelidad. Quiero creer todavía que la República no es un término vano con el que se nos entretiene. Pero
¿qué otros medios se podrían emplear, si se quisiera restablecer
la realeza?

¡Por todos los cielos! Las hordas feroces del despotismo se
aprestan a desgarrar de nuevo el seno de nuestra patria en nombre de Luis XVI, que combate todavía contra nosotros desde el
fondo de su prisión, ¿y se duda si es o no culpable? ¿Si está permitido tratarlo como enemigo? Se pregunta cuáles son las leyes
que lo condenan; se invoca en su favor la Constitución. No re-
petiré aquí todos los argumentos irrebatibles expuestos por
quienes se han dignado a combatir esa especie de objeción. No
diré a ese respecto más que una palabra, para aquellos a los que
no hayan podido convencer. La Constitución os prohibía todo
lo que habéis hecho. Si [Luis] no pudiera ser castigado más que
con el destronamiento, no podrías decidirlo sin haber instruido
su proceso. No tenías derecho a mantenerlo en prisión; él tiene
el de pedir su excarcelación y una indemnización por daños y
perjuicios. La Constitución os condena; id a los pies de Luis a
invocar su clemencia. En cuanto a mí, me avergonzaría discutir
más seriamente esas argucias constitucionales. Las relego a los
bancos de la escuela o del palacio, o más bien a los gabinetes de
Londres, Viena y Berlín. No sé discutir largamente sobre lo que
estoy convencido de que es un escándalo deliberar.

Se nos ha dicho que ésta es una gran causa, que debe ser juz-
gada con sabia y lenta circunspección. Sois vosotros los que hacéis de ella una gran causa. ¿Qué digo? Sois vosotros los que
hacéis de ello una causa. ¿Qué encontráis en ella de grande? ¿Es
su dificultad? No. ¿Es el personaje? A ojos de la libertad, no hay
nadie más vil; a ojos de la humanidad, no lo hay más culpable.
No puede prevalecer más que sobre los que son más cobardes

aún que él. ¿Es la utilidad del resultado? Ésa sería una razón más para apresurarlo. Una gran causa es un proyecto de ley popular; una gran causa es la de un desdichado oprimido por el despotismo. ¿Cuál es el motivo de esos aplazamientos sin fin que nos recomendáis? ¿Teméis herir la opinión del pueblo? ¡Como si el pueblo temiera otra cosa que la debilidad o la ambición de sus mandatarios! ¡Como si el pueblo fuera un vil rebaño de esclavos, estúpidamente atado al estúpido tirano que ha proscrito, queriendo regodearse a cualquier precio en la bajeza y en la servidumbre! Habláis de la opinión pública; ¿no es a vosotros a los que corresponde dirigirla y fortificarla? Si se extravía, si se pervierte, ¿a quién habría que atribuirlo sino a vosotros mismos? ¿Teméis disgustar a los reyes extranjeros coaligados contra nosotros? Parece como si el medio para vencerlos fuera temerlos y el medio para derrotar la criminal conspiración de los déspotas de Europa fuera respetar a su cómplice. ¿Teméis a los pueblos extranjeros? Entonces es que creéis en el amor innato por la tiranía. ¿Por qué aspiráis pues a la gloria de liberar al género humano? ¿Qué contradicción os hace pensar que las naciones que no se extrañaron de la proclamación de los derechos humanos se espantarían por el castigo a uno de sus más crueles opresores? Y por último teméis, se dice, el juicio de la posteridad. Sí, la posteridad se estremecerá en efecto ante vuestra inconsecuencia y vuestra debilidad, y nuestros descendientes se reirán de la presunción y de los prejuicios de sus antepasados. Se ha dicho que hacía falta genio para profundizar en esta cuestión y yo sostengo que sólo hace falta buena fe; más que de aclararse se trata de no ofuscarse voluntariamente. ¿Por qué lo que nos parecía claro en otro tiempo nos parece oscuro en otro? ¿Por qué lo que el sentido común del pueblo decide fácilmente se convierte para sus delegados en problema casi insoluble? ¿Tenemos derecho a que nuestra voluntad se oponga a la voluntad general y a que nuestra sabiduría difiera de la razón universal?

He oído a los defensores de la inviolabilidad del rey invocar un principio audaz, que yo mismo habría vacilado en enunciar.

Dicen que los que el 10 de agosto hubieran inmolado a Luis XVI, habrían realizado una acción virtuosa. Pero la única base de esa opinión no pueden ser sino sus crímenes y los derechos del pueblo. Ahora bien, ¿es que durante los tres meses transcurridos han cambiado unos y otros? Si entonces escapó a la indignación pública, fue sin duda únicamente para que su castigo, ordenado solemnemente por la Convención Nacional en nombre de la nación, resultara más imponente para los enemigos de la humanidad; pero volver a cuestionar si es culpable o si puede ser castigado es traicionar la promesa hecha al pueblo francés. Quizá haya quienes, sea para impedir que la Asamblea asuma el carácter que le es propio, sea para privar a las naciones de un ejemplo que elevaría las mentes al nivel de los principios republicanos, o incluso por motivos aún más vergonzosos, no lamentarían que una mano privada ejecutara las funciones de la justicia nacional. Ciudadanos, desconfiad de esa trampa; quienquiera que se atreviera a dar ese consejo no serviría sino a los enemigos del pueblo. Suceda lo que suceda, el castigo de Luis no es bueno sino en la medida en que asuma el carácter solemne de una venganza pública.

¿Qué le importa al pueblo el despreciable individuo que ha sido el último de los reyes? Representantes, lo que le importa, lo que os importa a vosotros mismos, es el cumplimiento de los deberes que su confianza os ha impuesto. Habéis proclamado la república, pero ¿nos la habéis dado? No hemos hecho todavía ni una sola ley que justifique ese nombre; no hemos reformado todavía ni un solo abuso del despotismo. Si miráis por debajo de los nombres, tenemos todavía la tiranía al completo, y además las facciones más viles y los charlatanes más inmorales, con nuevos fermentos de disturbios y de guerra civil. ¡La República! ¿Y Luis vive todavía? ¿Y situáis todavía la persona del rey entre nosotros y la libertad? Temamos convertirnos a fuerza de escrúpulos en criminales; temamos que, mostrando demasiada indulgencia hacia el culpable, nos pongamos nosotros mismos en su lugar.

Otra dificultad: ¿a qué pena condenaremos a Luis? La pena de muerte es demasiado cruel. No, dice otro, la vida es todavía más cruel: pido que viva. Abogados del rey, ¿es por piedad o por crueldad por lo que queréis evitarle la pena por sus crímenes? En cuanto a mí, aborrezco la pena de muerte prodigada por vuestras leyes y no siento por Luis ni amor ni odio; sólo odio sus crímenes. He pedido la abolición de la pena de muerte en la Asamblea que vosotros llamáis todavía constituyente, y no es por mi culpa si los primeros principios de la razón le han parecido herejías morales y políticas. Pero, si no se os ocurrió siquiera invocarlos en favor de tantos desgraciados cuyos delitos son menos suyos que del Gobierno, ¿por qué fatalidad los recordáis ahora para defender la causa del mayor de todos los criminales? Pedís una excepción de la pena de muerte para el único individuo que puede justificarla. Sí, la pena de muerte es en general un crimen, y es precisamente por esa razón por lo que, según los principios indestructibles de la naturaleza, sólo se puede justificar cuando es necesaria para la seguridad de determinados individuos o del cuerpo social. Ahora bien, la seguridad pública nunca la requiere para los delitos ordinarios, porque la sociedad puede siempre prevenirlos por otros medios e impedir que la dañe el culpable. Pero un rey destronado en medio de una revolución que no está apenas soldada por las leyes; un rey cuyo solo nombre atrae la plaga de la guerra sobre la nación agitada... ni la prisión ni el exilio pueden hacer indiferente su existencia para el bienestar público; y esta cruel excepción a las leyes ordinarias que la justicia proclama sólo se puede imputar a la naturaleza de sus crímenes. Pronuncio con pesadumbre esta fatal verdad..., pero Luis debe morir para que la patria viva. En un pueblo apacible, libre y respetado tanto en el interior como en el exterior, se podrían escuchar las exhortaciones a la generosidad; pero un pueblo al que se disputa todavía su libertad, tras tantos sacrificios y combates; un pueblo cuyas leyes no son inexorables más que para los desgraciados; un pueblo en el que los crímenes de la tiranía son objeto de disputa, debe desear que se le vengue; y la generosidad de la que se nos habla se parecería demasiado a la de una banda de criminales que se reparten los despojos.

Os propongo decidir desde este momento la suerte de Luis. En cuanto a su mujer y a todas las demás personas acusadas de los mismos delitos, los volveréis a enviar a los tribunales. Su hijo será guardado en el Temple hasta que la paz y la libertad pública se hayan fortalecido. Para él pido que la Convención *lo declare desde este momento traidor a la nación francesa, culpable de crímenes contra la humanidad;* pido que se dé un gran ejemplo al mundo en el lugar mismo donde murieron el 10 de agosto los generosos mártires de la libertad. Pido que aquel acontecimiento memorable quede consagrado con un monumento destinado a fortalecer el corazón de los pueblos, el sentimiento de sus derechos y el horror hacia los tiranos; y en el alma de éstos el saludable terror a la justicia del pueblo.

9

Proyecto de Declaración de los Derechos del Hombre y del Ciudadano

24 de abril de 1793[1]

En este discurso en la Convención Nacional, Robespierre propuso una declaración de derechos alternativa a la de los girondinos escrita por Condorcet, quien consagraba los derechos de propiedad. Los apartados en los que él pretendía limitar estos últimos no fueron incluidos finalmente en la Constitución de 1793.

Discurso impreso por orden de la Convención Nacional

Propondré en primer lugar algunos artículos necesarios para completar vuestra teoría sobre la propiedad. Que esa palabra no alarme a nadie: almas de fango, que no estimáis más que el oro, no quiero tocar vuestros tesoros, por impuro que sea su origen. Debéis saber que esta Ley Agraria[2] de la que tanto nos habéis

---

[1] «Projet de déclaration des droits de l'homme et du citoyen», *Œuvres,* vol. IX, pp. 457-470.
[2] Alusión a la expresión «ley agraria», tomada de la antigua Roma, para sembrar la desconfianza contra los que pedían la redistribución de las tierras. El 18 de marzo de 1793 la Convención decretó la pena de muerte para los que pedían esas medidas.

hablado no es más que un fantasma creado por los bribones para espantar a los imbéciles.

Seguramente no hacía falta una revolución para dar a conocer al mundo que la extrema desproporción de las fortunas es origen de muchos males y de muchos crímenes; pero estamos igualmente convencidos de que la igualdad de los bienes es una quimera. A mí me parece menos necesaria aún para la felicidad privada que para el bienestar público; de lo que se trata es de hacer la pobreza honorable, más que de proscribir la opulencia; la choza de Fabricio[3] no tiene nada que envidiar al palacio de Craso[4]. En cuanto a mí, más me gustaría ser uno de los hijos de Arístides[5], mantenido en el Pritaneo[6] a expensas de la República, que el presunto heredero de Jerjes[7], nacido en el cieno de la corte para ocupar un trono engalanado con el envilecimiento de los pueblos, gracias a la miseria pública.

Planteemos pues de buena fe los principios del derecho de propiedad; es tanto más necesario cuanto que no se trata más que los prejuicios y vicios con que los hombres han tratado de cubrir con las nubes más espesas.

Preguntad a un mercader de carne humana lo que es la propiedad; os dirá, mostrando ese gran ataúd al que llama un navío, en el que ha amontonado y aherrojado a hombres que parecen estar vivos: «Ahí están mis propiedades; los compré a tanto por

---

[3] Fabricio era un cónsul romano (siglo III a.C.), ensalzado por sus compatriotas por su carácter desinteresado y la austeridad de su estilo de vida.

[4] Craso (siglo I a.C.): general y político romano famoso entre otras cosas por su enriquecimiento personal a expensas de los ciudadanos proscritos

[5] Véase la nota 5 del capítulo 2.

[6] En la antigua Atenas el Pritaneo era un importante edificio público donde se reunían y eran mantenidos a costa del Estado los 50 senadores investidos del título de *pritanos,* algo así como los actuales concejales de un Ayuntamiento. Se empleaba también para la celebración de ceremonias religiosas y actos políticos y como granero público.

[7] Jerjes: rey persa de la dinastía aqueménida desde el 485 al 465 a.C.; derrotado en Salamina (480 a.C.) tras incendiar Atenas.

cabeza». [Interrogad a ese gentilhombre que tiene tierras y vasallos, o que cree el universo trastornado desde que no los tiene, y os dará ideas poco más o menos semejantes sobre la propiedad][8].

Preguntad a los augustos miembros de la dinastía capeta[9]; os dirán que la más sagrada de todas las propiedades es sin duda el derecho hereditario del que han gozado desde la antigüedad, de oprimir, envilecer y presionar legal y monárquicamente a los 25 millones de personas que habitan el territorio de Francia, sometidos a sus caprichos.

A ojos de toda esa gente, la propiedad no versa sobre ningún principio moral. [Excluye toda noción de lo justo y lo injusto]. ¿Por qué vuestra declaración de derechos parece presentar el mismo error? Al definir la libertad, el primero de los bienes del hombre, el más sagrado de los derechos que recibe de la naturaleza, habéis dicho con razón que tenía como límites los derechos de los demás; ¿por qué no aplicáis ese principio a la propiedad, que es una institución social? Como si las leyes eternas de la naturaleza fueran menos inviolables que las convenciones de los hombres... Habéis multiplicado los artículos para asegurar la mayor libertad al ejercicio de la propiedad, y no habéis dicho ni una palabra para determinar su carácter legítimo; de manera que vuestra declaración parece hecha, no para la gente corriente sino para los ricos, los acaparadores, los agiotistas y los tiranos. Os propongo reformar esos vicios consagrando las siguientes verdades:

Artículo I. La propiedad es el derecho que tiene cada ciudadano a gozar y disponer de la porción de los bienes que le garantiza la ley.

II. El derecho de propiedad está limitado, como todos los demás, por la obligación de respetar los derechos de los demás.

---

[8] Nombre aplicado no sólo a la dinastía propiamente capeta que reinó en Francia desde finales del siglo x hasta 1328, sino también por extensión a los Valois y Borbones, emparentados con la misma familia.

[9] Véase el glosario.

III. No puede perjudicar la seguridad, la libertad, la existencia ni la propiedad de nuestros semejantes.

IV. Toda posesión o todo tráfico que viole este principio es ilícito e inmoral.

Habláis también de los impuestos para establecer el principio incontestable de que no pueden emanar sino de la voluntad del pueblo o de sus representantes; pero olvidáis una disposición que el interés de la humanidad reclama; olvidáis consagrar el principio de progresividad. Ahora bien, en materia de contribuciones públicas, ¿existe algún principio más evidentemente anclado en la naturaleza de las cosas y en la justicia eterna que el que impone a los ciudadanos la obligación de contribuir a los gastos públicos progresivamente, según la magnitud de su fortuna, es decir, según las ventajas que obtienen de la sociedad?

Os propongo consignar un artículo concebido en los siguientes términos:

> Los ciudadanos cuyas rentas no excedan lo que precisan para su subsistencia deben estar exentos de contribuir a los gastos públicos; los demás deben soportarlos progresivamente, según la magnitud de su fortuna.

El Comité ha olvidado absolutamente recordar los deberes de fraternidad que unen a todos los hombres y todas las naciones y su derecho a una ayuda mutua; parece haber ignorado las bases de la eterna alianza de los pueblos contra los tiranos; se diría que vuestra declaración se ha hecho para un rebaño de criaturas humanas estacionadas en un rincón del globo, y no para la inmensa familia a la que la naturaleza ha dado la tierra como dominio y aposento. Os propongo colmar esta gran laguna mediante los artículos siguientes; no pueden sino procuraros la estima de los pueblos, si bien pueden tener como inconveniente enfrentaros irrevocablemente con los reyes. Afirmo que ese inconveniente no me asusta; tampoco asustará a quienes no quieran reconciliarse con ellos.

Artículo I. Los hombres de todos los países son hermanos y los diferentes pueblos deben ayudarse mutuamente según sus posibilidades, como los ciudadanos el mismo Estado.

II. Quien oprime a una nación se declara enemigo de todas ellas.

III. Quienes hacen la guerra a un pueblo para detener los progresos de la libertad y suprimir los derechos del hombre deben ser perseguidos por todos, no como enemigos ordinarios, sino como asesinos, bandidos y rebeldes.

IV. Los reyes, los aristócratas, los tiranos, quienesquiera que sean, son esclavos que se han rebelado contra el soberano de la tierra, que es el género humano, y contra el legislador del Universo, que es la naturaleza.

Declaración de los Derechos del Hombre y del Ciudadano propuesta por Maximilien Robespierre, impresa por orden de la Convención Nacional

Los representantes del pueblo francés, reunidos en la Convención Nacional, reconocen que las leyes humanas que no brotan de las leyes eternas de la justicia y la razón no son sino atentados de la ignorancia o del despotismo contra la humanidad. Convencidos de que el olvido o el desprecio de los derechos naturales del hombre son las únicas causas de los crímenes y de las desgracias del mundo, han resuelto exponerlos, a fin de que todos los ciudadanos, pudiendo contrastar incesantemente los actos del Gobierno con el objetivo de toda institución social, no se dejen nunca oprimir y envilecer por la tiranía; a fin de que el pueblo tenga siempre ante sus ojos las bases de su libertad y de su bienestar; el magistrado, la regla de sus deberes; y el legislador el objeto de su misión.

En consecuencia, la Convención Nacional proclama, frente a todo el universo y bajo los ojos del legislador inmortal, la siguiente Declaración de los Derechos del Hombre y del Ciudadano:

Artículo I. El objetivo de toda asociación política es el mantenimiento de los derechos naturales e imprescriptibles del hombre y el desarrollo de todas sus facultades.

II. Los principales derechos del hombre son los de proteger su subsistencia y su libertad.

III. Esos derechos atañen por igual a todos los hombres, cualquiera que sea la diferencia entre sus fuerzas físicas y morales.

La igualdad de derechos queda establecida por la naturaleza; la sociedad, lejos de atentar contra ella, no hace sino garantizarla contra el abuso de la fuerza que la hace ilusoria.

IV. La libertad es el poder que corresponde al hombre de ejercer a su voluntad todas sus facultades. Tiene como regla la justicia, como límites los derechos de los demás, como principio la naturaleza y como salvaguarda la ley.

V. El derecho de reunirse pacíficamente, el derecho de manifestar la propia opinión, sea mediante la imprenta o de cualquier otra manera, son consecuencias tan necesarias del principio de la libertad del hombre que la necesidad de enunciarlos supone la presencia o el recuerdo reciente del despotismo.

VI. La propiedad es el derecho que tiene cada ciudadano a gozar y disponer de la porción de los bienes que le garantiza la ley.

VII. El derecho de propiedad está limitado, como todos los demás, por la obligación de respetar los derechos de los demás.

VIII. No puede perjudicar la seguridad, la libertad, la existencia ni la propiedad de nuestros semejantes.

IX. Todo comercio que viole ese principio es esencialmente ilícito e inmoral.

X. La sociedad está obligada a proporcionar medios de subsistencia a todos sus miembros, sea procurándoles trabajo, sea asegurándoselos directamente a los que no están en condiciones de trabajar.

XI. Las ayudas indispensables a quien carece de lo necesario son una deuda de quienes poseen medios superfluos; corresponde a la ley determinar la manera en que se debe saldar esa deuda.

XII. Los ciudadanos cuya renta no exceda lo necesario para su subsistencia están exentos de contribuir a los gastos públicos. Los demás deben contribuir a ellos *progresivamente,* según la magnitud de su fortuna.

XIII. La sociedad debe favorecer con todo su poder los progresos de la razón pública, y poner la educación al alcance de todos los ciudadanos.

XIV. El pueblo es soberano; el Gobierno es su producto y su propiedad y los funcionarios públicos son sus delegados. El pueblo puede, cuando le plazca, cambiar su gobierno y revocar a sus representantes.

XV. La ley es la expresión libre y solemne de la voluntad del pueblo.

XVI. La ley es igual para todos.

XVII. La ley no puede prohibir más que lo que es perjudicial para la sociedad; sólo puede ordenar lo que le es útil.

XVIII. Toda ley que viole los derechos indescriptibles del hombre es esencialmente injusta y tiránica; no es por tanto una ley.

XIX. En todo Estado libre, la ley debe sobre todo defender la libertad pública e individual contra los abusos de autoridad de los gobernantes. Toda institución que no suponga al pueblo bueno y al magistrado corruptible es viciosa.

XX. Ninguna parte del pueblo puede ejercer el poder de todo el pueblo; pero el deseo que expresa debe ser respetado como deseo de una parte del pueblo, que debe contribuir a formar la voluntad general.

Cada sección de la asamblea soberana debe gozar del derecho a expresar su voluntad con entera libertad; es esencialmente independiente de toda autoridad constituida y dueña de disponer su política y sus deliberaciones.

XXI. Todos los ciudadanos son elegibles para todas las funciones públicas, sin ninguna distinción más que las de las virtudes y los talentos, sin ningún otro título que la confianza del pueblo.

XXII. Todos los ciudadanos tienen igual derecho a contribuir al nombramiento de los representantes del pueblo y al establecimiento de la ley.

XXIII. Para que esos derechos no sean ilusorios ni la igualdad quimérica, la sociedad debe pagar un salario a los funcionarios públicos y hacer de forma que los ciudadanos que viven de su trabajo puedan asistir a las asambleas públicas adonde la ley los llama, sin comprometer su subsistencia ni la de su familia.

XXIV. Todo ciudadano debe obedecer religiosamente a los magistrados y a los agentes del Gobierno cuando son los órganos o ejecutores de la ley.

XXV. Pero todo acto contra la libertad, contra la seguridad o contra la propiedad individual, ejercido por quien sea, incluso en nombre de la ley, aparte de los casos determinados por ella misma y en las formas que prescribe, es arbitrario y nulo; el propio respeto a la ley prohíbe que se someta a ellos y si, se quieren ejecutar mediante la violencia, le está permitido rechazarlos por la fuerza.

XXVI. Todo individuo tiene derecho a presentar peticiones a los depositarios de la autoridad pública. Aquellos a quienes van dirigidas deben decidir sobre los puntos de los que tratan, pero no pueden nunca ni prohibirlas ni restringirlas ni condenar su ejercicio.

XXVII. La resistencia a la opresión es consecuencia de los demás derechos del hombre y del ciudadano.

XXVIII. Hay opresión contra el cuerpo social cuando uno solo de sus miembros es oprimido. Y hay opresión contra cada miembro del cuerpo social cuando se oprime a éste.

XXIX. Cuando el Gobierno viola los derechos del pueblo, la insurrección es, para el pueblo y para cada una de sus partes, el más sagrado de los derechos y el más indispensable de los deberes.

XXX. Cuando un ciudadano carece de garantía social, forma parte de su derecho natural defender por sí mismo todos sus derechos.

XXXI. En uno u otro caso, someter a formas legales la resistencia a la opresión es el último refinamiento de la tiranía.

XXXII. Las funciones públicas no pueden considerarse como distinciones ni como recompensas, sino como deberes públicos.

XXXIII. Los delitos de los representantes del pueblo deben ser severa y fácilmente castigados. Nadie tiene derecho a pretenderse más inviolable que los demás ciudadanos.

XXXIV. El pueblo tiene derecho a conocer todas las operaciones de sus mandatarios; deben rendirle fielmente cuentas de su gestión y sufrir su juicio con respecto.

XXXV. Los hombres de todos los países son hermanos y los diferentes pueblos deben ayudarse mutuamente según sus posibilidades, como los ciudadanos de un mismo Estado.

XXXVI. Quien oprime a una nación se declara enemigo de todas ellas.

XXXVII. Quienes hacen la guerra a un pueblo para detener los progresos de la libertad y suprimir los derechos del hombre deben ser perseguidos por todos, no como enemigos ordinarios, sino como asesinos, bandidos y rebeldes.

XXXVIII. Los reyes, los aristócratas, los tiranos, quienesquiera que sean, son esclavos que se han rebelado contra el soberano de la tierra, que es el género humano, y contra el legislador del Universo, que es la naturaleza.

10

Extractos de «En defensa del Comité de Salvación Pública y contra Briez»

25 de septiembre de 1793[1]

A finales de septiembre de 1793 el Comité de Salvación Pública fue objeto de una ofensiva de la oposición en la Convención. Briez, representante del Norte, quien se encontraba en Valenciennes cuando esa ciudad capituló ante el ejército británico-austriaco el 28 de julio, presentó a continuación un informe sobre la situación en el ejército del Norte, reprochando al Comité de Salvación Pública no haber tomado las medidas necesarias al respecto. Aprovechando esa debilidad, la oposición nombró a Briez para incorporarse al Comité de Salvación Pública. Tras la primera intervención de Robespierre, con todo el peso de su prestigio y su elocuencia, Briez rechazó el nombramiento. Robespierre justificó en este discurso las medidas tomadas, y a continuación la Convención renovó su confianza en el Comité.

[...]
Desde hace algún tiempo el Comité de Salvación Pública viene sufriendo los ataques de algunos miembros de la Conven-

---

[1] «Pour la défense du comité de salut publique et contre Briez», *Œuvres*, vol. X, pp. 106-125.

ción, más cargados de animosidad y prejuicios que de justicia. Mientras se ocupa día y noche de los grandes intereses de la patria, hay quien viene aquí a traeros denuncias escritas, presentadas con astucia. ¿Es posible que los ciudadanos que habéis destinado a las funciones más penosas hayan perdido el título de defensores imperturbables de la libertad, porque han aceptado esa carga? Quienes los atacan ¿son más patriotas porque no han recibido esa prueba de confianza? ¿Pretendéis que quienes han defendido la libertad y los derechos del pueblo poniendo en peligro su vida, rodeados de puñales, deben ser tratados como viles protectores de la aristocracia? Afrontaremos la calumnia y las intrigas; pero la Convención está ligada al Comité de Salvación Pública; vuestra gloria está vinculada al éxito de los trabajos de aquellos a quienes habéis otorgado la confianza nacional.

Se nos acusa de no hacer nada; pero ¿se ha reflexionado sobre nuestra situación? Con 11 ejércitos que dirigir, el peso de toda Europa sobre nuestros hombros, traidores que descubrir en todas partes, emisarios pagados por el oro de las potencias extranjeras que desenmascarar, administradores infieles que vigilar [y] perseguir, obstáculos y trabas a la ejecución de las medidas más sabias que eliminar en todas partes; tiranos que combatir, conspiradores –casi todos de una casta tan poderosa antes por sus riquezas y ahora todavía por sus intrigas– que intimidar: tales son nuestras funciones. ¿Creéis que sin unidad de acción, sin el secreto de las operaciones, sin la seguridad de encontrar apoyo en la Convención, el Gobierno puede triunfar frente a tantos obstáculos y tantos enemigos? No, sólo la más extrema ignorancia o la perversidad más abyecta pueden pretender que en circunstancias parecidas no sean enemigos de la patria quienes se entretienen en el juego cruel de envilecer a quienes llevan el timón de los asuntos públicos, de estorbar sus operaciones y de calumniar su conducta. No quedaríais impunes si os faltara convicción y ánimo, y no necesito más prueba que las discusiones que acaban de tener lugar.

El Comité de Salvación Pública ve traiciones encubiertas bajo una victoria. Destituye a un general que aún goza de confianza y aparece revestido del brillo de un triunfo aparente; ¡y se le criminaliza por su valor! Expulsa a los traidores y dirige su mirada sobre los oficiales que han mostrado más civismo; los elige tras haber consultado a los representantes del pueblo que poseían conocimientos particulares sobre la personalidad de cada uno de ellos. Esa operación exigía secreto para obtener pleno éxito: la salvación de la patria lo exigía. Se habían tomado todas las medidas necesarias para guardar el secreto, aunque sólo fuera con respecto a los demás ejércitos. Y bien, en el momento en que mayor era la impaciencia por conocer el resultado de esas medidas, se nos denuncia ante la Convención Nacional; se critica nuestro trabajo sin conocer los motivos. Se pretende que divulguemos los secretos de la República, que demos a los traidores tiempo para escapar; se pretende mostrar bajo una luz desfavorable a los recién elegidos, sin duda para impedir que se restablezca la confianza.

Se clama sin cesar contra los nobles, se dice que hay que destituirlos y, en una extraña contradicción, cuando ponemos en práctica esa gran medida revolucionaria, y lo hacemos con el mayor tacto posible, se nos denuncia. Acabamos de destituir a dos nobles; a saber, uno de los miembros de esa casta proscrita, de los más sospechosos por sus antiguas relaciones con la corte, y otro conocido por sus vínculos y sus afinidades con los nobles extranjeros, uno y otro de familia muy aristocrática[2]. Y bien, se nos acusa de desorganizarlo todo. Se nos decía que había que poner a auténticos *sans-culottes* a la cabeza de los ejércitos. Hemos elegido a aquellos cuyos éxitos en los casos de Bergues y de Dunquerque destinaban al reconocimiento nacional, que han vencido a pesar de Houchard, que han desplegado el mayor talento, ya que el ataque de Hondschoote pretendía destruir el Ejército francés[3]; y es principalmente a Jourdan a quien se debe

---

[2] Houchard y Laudremont, comandantes de los ejércitos del Norte y del Rin, destituidos de su puesto el 24 de septiembre de 1793.

[3] Houchard tomó la ciudad de Hondschoote el 8 de septiembre de 1793, pero fue acusado de traición por haber dejado escapar a los ejércitos de la coalición

el asombroso éxito que ha honrado a ese ejército al obligar a levantar el asedio de Dunquerque[4]; ese oficial, Jourdan, en un momento en que el Ejército no esperaba encontrar frente a sí 18.000 hombres bien atrincherados y se vio sorprendido por las descargas de una artillería aterradora, se lanzó a la cabeza de un batallón contra el campo enemigo comunicando su valor al resto del ejército, y la toma de Hondschoote se debió a sus hábiles disposiciones y al ardor combativo que supo inspirar en los demás.

Como el jefe de Estado Mayor era sospechoso, lo hemos sustituido por un hombre cuyo talento y cuyo patriotismo han atestiguado todos vuestros comisarios; un hombre conocido por los éxitos que lo han destacado al tiempo mismo que las traiciones más odiosas sacrificaban ese ejército. Se llama Ernouf[5]; se ha distinguido en la última batalla, resultando incluso herido. ¡Y se nos denuncia por ello! Hemos hecho los mismos cambios en los ejércitos del Mosela y del Rin; todos los designados son hombres del mismo tipo que el que acabo de describiros. ¡Y se nos sigue acusando! Si hay criterios morales que puedan dirigir al Gobierno y servir de regla a los legisladores, ciertamente son los que hemos seguido en estas decisiones.

Así pues, ¿cuál es la causa de estas denuncias? ¡Ah! Esta jornada le ha valido a Pitt[6], me atrevo a decirlo, más que tres victorias, dado que el mayor éxito al que puede aspirar es derribar el Gobier-

---

monárquica; fue condenado por el Tribunal Revolucionario y guillotinado el 16 de noviembre de 1793.

[4] Jean-Baptiste Jourdan (1762-1833): general de brigada desde el 27 de mayo y de división desde el 30 de julio de 1793, se distinguió particularmente en la batalla de Hondschoote en septiembre de aquel año y en la de Fleurus del 26 de junio de 1794, que abrió las puertas de Bélgica a las fuerzas francesas.

[5] Jean-Augustin (o Auguste) Ernouf: nombrado general de brigada el 21 de septiembre de 1793 y jefe de Estado Mayor del Ejército del Norte nueve días después. [*N. del T.: sic,* no «Ernould» ni «Ernoult».]

[6] Alusión a William Pitt «el Joven» (1759-1806), primer ministro británico de 1783 a 1801.

no nacional que la Convención ha establecido, dividirnos, hacer que nos enfrentemos entre nosotros. Y, si en Europa pasamos por imbéciles o traidores, ¿creéis que se respetará más a la Convención que nos ha elegido, o que el pueblo estará dispuesto a respetar a las autoridades que nombraréis a continuación?

Es pues importante que el Gobierno cobre consistencia y que reemplacéis a un Comité que acaba de ser denunciado con éxito ante vosotros *[gritos unánimes de la asamblea: ¡No! ¡No!].*

Lo que está aquí en cuestión no son los individuos, sino la patria y los principios. Declaro que es imposible, en este estado de cosas, que el Comité pueda salvar la República y, si se me contradice, recordaré cuán pérfido es y cuán extendido está el plan de envilecernos y disolvernos; hasta qué punto los enemigos extranjeros y los del interior tienen agentes pagados a este efecto; recordaré que el faccionalismo no está muerto; que se conspira desde los calabozos; que todavía no se han aplastado todas las serpientes del Marais[7] *[aplausos].*

Quienes declaman continuamente, sea aquí o en otro lugar, contra los hombres que están a la cabeza del Gobierno han dado ellos mismos pruebas de incivismo o de bajeza. ¿Por qué entonces se quiere envilecernos? ¿Cuál de nuestros actos nos ha hecho merecedores de esa ignominia? Sé que no podemos envanecernos de haber alcanzado la perfección; pero, cuando hay que sostener una república rodeada de enemigos, armar a la razón en favor de la libertad, destruir los prejuicios, anular los esfuerzos particulares contra el interés público; entonces hacen falta fuerzas morales y físicas que la naturaleza quizá ha negado tanto a quienes nos denuncian como a quienes combatimos.

El Comité se tiene bien ganado el odio de los reyes y los bribones; si no creéis en su celo, en los servicios que ha rendido al Estado, romped ese instrumento; pero considerad antes

---

[7] El Marais [pantano] era el nombre con que los diputados de la Montaña se referían despectivamente al centro moderado de la Convención, que oscilaba entre girondinos y montañeses.

en qué circunstancias estáis. Quienes nos denuncian han sido a su vez denunciados al Comité; de acusadores hoy, se están convirtiendo en acusados *[aplausos]*. Pero ¿qué tipo de personas son quienes reprochan la conducta del comité y que en esta sesión han exagerado vuestras derrotas para agravar sus denuncias? El primero se declara partidario de Custine[8] y de Lamarlière[9]; persiguió a los patriotas en una fortaleza importante y últimamente se ha atrevido a proponer la renuncia a un territorio unido a la República, cuyos habitantes, denunciados por él, se defienden hoy con energía contra los fanáticos y contra los ingleses.

El segundo no ha reparado todavía la vergüenza de la que se cubrió volviendo de un lugar confiado a su defensa, tras haberlo entregado a los austriacos. Si tales personas llegan a demostrar que el Comité no está formado por buenos ciudadanos, la libertad estará sin duda perdida, ya que tampoco cabe dudar de que no será a ellos a los que la opinión ilustrada otorgará su confianza y entregará las riendas del Gobierno. Que nadie piense que pretendo aquí devolver imputación por imputación. Me comprometo a no dividir nunca a los patriotas; pero no incluyo entre ellos a quienes sólo se disfrazan con esa máscara, y desvelaré la conducta de los dos o tres traidores que son los auténticos artífices de la discordia y de la disensión *[aplausos]*.

Pienso pues que la patria está perdida si el Gobierno no goza de una confianza ilimitada y si no está compuesto por personas que lo merezcan. Pido que el Comité de Salvación Pública sea renovado *[toda la Asamblea grita de nuevo: ¡No, no!]*.

---

[8] El general Adam Philippe de Custine (1740-1793) ganó varias importantes batallas y fue nombrado jefe del Ejército del Norte el 13 de abril de 1793, pero tras la ocupación de Condé-sur-l'Escaut por los austriacos en julio fue llamado a París, acusado de traición y condenado a muerte. Fue guillotinado el 28 de agosto.

[9] Antoine-Nicolas Collier, conde de La Marlière: jefe de Estado Mayor del Ejército de las Ardenas desde el 22 de marzo de 1793, destituido el 22 de julio, condenado a muerte y ejecutado el 27 de noviembre.

[...]

Pasar al orden del día sería abrir la puerta a todos los inconvenientes que he expuesto. La Convención no puede callar sobre lo que tiende a paralizar al Gobierno. Las explicaciones que se han dado son insuficientes; de ellas resulta solamente que los miembros del Comité de Salvación Pública que han hablado han parecido defender su causa, y no os habéis pronunciado al respecto; significaría dar ventaja a quienes lo han calumniado, no sólo aquí, sino secretamente, de una forma tanto más pérfida cuanto que parecen aplaudirlo ante vosotros cuando presenta sus informes; y os declaro que el sentimiento más penoso que he experimentado durante esa discusión es el de haber visto aplaudir a Barère a los mismos que no han cesado de calumniar indistintamente a todos los miembros del Comité, a los mismos que querrían quizá vernos con un puñal clavado en el pecho *[aplausos]*.

Un miembro de la Convención ha dicho que todos deberían poder emitir su opinión sobre las decisiones del Comité de Salvación Pública, y no estoy en desacuerdo con ello; sus funciones son penosas, por lo que [el Comité] no podría salvar la patria sin la Convención. Para salvarla hacen falta un fuerte carácter y grandes virtudes, hacen falta personas que tengan el valor de proponer medidas severas, que se atrevan incluso a atacar el amor propio de los individuos *[aplausos]*. Cada uno es libre, sin duda, de exponer su opinión sobre el Comité; pero esa libertad no debe llegar hasta el punto de que un diputado llamado aquí desde un lejano departamento, porque se juzga que ha dejado de servir al pueblo, se adelante y acuse al Comité *[aplausos]*.

Ciudadanos, os he prometido toda la verdad y voy a decírosla: en esta discusión la Convención no ha mostrado toda la energía precisa; se os ha presentado un informe sobre Valenciennes cuyo objetivo aparente era el de haceros conocer todas las circunstancias de la rendición de ese lugar, pero cuya finalidad real era inculpar al Comité de Salvación Pública. Como premio a esa vaga acusación, se nombra al autor de ese informe miembro del comité que él mismo denuncia. Pero yo os digo que quien estaba en Valenciennes cuando el enemigo entró allí no está en condiciones de formar parte del Comité de Salvación Pública *[vivos aplausos]*. No responderá jamás a la pregunta: «¿Estáis muerto?» *[repetidos aplausos]*. Si yo hubiera estado en Valenciennes en aquellas circunstancias, no habría podido presentaros un informe sobre los acontecimientos del asedio, ya que habría optado por compartir la suerte de los bravos defensores que prefirieron una muerte honorable a una capitulación vergonzosa *[aplausos]*. Y, puesto que hay que ser republicano, puesto que se debe tener energía, os declaro que no formaré parte de un comité en el que se halle incluido ese hombre.

Esto puede parecer duro; pero para un patriota es más duro todavía que durante los dos últimos años 100.000 hombres hayan muerto por traición o por debilidad; es la debilidad hacia los traidores la que nos pierde. Hay quien se enternece por los hombres más criminales, por los que entregan la patria a la espada del enemigo; yo no sé enternecerme más que por la virtud desamparada; no sé enternecerme más que por la inocencia oprimida; no sé enternecerme más que por la suerte de un pueblo generoso al que matan con tanta saña *[aplausos]*.

Añado una palabra sobre los acusadores: la libertad de opinión no debería utilizarse como pretexto para que un comité que sirve bien a la patria sea impunemente calumniado por quienes, pudiendo aplastar una de las cabezas de la hidra del federalismo, no lo han hecho por exceso de debilidad, ni por quienes se han atrevido a proponer fríamente desde esta tribuna ceder el Montblanc a los piamonteses *[aplausos]*.

En cuanto a la propuesta de Billaud-Varenne, no le doy ninguna importancia y la creo impolítica. Si los 50 millones puestos a disposición del Comité pudieran atraer por un instante la atención de la Convención, ésta no sería digna de trabajar por la salvación de la patria; sostengo que no hay que creer en la probidad para sospechar del Comité de Salvación Pública *[aplausos]*. Puedo concebir que los tiranos que nos detestan, que sus calumniadores pagados, que los periodistas que les sirven tan bien difundan esas imposturas para envilecernos; pero no nos corresponde a nosotros prever semejantes inculpaciones ni responder a ellas; me basta sentir en mi corazón la fuerza para defender hasta la muerte la causa del pueblo, que es grande y sublime; me basta despreciar a todos los tiranos y los bribones que los secundan *[aplausos]*.

Resumiendo, diría que todas las explicaciones que se han dado son insuficientes. Podemos despreciar las calumnias; pero los agentes de los tiranos que nos rodean nos observan y recopilan todo lo que puede dañar a los defensores del pueblo; por eso, y para prevenir sus imposturas, es preciso que la Convención Nacional proclame que conserva toda su confianza en el Comité de Salvación Pública *[aplausos]*.

11

Informe sobre la situación política de la República

(18 de noviembre de 1793/27 de brumario del año II)[1]

Mientras los ejércitos republicanos conseguían bloquear la invasión emprendida por la coalición de potencias extranjeras, el Comité de Salvación Pública encargó a Robespierre la redacción y presentación de un informe sobre la situación en Francia, en el que expuso lo que estaba en juego en el proceso revolucionario. La gran difusión que tuvo este informe contribuyó a consolidar su imagen como jefe oficioso del Gobierno revolucionario.

Ciudadanos representantes del pueblo,

Llamamos hoy la atención de la Convención Nacional sobre los mayores intereses de la patria. Venimos a poner ante vuestros ojos la situación de la República con respecto a las diversas potencias de la tierra, y sobre todo de los pueblos que la naturaleza y la razón unen a nuestra causa pero que la intriga y la perfidia tratan de situar entre nuestros enemigos.

Al salir del caos en que las traiciones de una corte criminal y el reinado de las facciones habían hundido al Gobierno, es nece-

---

[1] «Rapport sur la situation politique de la Republique», *Œuvres,* vol. X, pp. 167-184.

sario que los legisladores del pueblo francés fijen los principios de su política hacia los amigos y los enemigos de la República; es preciso que desplieguen ante los ojos de todo el universo el verdadero carácter de la nación que tienen la gloria de representar. Ha llegado el momento de mostrar a los imbéciles que lo ignoran o a los perversos que fingen dudar de ello que la República francesa existe, que no hay nada más precario en el mundo que el triunfo del crimen y la pervivencia del despotismo; ha llegado el momento de que nuestros aliados confíen en nuestra inteligencia y en nuestra fortuna y de que los tiranos armados contra nosotros teman nuestro valor y nuestro poder.

La Revolución francesa ha sacudido el mundo. Los avances de un gran pueblo hacia la libertad debían disgustar a los reyes que lo rodean; pero hay gran distancia desde esa actitud sigilosa a la resolución temeraria de declarar la guerra al pueblo francés, sobre todo [por las dificultades para] la coalición monstruosa de tantas potencias con intereses esencialmente distintos.

Para unirlas fue necesaria la política de las dos cortes cuya influencia dominaba a todas las demás; para alentarlas precisaban la alianza del propio rey de los franceses y las traiciones de todas las facciones que alternativamente lo halagaban o amenazaban para reinar en su nombre o para elevar a otro tirano sobre los despojos de su poder.

Los tiempos que debían dar a luz al mayor de los prodigios de la razón iban a quedar también mancillados por los últimos excesos de la corrupción humana. Los crímenes de la tiranía aceleraron los progresos de la libertad, que a su vez multiplicaron los crímenes de la tiranía, al redoblar su alarma y su furor. Entre el pueblo y sus enemigos ha habido una interacción continua cuya violencia progresiva ha culminado en pocos años la obra de varios siglos.

[...]

Pitt se equivocó groseramente sobre nuestra revolución, al igual que se habían equivocado Luis XVI y los aristócratas franceses, engañados por su desprecio al pueblo; desprecio basado únicamente en la conciencia de su propia bajeza. El primer ministro de Jorge [IV], demasiado inmoral para creer en las virtudes republicanas y demasiado falto de filosofía para dar un paso hacia el porvenir, estaba por debajo de su siglo; el siglo se lanzaba hacia libertad y Pitt quiso hacerlo retroceder hacia la barbarie y el despotismo. Así el conjunto de los acontecimientos ha traicionado hasta ahora sus sueños ambiciosos; ha visto quebrarse sucesivamente, por la fuerza popular, los diversos instrumentos de los que se ha servido; ha visto desaparecer a Necker, d'Orléans, Lafayette[2], Lameth, Dumouriez, Custine, Brissot y todos los pigmeos de la Gironda. El pueblo francés se ha desembarazado hasta ahora de los hilos de sus intrigas, como Hércules de una tela de araña.

[...]

Desde 1791 la facción inglesa y todos los enemigos de la libertad se habían apercibido de que existía en Francia un partido republicano que no transigiría con la tiranía y que ese partido era el pueblo. Los asesinatos como los del Campo de Marte[3] y de Nancy[4] les parecían suficientes para destruirlo: resolvieron hacerle la guerra y de ahí la monstruosa alianza entre Austria y Prusia, y a continuación la liga de todas las potencias armadas contra nosotros. Sería absurdo atribuir principalmente este fenómeno a la influencia de los emigrados que fatigaron durante años todas las cortes con sus reclamaciones impotentes y al cré-

---

[2] Véase el glosario.

[3] Matanza del Campo de Marte: tras la fuga y detención del rey el 20-21 de junio de 1791, el Club de los Cordeleros impulsó la presentación de una petición pidiendo su deposición y otra pidiendo su juicio. Esta última debía depositarse sobre el altar del Campo de Marte el 17 de julio en una ceremonia multitudinaria, pero la Guardia Nacional, bajo el mando de La Fayette, disparó sobre la multitud para dispersarla causando una cincuentena de muertos y centenares de heridos. Este incidente acentuó las divisiones entre los miembros de la Asamblea Constituyente, disuelta el 30 de septiembre para ser sustituida por la Primera Asamblea Legislativa.

[4] Nancy: alusión a la represión de un amotinamiento de la guarnición de esta ciudad en agosto de 1790.

dito de que gozaba la Corte francesa; fue el resultado de la política exterior mantenida por el poder de los facciosos que gobernaban Francia.

Para inducir a los reyes a esa temeraria empresa no bastaba intentar persuadirlos de que, aparte de un pequeño número de republicanos, toda la nación odiaba en secreto al nuevo régimen y que los esperaba como liberadores; no bastaba garantizarles la traición de todos los jefes de nuestro Gobierno y de nuestros ejércitos; para justificar esa odiosa empresa a ojos de sus súbditos agotados, había que ahorrarles hasta el esfuerzo de declararnos la guerra. Cuando estuvieron dispuestos, la facción dominante se la declaró a ellos. Recordaréis con qué gran astucia supo granjearse el valor natural de los franceses y el entusiasmo cívico de las sociedades populares, interesándolas en el éxito de sus pérfidos proyectos[5]. Sabéis con qué impudicia maquiavélica los que dejaban nuestra guardia nacional sin armas, nuestras fortalezas sin municiones y nuestros ejércitos en manos de traidores nos incitaban a llevar el estandarte tricolor hasta los límites del mundo. Con declamaciones pérfidas insultaban a los tiranos para servirlos; con un solo trazo de su pluma derrocaban todos los tronos y anexionaban Europa entera al Imperio francés; una forma segura de apresurar el éxito de las intrigas de nuestros enemigos, desde el momento en que presionaban a todos los gobiernos a declararse contra nosotros.

Los partidarios sinceros de la República pensaban de otro modo. Antes de quebrar las cadenas del Universo, querían asegurar la libertad de su país; antes de hacer la guerra a los déspotas extranjeros, querían hacérsela al tirano que los traicionaba; convencidos por otra parte de que un rey era un mal guía para conducir a un pueblo a la conquista de la libertad universal, y de que es a la fuerza de la razón, y no a la de las armas, a la que corresponde propagar los principios de nuestra gloriosa revolución.

---

[5] Alusión a los girondinos, quienes, según Robespierre, habían aprovechado el entusiasmo de las sociedades populares para impulsar la guerra.

[...][6]

Había llegado el momento en que el Gobierno británico, después de habernos creado tantos enemigos, había resuelto entrar él mismo abiertamente en la liga; pero la voluntad nacional y el partido de la oposición frustraron ese proyecto del Gobierno. Bissot le hizo declarar la guerra, primero a Holanda y luego a España[7], porque no estábamos en absoluto preparados para combatir a esos nuevos enemigos y la flota española estaba ya dispuesta para unirse a la inglesa.

¡Con qué cobarde hipocresía hicieron valer los traidores los pretendidos insultos a nuestros emisarios, concertados por adelantado entre ellos y con las potencias extranjeras! ¡Con qué audacia invocaban la dignidad de la nación de la que se burlaban insolentemente!

¡Qué cobardes! Habían salvado al déspota prusiano y a su ejército[8]; habían abonado Bélgica con la sangre más pura de los franceses; habían hablado de municipalizar Europa y ahora arrojaban a los desdichados belgas en brazos de sus tiranos; habían entregado a nuestros enemigos nuestros tesoros, nuestras reservas, nuestras armas, nuestros defensores; con su apoyo, orgulloso de tantos crímenes, Dumouriez se había atrevido a amenazar la libertad hasta en su santuario... ¡Oh, patria! ¿Qué divinidad tutelar pudo sacarte del inmenso abismo cavado para engullirte, aquellos días de crímenes y de calamidades en que tus hijos ingratos, aliados a innumerables enemigos, hundían en tu pecho sus manos parricidas y parecían disputarse tus miembros dispersos, para entregarlos aún sangrantes a los tiranos feroces conjurados contra ti? ¿Aquellos días espantosos en que la virtud estaba proscrita, las perfidia coronada, la calumnia triunfante y tus puertos, tus flotas, tus ejércitos, tus fortalezas, tus administradores, tus emisarios, todo era vendido a tus enemigos? No [les] parecía suficiente haber armado a los tiranos

---

[6] Véase el discurso «Sobre la guerra», cap. 5.

[7] A principios de 1793.

[8] Tras la batalla de Valmy, Dumouriez había permitido escapar a las tropas austriacas absteniéndose de imponerles una derrota definitiva. Véase el glosario.

contra nosotros; se nos quería entregar al odio de las naciones y hacer repulsiva la Revolución a ojos del universo. Nuestros periodistas estaban a sueldo de cortes extranjeras, como nuestros ministros y parte de nuestros legisladores. El despotismo y la traición presentaban al pueblo francés ante todos los demás como una facción efímera y despreciable, y la cuna de la República como una guarida de criminales; desfiguraban la augusta libertad [haciéndola aparecer] como una vil prostituta. Para colmo de perfidia, los traidores trataban de empujar al patriotismo a dar pasos imprudentes y preparaban ellos mismos el material de sus calumnias: cargados de todo tipo de crímenes, reprendían a la virtud, a la que encerraban en los calabozos, y acusaban de su propia extravagancia a los amigos de la patria que eran sus vengadores o sus víctimas. Todos los poderosos y corrompidos coaligados, poniendo en manos pérfidas todos los resortes del Gobierno, todas las riquezas, todas las trompetas de la buena fama, todos los medios de opinión, dejaron la República francesa sin un solo defensor en Europa, y la virtud cautiva no podía encontrar una salida para franquear los límites de Francia o los muros de París.

[...]

Sin embargo el pueblo francés, solo en el universo, combatía por la causa común. Pueblos aliados de Francia, ¿en qué os habéis convertido? ¿Sólo erais aliados del rey, y no de la nación? Americanos, ¿fue el autómata coronado Luis XVI el que os ayudó a sacudiros el yugo de vuestros opresores, o bien nuestros brazos y nuestros ejércitos? ¿Era el patrimonio de una corte despreciable el que os alimentaba, o los tributos del pueblo francés y las producciones de nuestro suelo favorecido por los cielos? No, ciudadanos, nuestros aliados no han abjurado de los sentimientos que nos deben; pero, si no se han desligado de nuestra causa, si no se han situado entre nuestros enemigos, no es mérito de la facción que nos tiranizaba.

[...]

¿Queréis conocer con un solo trazo la importancia que atribuyen al éxito de sus maquinaciones y al mismo tiempo toda la vileza de sus medios? Bastará informaros de la extraña estratagema que intentaron recientemente los austriacos. Justo cuando había finalizado [de redactar] este informe, el Comité de Salvación Pública recibió la siguiente nota, que nos hacía llegar la cancillería de Basilea:

> Fue el 18 de octubre cuando se debatió en el Comité de Salvación Pública la cuestión de la invasión de Neufchâtel. La discusión fue muy viva; duró hasta las dos de la madrugada. Sólo se opuso un miembro de la minoría. El asunto quedó suspendido porque Saint-Just, quien era el encargado de redactar el informe, tenía que partir hacia Alsacia; pero se sabe actualmente de buena fuente que el Comité decidió la invasión de Neufchâtel.

Conviene observar que en el Comité de Salvación Pública nunca se habló de Neufchâtel.

[...]

Cualquiera sin que sea el resultado de ese plan será favorable a nuestra causa y, aunque un genio enemigo de la humanidad impulsara al Gobierno de algunas naciones neutras al partido de nuestros enemigos comunes, traicionaría al pueblo que rige sin servir a los tiranos. Al menos nosotros seríamos más fuertes que él por su propia bajeza y nuestra lealtad, ya que la justicia es un elemento sustancial del poder.

Pero es importante desde ahora mismo abarcar en una sola perspectiva todo el marco europeo; tenemos que presentar aquí el espectáculo del mundo político que se agita alrededor y debido a nosotros.

Desde el momento en que se concibió el proyecto de una coalición contra Francia, se pretendió interesar a las diversas potencias mediante un plan de reparto de este bello país. Ese plan ha quedado demostrado, no sólo por los acontecimientos, sino por documentos contrastados. En el momento en que se formó el Comité de Salvación Pública, los miembros que lo componían entonces tuvieron conocimiento de un plan de ataque y desmembramiento de Francia, proyectado por el gabinete británico[9]. Entonces se le prestó poca atención porque parecía poco creíble y porque la desconfianza hacia ese tipo de rumores es bastante natural. Los hechos, desde aquella época, los fueron verificando día a día.

Inglaterra no quedó olvidada en ese reparto: Dunquerque, Tolón, las colonias, sin contar la posibilidad de la corona para el duque de York, a la que no se renunciaba aun sacrificando las porciones que debían constituir el lote de las demás potencias. No fue difícil incorporar a la coalición al estatúder holandés[10], quien, como se sabe, es menos príncipe de los bátavos que súbdito de su mujer, y por consiguiente de la Corte de Berlín.

En cuanto al fenómeno político de la alianza del propio rey de Prusia con el jefe de la casa de Austria, ya lo hemos explicado. Como dos bandidos que pelean por el reparto de los despojos de un viajero al que hubieran asesinado, olvidaron sus querellas para correr juntos contra una nueva presa, y así los monarcas de Viena y de Berlín suspendieron sus antiguas diferencias para caer sobre Francia y para devorar la República naciente. Sin embargo, el aparente acuerdo de esas dos potencias esconde una división real.

Austria podría muy bien ser víctima de un engaño del gabinete prusiano y el resto de sus aliados.

La casa de Austria, extenuada por las extravagancias de José II y de Leopoldo[11], expulsada desde hace tiempo de las reglas de la política de Carlos V, de Felipe II y de los viejos ministros de

---

[9] Alusión al plan de división presentado en la conferencia de Amberes en 1793, que establecía los objetivos de las fuerzas coaligadas en la guerra contra los revolucionarios franceses.

[10] El príncipe Guillermo V de Orange-Nassau era el gobernante real (estatúder) de las Provincias Unidas al mismo tiempo que almirante y capitán general de su ejército. Fue depuesto en 1795 por los republicanos bátavos (holandeses) con la ayuda de la República francesa.

[11] José II y Leopoldo: emperadores austriacos que reinaron sucesivamente de 1780 a 1790 y de 1790 a 1792.

María Teresa[12]; Austria, gobernada hoy día por los caprichos y por la ignorancia de una corte de niños, expira en el Hainaut francés y en Bélgica. Si no la ayudamos nosotros mismos con nuestra imprudencia, sus últimos esfuerzos contra Francia podrían convertirse en las convulsiones de su agonía. La emperatriz de Rusia[13] y el rey de Prusia acaban ya de repartirse Polonia sin ella[14], y le han ofrecido, como toda compensación, las conquistas que podría hacer en Francia con su apoyo, es decir, Lorena, Alsacia y el Flandes francés. Inglaterra alienta su locura para arruinarnos, perdiéndola a ella misma. Trata de reservar sus fuerzas a costa de su aliado y marcha en pos de su objetivo particular, dejándole, mientras sea posible, todo el peso de la guerra. Por otro lado, su majestad católica ha recibido la promesa del Rosellón, la Navarra francesa y los departamentos limítrofes con España.

Hasta al pequeño rey sardo se le ha alimentado la esperanza de convertirse algún día en rey del Delfinado, de Provenza y de las regiones vecinas a sus antiguos Estados.

¿Qué podían ofrecer a las potencias de Italia, que no pueden sobrevivir a la pérdida de Francia? Nada. Durante mucho tiempo han resistido las exhortaciones de la liga, pero han acabado cediendo a la intriga, o más bien a las órdenes del Gobierno inglés que las amenazaba con su flota. El territorio de Génova[15] fue escena de un crimen del que sólo la historia de Inglaterra puede ofrecer ejemplos parecidos. Buques de ese país, junto con navíos franceses entregados por los traidores de Tolón, entraron en su puerto; inmediatamente los bellacos que los tripulaban, ingleses y franceses rebeldes, se apoderaron de los buques de la República fondeados en aquel puerto bajo la salvaguarda del derecho de gentes y todos los franceses que se hallaban a bordo fueron asesi-

---

[12] María Teresa: emperatriz que gobernó Austria entre 1740 y 1780.
[13] Catalina II «la Grande», emperatriz de Rusia de 1762 a 1796.
[14] Alusión al segundo reparto de Polonia (23 de enero de 1793).
[15] La República de Génova era en aquella época un Estado independiente.

nados. ¡Qué cobardía la del Senado de Génova, que no murió todo él para prevenir o para vengar aquel ultraje y traicionó a la vez el honor, al pueblo genovés y a toda la humanidad!

Venecia, más poderosa y al mismo tiempo más política, conservó una neutralidad útil a sus intereses. Florencia, el Estado italiano para el que sería más fatal el triunfo de nuestros enemigos, fue finalmente subyugada por ellos y arrastrada a su pesar a su ruina. Así agobia el despotismo incluso a sus cómplices, y los tiranos armados contra la República se convierten en enemigos de sus propios aliados. En general, las potencias italianas son quizá más dignas de piedad que de la cólera de Francia: Inglaterra las reclutó como hace con sus marineros, ejerciendo presión sobre los pueblos de Italia. El más culpable de los príncipes de ese país es el rey de Nápoles, que se mostró digno de la sangre de los Borbones abrazando su causa. Un día podremos leeros a este respecto una carta escrita de su propia mano a su primo el [rey] católico, que servirá al menos para mostraros que el terror no es en modo alguno ajeno a los corazones de los reyes aliados contra nosotros. En cuanto al papa, ni siquiera vale la pena mencionarlo.

Inglaterra se atrevió a amenazar a Dinamarca con su escuadra para obligarla a unirse a la liga; pero el Gobierno danés, dirigido por un ministro hábil[16], rechazó con dignidad su insolente conminación.

Sólo se puede calificar de locura la resolución tomada por el rey de Suecia, Gustavo III, de convertirse en generalísimo de los reyes coaligados. La historia de la estupidez humana no ofrece nada comparable al delirio de ese moderno Agamenón[17], que extenuó a sus estados y que abandonó su corona a merced de sus enemigos para venir a París a consolidar la del rey de Francia.

---

[16] Alusión a Andreas Peter Bernstorff, ministro danés de Asuntos Exteriores de 1783 a 1797, de formación ilustrada, que se negó a unirse a los gobiernos coaligados contra Francia manteniendo la neutralidad de Dinamarca.

[17] Rey mítico de Micenas o de Argos que encabezó las tropas aqueas en la guerra de Troya.

El regente[18], más sabio, estudió mejor los intereses de su país y los suyos propios y se atrincheró en los términos de la neutralidad.

Entre todos los bribones adornados con el título de rey, emperador, ministros, políticos, etc., se asegura –y no tenemos razones para dudarlo–, que la más hábil es Catalina de Rusia, o más bien sus ministros; pues hay que desconfiar de la charlatanería con respecto a esas reputaciones lejanas e imperiales y del prestigio que da la política. La verdad es que tras la vieja emperatriz, como tras todas los mujeres con cetro, son los hombres los que gobiernan. Por lo demás, la política de Rusia está imperiosamente determinada por la naturaleza misma de las cosas. En ese país confluyen la ferocidad de las hordas salvajes con los vicios de los pueblos civilizados. Los dominadores de Rusia tienen un gran poder y grandes riquezas; tienen el gusto, la idea, la ambición del lujo y de las artes de Europa y reinan en un clima de hierro; experimentan la necesidad de ser servidos y halagados por atenienses, cuando tienen como súbditos a tártaros; esas contradicciones apreciables en su situación han dirigido necesariamente su ambición hacia el comercio, sustento del lujo y de las artes, y hacia la conquista de los fértiles países que tienen como vecinos al oeste y al sur. La corte de Petersburgo trata de desplazarse de la triste región que habitan a la Turquía europea y a Polonia, como nuestros jesuitas y aristócratas han emigrado del suave clima de Francia a Rusia.

Ha contribuido en gran medida a formar la liga de los reyes que nos hacen la guerra y es la única que se beneficia de ella. Mientras que las potencias rivales de la suya vienen a estrellarse contra la roca de la República francesa, la emperatriz de Rusia ahorra sus fuerzas e incrementa sus medios; pasea su mirada con

---

[18] El duque Carlos de Södermanland, hermano de Gustavo III, ocupó la regencia de Suecia desde el asesinato de éste el 16 de marzo de 1792 hasta la mayoría de edad de Gustavo IV Adolfo en noviembre de 1796, y tras la abdicación de éste en 1809 se convirtió en Carlos XIII de Suecia. Estrechó los lazos de Suecia con Francia.

una alegría secreta, de un lado sobre los vastos países sometidos a la dominación otomana, y de otro sobre Polonia y Alemania; por todas partes imagina usurpaciones fáciles o conquistas rápidas; cree llegado el momento de imponer su ley a Europa, o al menos a Prusia y Austria y, en los repartos en los que admita a los dos compañeros de su augusto pillaje, ¿quién le impedirá quedarse impunemente con la parte del león?

Tenéis ante vosotros el balance de Europa y el vuestro, y podéis ya sacar de todo esto una conclusión general; que al mundo le interesa nuestra conservación. Supongamos Francia aniquilada o desmembrada y el mundo político se hunde. Quitad este aliado poderoso y necesario, que garantizaba la independencia de los Estados mediocres contra los grandes déspotas, y toda Europa quedará subyugada. Los pequeños príncipes germánicos, las villas supuestamente libres de Alemania, son absorbidas por las casas ambiciosas de Austria y de Brandeburgo[19]; Suecia y Dinamarca se convierten más pronto o más tarde en presa de sus potentes vecinos; Turquía se ve rechazada más allá del Bósforo y borrada de la lista de las potencias europeas; Venecia pierde sus riquezas, su comercio y su consideración; Toscana su propia existencia; Génova queda borrada; Italia se convierte en juguete de los déspotas que la rodean; Suiza queda reducida a la miseria y no recobra la energía que su antigua pobreza le había dado; los descendientes envilecidos de Guillermo Tell sucumbirán bajo los esfuerzos de los tiranos humillados y vencidos por sus antepasados. ¿Cómo se atreverían siquiera a invocar las virtudes de sus antepasados y el nombre sagrado de la libertad, si la República francesa hubiera sido destruida ante sus ojos? ¿Qué sucedería si hubieran contribuido a su ruina? Y vosotros, bravos americanos, cuya libertad se ha cimentado con nuestra sangre y quedó garantizada por nuestra alianza, ¿cuál sería vuestro destino si nosotros no existiéramos? Volveríais a

---

[19] Alusión a la monarquía prusiana.

caer bajo el yugo vergonzoso de vuestros antiguos amos: la gloria de nuestras hazañas comunes se marchitaría; los títulos de emancipación y la declaración de los derechos del hombre quedarían aniquilados en ambos mundos.

[...]

Y, si los propios gobiernos deben temer la caída de la República francesa, ¿qué decir de la filosofía y de la humanidad? Si la libertad pereciera en Francia, la naturaleza entera se cubriría de un velo fúnebre y la razón humana retrocedería hasta los abismos de la ignorancia y la barbarie. Europa sería presa de dos o tres bandidos que se dedicarían a hacerse mutuamente la guerra y el más feroz de ellos, tras aplastar a sus rivales, nos llevaría de nuevo al reinado de los hunos[20] y los tártaros[21]. Tras semejante ejemplo y tantos prodigios inútiles, ¿quién se atrevería a declarar de nuevo la guerra a la tiranía? El despotismo se extendería como un mar sin orillas sobre la superficie del globo; pronto cubriría las cimas del mundo político, donde está depositada el arca que contiene las declaraciones de derechos de la humanidad; la tierra sería patrimonio de los criminales; y la blasfemia lanzada al segundo de los Brutos[22], justificada por la impotencia de nuestros generosos esfuerzos, sería el grito de todos los corazones magnánimos: «¡Oh, virtud –podrían gritar–, no eres más que un nombre vano!».

¡Oh! ¿Quién de nosotros no siente agrandarse todas sus facultades, quién de nosotros no cree elevarse por encima de la humanidad misma, imaginando que no es por un pueblo por lo que combatimos, sino por el universo entero, por los hombres que viven hoy pero también por todos los que existirán algún día? ¡Plázcale al cielo que esas verdades salutíferas, en lugar de quedar encerradas en este estrecho recinto, puedan resonar al mismo tiempo en los oídos de todos los pueblos! En ese mismo

---

[20] Hunos: pueblo de origen asiático que bajo el liderazgo de Atila asoló parte de Europa en el siglo v.
[21] Tártaros: pueblo de origen mongol que ocupó Rusia en el siglo XIII.
[22] Uno de los asesinos de Julio César en el año 44 a.C.

instante las antorchas de la guerra se apagarían, el prestigio de la impostura desaparecería, las cadenas del Universo se quebrarían, las fuentes de la calamidad pública se secarían, entre los pueblos reinaría la fraternidad y tendríais tantos amigos como personas hay sobre la Tierra. Podéis al menos proclamarlas, por pausadamente que sea. Este manifiesto de la razón, esta proclamación solemne de vuestros principios, valdrá mucho más que las cobardes y estúpidas diatribas que la insolencia de los más viles tiranos ose publicar contra vosotros.

Además, aunque Europa entera se coaligara contra vosotros, sois más fuertes que Europa. La República francesa es invencible, como lo es la razón; es inmortal como la verdad. Cuando la libertad ha realizado una conquista como Francia, ninguna potencia humana puede expulsarla de ella. Tiranos, despilfarrad vuestros tesoros, reunid a vuestros satélites y no haréis más que apresurar vuestra ruina. Vuestros reveses lo atestiguan, y vuestros éxitos aún más. Un puerto[23] y dos o tres fortalezas compradas con vuestro oro; ¡he ahí el digno precio de los esfuerzos de tantos reyes, ayudados durante cinco años por los jefes de nuestros ejércitos y por nuestro propio Gobierno! Aprended que un pueblo que no habéis podido vencer con tales medios es un pueblo invencible. Déspotas generosos, sensibles tiranos: ¿decís que si prodigáis tantos hombres y tantos tesoros es sólo para devolver a Francia la felicidad y la paz?

[...]

Se puede derrocar un trono por la fuerza; pero sólo la sabiduría puede fundar una república. Desbaratad las trampas continuas de nuestros enemigos; sed revolucionarios y políticos; sed terribles contra los malvados y socorred a los desdichados; huid a la vez del cruel moderantismo y de la exageración sistemática de los falsos patriotas; sed dignos del pueblo al que representáis. El pueblo odia todos los excesos y no quiere ser engañado ni protegido, quiere que se le defienda honrándolo.

---

[23] El 29 de agosto de 1793 los monárquicos entregaron Tolón a los ingleses. El ejército republicano la recuperó el 19 diciembre.

Llevad luz al antro de esos modernos Cacos[24], donde se reparten los despojos del pueblo conspirando contra su libertad. Ahogadlos en sus madrigueras y castigad por fin el más odioso de todos los crímenes, el de revestir la contrarrevolución con los emblemas sagrados del patriotismo y asesinar la libertad con sus propias armas.

El periodo en el que os encontráis pondrá a prueba las virtudes republicanas. Al final de esta campaña, el infame Gobierno de Londres ve por un lado la liga casi arruinada por sus esfuerzos insensatos, el ejército de Inglaterra deshonrado, su fortuna dilapidada y la libertad asegurada por el vigor que habéis mostrado; dentro se oyen los gritos de los propios ingleses, dispuestos a pedirles cuentas de sus crímenes. En su espanto, ha pospuesto hasta enero las sesiones del Parlamento por temor a su resultado. Va a emplear este tiempo para cometer contra vosotros los últimos atentados que medita, sabiéndose impotente para venceros. Todos los indicios, todas las noticias, todos los documentos aprehendidos desde hace tiempo tienen que ver con ese proyecto: corromper a los representantes del pueblo susceptibles de serlo, calumniar o asesinar a los que no hayan podido corromper, y por último llegar a la disolución de la representación nacional; he ahí la meta a la que tienden todas las maniobras de las que somos testigos, todos los medios patrióticamente contrarrevolucionarios que la perfidia prodiga para incitar a un levantamiento en París y destruir la República.

Representantes del pueblo francés, percibid vuestra fuerza y vuestra dignidad. Podéis sentir un orgullo legítimo. Congratulaos no sólo por haber aniquilado la realeza y castigado a los reyes, por haber derribado los culpables ídolos ante los que el mundo se prosternaba; sino sobre todo por haberlos aterroriza-

---

[24] Caco: gigante mitad hombre y mitad sátiro que vivía en una cueva del monte Aventino en el Lacio, a cuya entrada siempre colgaban, para horror de los habitantes del lugar, las cabezas sangrantes de los humanos que devoraba. Hércules lo mató después de que le robara unos bueyes.

do mediante un acto de justicia inaudito, dejando caer la espada de la ley sobre las cabezas criminales que se elevaban entre vosotros; por haber aplastado, hasta el momento, las facciones bajo el peso de la voluntad nacional.

Cualquiera que sea el destino personal que os espera, vuestro triunfo está asegurado. Para los fundadores de la libertad, ¿no es un triunfo la propia muerte? Todo muere, tanto los héroes de la humanidad como los tiranos que la oprimen; pero en condiciones distintas.

[...]

Uno de vuestros deberes más sagrados era haceros respetar tanto aquí como en el extranjero. Hoy hemos querido presentaros un retrato fiel de vuestra situación política y dar a Europa una alta imagen de vuestros principios. Esta discusión tiene también como finalidad particular desbaratar las intrigas de vuestros enemigos para armar contra vosotros a vuestros aliados y sobre todo a los cantones suizos y los Estados Unidos de América. A este respecto proponemos el siguiente decreto:

LA CONVENCIÓN NACIONAL, deseando manifestar ante todo el Universo los principios que la rigen y que deben presidir las relaciones entre todas las sociedades políticas; queriendo al mismo tiempo frustrar las pérfidas maniobras empleadas por sus enemigos para alarmar sobre sus intenciones a los aliados más fieles de la nación francesa, los cantones suizos y los Estados Unidos de América;

Decreta lo que sigue:

Artículo 1. – La Convención Nacional declara, en nombre del pueblo francés, que la resolución constante de la República es mostrarse terrible hacia sus enemigos, generosa hacia sus aliados y justa hacia todos los pueblos.

2. – Los tratados que vinculan al pueblo francés con los Estados Unidos de América y con los cantones suizos serán fielmente observados.

[...].

12

Respuesta de la Convención Nacional a los manifiestos de los reyes coaligados contra la República

5 de diciembre de 1793/15 de frimario del año II [1]

El 29 de brumario (19 de noviembre de 1723) llegó a París la noticia de que Pitt había hecho imprimir y publicar en francés un manifiesto del que había enviado copias a todas las potencias coaligadas. El Comité de Salvación Pública encargó a Robespierre la redacción de un contramanifiesto que sirviera como respuesta de la República a la coalición monárquica.

Ciudadanos representantes del pueblo:

Los reyes coaligados contra la República nos hacen la guerra con ejércitos, intrigas y libelos. A sus ejércitos opondremos ejércitos más bravos; a sus intrigas, la vigilancia y el terror de la justicia nacional y, a sus libelos, la verdad.

Siempre atentos a recomponer los hilos de sus tramas funestas, a medida que los rompe la mano del patriotismo; siempre hábiles en voltear las armas de la libertad contra ella misma, los agentes de los enemigos de Francia se esfuerzan ahora

---

[1] «Réponse de la Convention Nationale aux manifestes des rois ligués contre la Republique», *Œuvres,* vol. X, pp. 226-233.

en derrocar la República a fuerza de republicanismo y en reanudar la guerra civil mediante la filosofía. Con ese gran sistema de subversión e hipocresía coincide maravillosamente un pérfido plan de difamación contra la Convención Nacional y contra la nación misma. Mientras que la perfidia o la imprudencia tan pronto debilitaban la energía de las medidas revolucionarias exigidas por la salvación de la patria como las dejaban sin ejecución, las exageraban con malicia o las aplicaban en sentido inverso; mientras que los agentes de las potencias extranjeras ponían en marcha todos sus medios y desviaban nuestra atención de los verdaderos peligros y de las necesidades acuciantes de la República para volcarla en el debate sobre la religión; mientras que trataban de sustituir la revolución política por una revolución nueva para extraviar la razón pública y extenuar la energía del patriotismo; mientras que esa misma gente atacaba abiertamente todos los cultos y alentaba secretamente el fanatismo; mientras que en el mismo instante hacía llegar a toda Francia sus declaraciones insensatas y se atrevía a abusar del nombre de la Convención Nacional para justificar las extravagancias calculadas de la aristocracia disfrazadas bajo la capa de la locura; mientras todo eso sucedía, los enemigos de Francia negociaban de nuevo sobre vuestros puertos, vuestros generales, vuestros ejércitos; tranquilizaban al federalismo aterrorizado; intrigaban en todos los países para multiplicar nuestros enemigos; armaban contra vosotros a los curas de todas las naciones; oponían el imperio de las opiniones religiosas al ascendiente natural de vuestros principios morales y políticos; y los manifiestos de todos los gobiernos nos denunciaban ante el Universo entero como un pueblo de locos y ateos. Corresponde ahora a la Convención Nacional intervenir entre el fanatismo que se despierta y el patriotismo al que se quiere perder, y unir a todos los ciudadanos bajo los principios de la libertad, la razón y la justicia. Los legisladores que aman la patria y que tienen valor para salvarla no deben parecerse a juncos agitados sin cesar por el soplo de las facciones extranjeras. El Comité de Salvación Pública tiene el deber de desvelarlas ante vosotros y de proponeros las medidas necesarias para sofocarlas; lo cumplirá sin duda. Entre tanto, se me ha encargado que os presente un proyecto de resolución cuya finalidad consiste en confundir las viles imposturas de los tiranos coaligados contra la República y desvelar ante los ojos del Universo su odiosa hipocresía. En este combate de la tiranía contra la libertad, tenemos tantas ventajas que sería una locura por nuestra parte evitarlo y, puesto que los opresores del género humano tienen la temeridad de querer defender su causa ante él, apresurémonos a seguirlos ante ese tribunal temible para acelerar la inevitable sentencia que los espera.

Respuesta de la Convención Nacional propuesta por Robespierre en nombre del Comité de Salvación Pública

¿Responderá la Convención Nacional a los manifiestos de los tiranos coaligados contra la República francesa? Es natural despreciarlos, pero es útil rebatirlos y es justo castigarlos.

¡Un manifiesto del despotismo contra la libertad! ¡Qué extraño fenómeno! ¿Cómo se han atrevido los enemigos de Francia a tomar a la humanidad como árbitro entre ellos y nosotros? ¿Cómo no han temido que el objeto de la querella despierte el recuerdo de sus crímenes y apresure su ruina?

¿De qué nos acusan? De sus propios crímenes. Nos acusan de rebelión. Esclavos alzados contra la soberanía de los pueblos, ¿ignoráis que esa blasfemia no puede justificarse de otro modo que sino por la victoria? Mirad no obstante el cadalso del último de nuestros tiranos; ved al pueblo francés armado para castigar a sus afines: he ahí nuestra respuesta.

¡Los reyes acusan al pueblo francés de inmoralidad! Pueblos, prestad un oído atento a las lecciones de esos respetables preceptores del género humano. ¡La moral de los reyes, cielo justo! Pueblos, celebrad la buena fe de Tiberio[2] y el candor de Luis XVI; admirad el buen sentido de Claudio[3] y la sabiduría de Jorge[4]; alabad la templanza y la justicia de Guillermo y de Leopoldo; exaltad la castidad de Mesalina[5], la fidelidad conyugal de Catalina y la modestia de María Antonieta[6]; ensalzad el invencible horror de todos los déspotas pasados, presentes y futuros, hacia las usurpaciones y la tiranía, sus tiernos cuidados por la inocencia oprimida, su religioso respeto a los derechos de la humanidad.

Nos acusan de irreligiosidad; proclaman que hemos declarado la guerra a la propia divinidad. ¡Qué edificante es la piedad de los tiranos y cuán agradables deben ser al cielo las virtudes que brillan en las cortes y la benevolencia que esparcen sobre la Tierra! ¿De qué Dios nos hablan? ¿Conocen otro dios que el orgullo, el libertinaje y todos los vicios? Se dicen imagen de la divinidad... ¿Es para hacer que se la odie? Dicen que su autoridad es obra divina. No; Dios creó los tigres, pero los reyes son la obra maestra de la corrupción humana. Si invocan al cielo es para usurpar la tierra; si nos hablan de la divinidad es para ponerse en su lugar. Le reenvían las plegarias del pobre y los gemidos del desdichado, pero ellos mismos son los dioses de los ricos, de los opresores y de los asesinos del pueblo. Honrar a la divinidad y castigar a los reyes es la misma cosa. ¿Qué pueblo rindió nunca un culto más puro que el nuestro al Ser Supremo,

---

[2] Emperador romano (14-37 d.C.), mencionado aquí debido a su reputación de crueldad e hipocresía.

[3] Emperador romano (41-54 d.C.) que después de su matrimonio con Valeria Mesalina, famosa por su promiscuidad, volvió a casarse, esta vez con su sobrina Agripina «la menor», quien al parecer instigó u organizó su envenenamiento.

[4] Jorge III, rey de Gran Bretaña e Irlanda (1760-1820), afectado por una recurrente enfermedad mental.

[5] Valeria Mesalina (20-48 d.C.), emperatriz romana famosa por su promiscuidad sexual.

[6] María Antonieta de Habsburgo-Lorena, reina de Francia, ejecutada el 16 octubre de 1793.

bajo cuyos auspicios hemos proclamado los principios inmutables de toda sociedad humana? Las leyes de la justicia eterna eran calificadas desdeñosamente como sueños de las gentes de bien, pero nosotros las hemos convertido en imponentes realidades. La moralidad solía quedar enterrada en los libros de los filósofos; nosotros la hemos introducido en el gobierno de las naciones. La sentencia de muerte pronunciada por la naturaleza contra los tiranos dormía olvidada en los corazones abatidos de los tímidos mortales; nosotros la hemos hecho ejecutar. El mundo pertenecía a algunos linajes de tiranos, como los desiertos de África a los tigres y a las serpientes; nosotros se lo hemos restituido al género humano.

Pueblos, si os falta carácter para tomar vuestra parte de esa herencia común, si no deseáis hacer valer los títulos que os hemos devuelto, guardaos al menos de violar nuestros derechos o de calumniar nuestro valor.

Los franceses no sienten la obsesión de hacer libre y feliz a ninguna otra nación contra su voluntad. Todos los reyes podrían holgazanear o morir impunes sobre sus tronos ensangrentados, con tal de respetar la independencia del pueblo francés: sólo queremos aclararos sus impúdicas calumnias.

Vuestros amos os dicen que la nación francesa ha proscrito todas las religiones, que ha sustituido el culto de la divinidad por el de algunos hombres; nos pintan a vuestros ojos como un pueblo idólatra o insensato. Mienten: el pueblo francés y sus representantes respetan la libertad de todos los cultos y no proscriben ninguno. Honran la virtud de los mártires de la humanidad sin fanatismo y sin idolatría; aborrecen la intolerancia y la persecución, con cualquier pretexto que se cubran. Condenan las extravagancias del filosofismo tanto como las locuras de la superstición y como los crímenes del fanatismo. Vuestros tiranos nos imputan algunas irregularidades, inevitables en los momentos tempestuosos de una gran revolución; nos imputan los efectos de sus propias intrigas y los atentados de sus emisarios. Todo lo que lo que la Revolución francesa ha producido de sabio y de sublime es obra del pueblo; todo lo que comporta un carácter diferente pertenece a nuestros enemigos.

Todas las personas razonables y magnánimas son partidarias de la República; todos los seres pérfidos y corrompidos son de la facción de vuestros tiranos. ¿Se calumnia al astro que anima la naturaleza por las nubes ligeras que se deslizan sobre su disco resplandeciente? La augusta libertad ¿pierde sus encantos divinos porque los viles agentes de la tiranía traten de profanarla? Vuestras desgracias y las nuestras son los crímenes de los enemigos comunes de la humanidad. ¿Es ésa para vosotros razón para odiarnos? No: es razón para castigarlos.

Los muy cobardes se atreven a denunciar a los fundadores de la República francesa. Esos modernos Tarquinos[7] se atreven a decir que el Senado de Roma era una asamblea de bandidos. Son como los criados de Porsena[8] que llamaban insensato a Escévola[9]; siguen el ejemplo de Jerjes[10] cuando acusaba a Arístides[11] de haber saqueado los tesoros de Grecia. Rememorando a Octavio y Antonio[12] con las manos tintas en sangre de romanos cargadas del producto de su rapiña, ordenan a toda la tierra que crea que les adorna la clemencia, la justicia y la virtud. Como Tiberio y Sejano[13], consideran a Bruto y Casio[14] sanguinarios y los califican de criminales.

---

[7] Véase la nota 4 del capítulo 8.

[8] Rey etrusco de finales del siglo VI a.C., que deseaba restaurar la dinastía de los Tarquinios en Roma.

[9] Cayo Mucio Escévola (siglos VI-V a.C.): héroe legendario romano que durante la guerra contra los etruscos tras la deposición de Tarquinio el Soberbio se introdujo en el campo enemigo con la intención de matar a su rey Lars Porsena; al ser hecho prisionero, dejó que se quemara su mano derecha en el fuego antes que denunciar a sus cómplices.

[10] Véase la nota 7 del capítulo 9.

[11] Véase la nota 4 del capítulo 2.

[12] Octavio, Antonio y Lépido: triunvirato a cargo del poder en la República romana tras la muerte de César (44 a.C.).

[13] Lucio Elio Sejano (20 a.C.-31 d.C.): prefecto pretoriano del emperador Tiberio.

[14] Bruto y Casio: asesinos de Julio César.

Franceses, gentes de todos los países, es a vosotros a quienes se ultraja injuriando la libertad en la persona de vuestros representantes o de vuestros defensores. Se reprochan debilidades a varios miembros de la Convención y a otros incluso crímenes.

¡Eh! ¿Qué tiene que ver con todo eso el pueblo francés? ¿Qué tienen en común los representantes de la nación, sino la fuerza que imprimen a los débiles y la pena que infligen a los culpables? Todos los ejércitos de los tiranos de Europa rechazados, pese a cinco años de traiciones, de conspiraciones y de discordias intestinas; el cadalso para los representantes infieles, junto al del último de nuestros tiranos; las tablas inmortales donde la mano de los representantes del pueblo grabó, en medio de la tempestad, el pacto social de los franceses; todos los hombres iguales ante la ley; los grandes culpables, temblando ante la justicia; la inocencia, [hasta ahora] sin apoyo, atónita al hallar al fin asilo en los tribunales; el amor a la patria triunfante pese a todos los vicios de los esclavos, pese a toda la perfidia de nuestros enemigos; el pueblo enérgico y sabio, temible y justo, que se une a la voz de la razón y aprende a reconocer a sus enemigos bajo la máscara del patriotismo; el pueblo francés que corre a tomar las armas para defender la magnífica obra de su valor y de su virtud: he ahí la expiación que ofrecemos al mundo por los sus propios errores y por los crímenes de nuestros enemigos.

Si fuera necesario, podríamos todavía presentarle otros títulos: nuestra sangre también ha corrido por la patria. La Convención Nacional puede mostrar a los amigos y a los enemigos de Francia honrosas cicatrices y gloriosas mutilaciones. Aquí, dos ilustres adversarios de la tiranía han caído ante sus ojos bajo los golpes de una facción parricida; allá, un digno émulo de su virtud republicana, cercado en una villa asediada, se atrevió a intentar abrirse paso con algunos compañeros a través de las falanges enemigas; noble víctima de una odiosa traición, cayó en manos de los satélites de Austria y expió, entre largos tormentos, su devoción sublime a la causa de la libertad[15]. Otros representantes penetraron a través de las zonas rebeldes del Sur, escaparon por poco del furor de los traidores salvando al ejército francés entregado por jefes pérfidos y provocaron el terror y la fuga de los satélites de los tiranos de Austria, España y el Piamonte. En aquella villa execrable, oprobio de Francia, Baille y Beauvais[16], hartos de los ultrajes de la tiranía, murieron por la patria y por sus santas leyes. Ante los muros de esa ciudad sacrílega, Gasparin[17], dirigiendo el rayo vengador que debía castigarla e inflamando el valor republicano de nuestros soldados, pereció víctima de su valor y de la crueldad del más cobarde de nuestros enemigos. El Norte y el Sur, los Alpes y los Pirineos, el Ródano y el Escalda, el Rin y el Loira, el Mosela y el Sambre, han visto cómo nuestros batallones republicanos se congregaban a la voz de los representantes del pueblo, bajo las banderas de la libertad y de la victoria: unos han perecido y otros han triunfado.

Toda la Convención ha afrontado la muerte y ha desafiado el furor de los tiranos.

Ilustres defensores de la causa de los reyes, príncipes, ministros, generales, cortesanos, detalladnos vuestras virtudes cívicas; contadnos los importantes servicios que habéis hecho a la humanidad; habladnos de las fortalezas conquistadas por la fuerza de vuestras guineas; alabadnos el talento de vuestros emisarios y

---

[15] Alusión a Jean-Baptiste Drouet, protagonista de la detención del rey en Varennes y luego diputado en la Convención; enviado como comisario al Ejército del Norte, cayó prisionero de los austriacos en Maubege, en la frontera belga, a finales de 1793, y no pudo regresar a París hasta noviembre de 1795.

[16] Pierre-Marie Baille o Bayle (1750-1793) y Charles Nicolas Beauvais de Préau (1745-1794): dos *representantes enviados a los departamentos* por la Convención, hechos prisioneros por los monárquicos en julio de 1793. Baille se suicidó en prisión y Beauvais murió pocos meses después de su liberación.

[17] Thomas-Augustin de Gasparin: general de brigada y representante en misión, murió en la ciudad de Orange (Provenza) el 7 de noviembre de 1793 sin llegar a ver Tolón recuperada gracias a sus decisiones.

la prontitud de vuestros soldados a huir ante los defensores de la República; ensalzadnos vuestro noble desprecio por el derecho de gentes y por la humanidad; nuestros prisioneros muertos a sangre fría, nuestras mujeres mutiladas por vuestros jenízaros, los niños masacrados sobre el regazo de su madre… y los dientes asesinos de los tigres austriacos que desgarraban sus miembros palpitantes; enaltecednos sobre todo vuestra suprema habilidad en el arte del envenenamiento y de los asesinatos. ¡Tiranos, he ahí vuestras virtudes!

Sublime parlamento de Gran Bretaña, habladnos de vuestros héroes. Tenéis un partido de oposición. Entre vosotros [el patriotismo se opone; así pues] el despotismo triunfa; [la minoría se opone,]* luego la mayoría está corrompida. Pueblo insolente y vil, tu pretendida representación es venal como has confesado tú mismo. Adoptas para ti mismo su máxima favorita; que los talentos de tus diputados son objeto de comercio, como la lana de tus ovejas y el acero de tus fábricas… ¡Y tú osas hablar de moral y de libertad!

¿Cuál es pues ese extraño privilegio de desvariar sin medida y sin pudor, que la paciencia estúpida de los pueblos parece conceder a los tiranos? ¡Qué! Esos hombrecitos, cuyo mérito principal consiste en conocer la tarifa de las conciencias británicas; que se esfuerzan por trasplantar a Francia los vicios y la corrupción de su país; que hacen la guerra, no con armas, sino con crímenes, ¡se atreven a acusar a la Convención Nacional de corrupción y a insultar las virtudes del pueblo francés!

Pueblo generoso, juramos por ti mismo que serás vengado. Antes de hacernos la guerra, exterminaremos a todos nuestros enemigos; la casa de Austria perecerá antes que Francia; Londres será libre antes de que París vuelva a ser esclavo. Los destinos de la República y los de los tiranos de la tierra han sido pesados en la balanza eterna: los tiranos se han mostrado más ligeros. Franceses, olvidemos nuestras querellas y marchemos contra los tira-

---

* Las frases entre corchetes fueron suprimidas. [N. del T.]

nos, venzámoslos, vosotros con vuestras armas y nosotros con nuestras leyes.

¡Que tiemblen los traidores! ¡Que desaparezca el último de los cobardes emisarios de nuestros enemigos! ¡Que triunfe el patriotismo y que la inocencia se tranquilice! Franceses, combatid; vuestra causa es santa y vuestro valor invencible. Vuestros representantes saben morir, y pueden hacer más: saben vencer.

13

Informe sobre los principios del Gobierno revolucionario, realizado en nombre del Comité de Salvación Pública

25 de diciembre de 1793/5 de nivoso del año II [1]

Un mes después de la aprobación del decreto de Billaud-Varenne [2]*, Robespierre defendió la necesidad del terror. Fue una respuesta a los «indulgentes» y en particular a Camille Desmoulins y su periódico* Le Vieux Cordelier, *que lo había criticado.*

Ciudadanos representantes del pueblo,

Los éxitos adormecen a las almas débiles, pero acicatean a las fuertes. Dejemos a Europa y a la historia alabar los milagros de Tolón [3] y preparemos nuevos triunfos a la libertad.

Los defensores de la república adoptan la máxima de César: creen *que no se ha hecho nada mientras quede algo por hacer.*

---

[1] «Sur les principes du governement révolutionnaire», *Œuvres,* vol. X, pp. 273-282.
[2] Véase «gobierno revolucionario» en el glosario.
[3] Tolón fue reconquistada, arrebatándosela a los monárquicos y los ingleses, el 19 de diciembre de 1793. Uno de los principales estrategas de aquella batalla fue el joven capitán Napoleón Bonaparte, por la que fue ascendido el 22 de diciembre a general de brigada.

Nos quedan todavía bastantes peligros para ocupar todo nuestro celo.

Vencer a los ingleses y a los traidores es algo bastante fácil para el valor de los soldados republicanos; pero hay una empresa no menos importante y más difícil: es desbaratar mediante una energía inquebrantable las constantes intrigas de los enemigos de nuestra libertad y hacer triunfar los principios sobre los que se debe asentar la prosperidad pública.

Tales son los primeros deberes que habéis impuesto a vuestro Comité de Salvación Pública.

Vamos a desarrollar en primer lugar los principios y la necesidad del Gobierno revolucionario; mostraremos a continuación la causa que tiende a paralizarlo desde su nacimiento.

La teoría del Gobierno revolucionario es tan nueva como la revolución que la ha alumbrado. No hay que buscarla en los libros de los autores políticos, que no previeron esta revolución, ni en las leyes de los tiranos que, contentos con abusar de su poder, no se ocuparon de investigar su legitimidad; por eso esa palabra no es para la aristocracia más que un tema de terror o un pretexto para la calumnia; para los tiranos no es más que un escándalo y para mucha gente un enigma; hay que explicárselo a todos para vincular al menos a los buenos ciudadanos a los principios del interés público.

La función del Gobierno es dirigir las fuerzas morales y físicas de la nación hacia el objetivo propuesto al instituirlo.

La finalidad del Gobierno constitucional es conservar la República; la del Gobierno revolucionario es fundarla.

La Revolución es la guerra de la libertad contra sus enemigos: la Constitución es el régimen de la libertad victoriosa y en paz.

El Gobierno revolucionario debe ejercer una actividad extraordinaria, precisamente porque está en guerra. Está sometido a reglas menos uniformes y menos rigurosas, porque las circunstancias en que se encuentra son tempestuosas y movedizas, y sobre todo porque está obligado a desplegar sin cesar y rápidamente recursos nuevos para hacer frente a peligros nuevos y acuciantes.

El Gobierno constitucional se ocupa principalmente de la libertad civil, y el Gobierno revolucionario de la libertad pública. Bajo el régimen constitucional, casi basta proteger a los individuos contra los abusos del poder público; bajo el régimen revolucionario, el propio poder público está obligado a defenderse contra todas las facciones que lo atacan.

El Gobierno revolucionario debe a los buenos ciudadanos toda la atención nacional; a los enemigos del pueblo no les debe sino la muerte.

Estas nociones bastan para explicar el origen y la naturaleza de las leyes que llamamos revolucionarias. Los que las llaman arbitrarias o tiránicas son sofistas estúpidos o perversos que tratan de confundir a sus contrarios; quieren someter al mismo régimen a la paz y la guerra, la salud y la enfermedad, o incluso desean la resurrección de la tiranía y la muerte de la patria. Si invocan la ejecución literal de los preceptos constitucionales, no es sino para violarlos impunemente. Son viles asesinos que, para asfixiar sin peligro la República en su cuna, se esfuerzan por agarrotarla con máximas vagas de las que ellos mismos saben zafarse.

El navío constitucional no se ha construido para permanecer en el astillero; pero ¿era preciso lanzarlo al mar en el momento más intenso de la tempestad y bajo la influencia de vientos contrarios? Eso es lo que querían los tiranos y los esclavos que se habían opuesto a su construcción; pero el pueblo francés os ha ordenado esperar a que retorne la calma. Su voto unánime, ahogando instantáneamente los clamores de la aristocracia y el federalismo, os ha exigido librarlo antes de todos sus enemigos.

Los templos de los dioses no están hechos para servir de asilo a los sacrílegos que vienen a profanarlos, ni la Constitución para amparar los complots de los tiranos que tratan de destruirla.

Si el Gobierno revolucionario debe ser más activo en su marcha y más libre en sus movimientos que un gobierno ordinario, ¿es por eso menos justo o menos legítimo? No. Se apoya en la más sagrada de todas las leyes: la salvación del pueblo; sobre el más irrecusable de todos los títulos, la necesidad.

Tiene también sus reglas, extraídas de la justicia y del orden público. No tiene nada en común con la anarquía ni con el desorden; su objetivo es por el contrario reprimirlos, para introducir y consolidar el reinado de las leyes. No tiene nada en común con la arbitrariedad; no son las pasiones particulares las que deben dirigirlo, sino el interés público.

Debe basarse en principios ordinarios y generales en todos los casos en que éstos pueden ser aplicados rigurosamente sin comprometer la libertad pública. La fuerza que aplique debe ser proporcional a la audacia o la perfidia de los conspiradores. Cuanto más terrible sea para los malvados, más beneficioso debe ser para los ciudadanos honrados. Cuanto más rigurosas sean las medidas que le imponen las circunstancias, más debe abstenerse de las que estorban inútilmente la libertad o hieren intereses privados sin ninguna ventaja pública.

Debe navegar entre dos escollos peligrosos, la debilidad y la temeridad, el moderantismo y el exceso[4]; el moderantismo, que es a la moderación lo que la impotencia es a la castidad, y el exceso que se parece a la energía como la hidropesía a la salud.

Los tiranos han tratado constantemente de hacernos retroceder a la servidumbre por las rutas del moderantismo; a veces también han querido empujarnos al extremo opuesto. Los dos extremos conducen al mismo resultado. Se esté más acá o más allá del objetivo, en ambos casos éste no se alcanza. Nada se parece más al apóstol del federalismo que el predicador intempestivo de la República única y universal. El amigo de los reyes y el procurador general del género humano se entienden bastante bien[5]. El fanático cubierto de escapularios y el fanático que predica el ateísmo tienen entre sí muchas relaciones. Los baro-

---

[4] Reproche dirigido contra los «ultrarrevolucionarios» y especialmente contra su política de «descristianización».
[5] Alusión a Anarchasis Cloots, el «orador del género humano», al que Robespierre odiaba por sus convicciones ateas.

nes demócratas son hermanos del marqués de Coblenza[6], y a veces el gorro frigio está más cerca de los zapatos de tacón de lo que uno pudiera pensar.

Pero a este respecto el Gobierno debe actuar con extrema circunspección, ya que todos los enemigos de la libertad velan para volver contra él, no solamente sus errores, sino incluso las medidas más sabias. Si reprime lo que se llama exageración, tratan de alzar como alternativa el moderantismo y la aristocracia. Si persigue a esos dos monstruos, incitan con todo su poder a la exageración. Es peligroso dejarles los medios de extraviar el celo de los buenos ciudadanos, pero es más peligroso todavía desalentar y perseguir a los buenos ciudadanos a los que han extraviado. Inclinándose por uno de esos abusos la República correría el riesgo de expirar en un movimiento convulsivo; inclinándose por el otro perecería infaliblemente de languidez.

¿Qué es entonces lo que se debe hacer? Perseguir a los inventores culpables de sistemas pérfidos, proteger al patriotismo, incluso en sus errores; ilustrar a los patriotas y elevar sin cesar al pueblo a la altura de sus derechos y de su destino.

Si no adoptáis esta regla, lo perderemos todo.

Si hubiera que elegir entre un exceso de fervor patriótico y la nada del incivismo o el marasmo del moderantismo, no habría duda. Un cuerpo vigoroso, atormentado por una superabundancia de savia, ofrece más recursos que un cadáver.

Evitemos sobre todo matar el patriotismo, pretendiendo curarlo.

El patriotismo es ardiente por naturaleza. ¿Quién puede amar fríamente a la patria? Ese ardor se manifiesta particularmente en la gente simple, poco capaz de calcular las consecuencias políticas de determinada iniciativa cívica por sus motivos. ¿Quién es el patriota, incluso ilustrado, que no se ha equivocado nunca? ¿Eh? Si se admite que existen moderados y cobardes de buena fe, ¿por qué no existirían patriotas de buena fe, a los que un sentimiento

---

[6] Véase la nota 11 del capítulo 5.

laudable lleva a veces demasiado lejos? Así pues, si se considera criminales a todos aquellos que, en el movimiento revolucionario, sobrepasaron la línea exacta trazada por la prudencia, se englobaría en una prescripción común, junto a los malos ciudadanos, a todos los amigos naturales de la libertad, a vuestros propios amigos y a todos apoyos de la República. Los hábiles emisarios de la tiranía, tras haberlos extraviado, se convertirían ellos mismos en sus acusadores y quizá en sus jueces.

¿Quién despejará pues todos esos matices? ¿Quién trazará la línea de demarcación entre todos los excesos contrarios? El amor a la patria y a la verdad. Los reyes y los bribones tratarán siempre de borrarla; no quieren tener nada en común con la razón ni con la verdad.

Indicando los deberes del Gobierno revolucionario, hemos señalado los escollos que lo amenazan. Cuanto mayor es su poder, más libre y rápida es su acción y más dirigida debe estar por la buena fe. El día en que caiga en manos impuras o pérfidas, la libertad estará perdida; su nombre se convertirá en pretexto y excusa de la propia contrarrevolución; su energía será la de un veneno violento.

La confianza del pueblo francés está ligada al carácter que ha mostrado la Convención Nacional, más que a la propia institución.

Poniendo todo el poder en vuestras manos, esperaba de vosotros que vuestro Gobierno fuera benévolo con los patriotas y temible para los enemigos de la patria. Os ha impuesto el deber de desplegar todo el valor y la política necesarios para aplastarlos, y al mismo tiempo y sobre todo el de mantener entre vosotros la unidad que necesitáis para cumplir vuestro gran destino.

La fundación de la República francesa no es un juego de niños. No puede ser obra del capricho o de la despreocupación, ni el resultado fortuito del entrecruzamiento de todas las pretensiones particulares y de todos los elementos revolucionarios. La sabiduría presidió la creación del Universo tanto como el poder. Imponiendo a miembros salidos de vuestro seno la tarea temible de velar sin cesar por los destinos de la patria, os habéis impuesto vosotros mismos la obligación de prestarles el apoyo de vuestra fuerza y vuestra confianza. Si el Gobierno revolucionario no se ve secundado por la energía, las luces, el patriotismo y la benevolencia de todos los representantes del pueblo, ¿cómo tendrá una fuerza de reacción proporcional a los esfuerzos de Europa, que lo ataca, y de todos los enemigos de la libertad que presionan sobre él por todas partes?

¡Que la desgracia caiga sobre nosotros si abrimos nuestras almas a las pérfidas insinuaciones de sus enemigos, cuya única forma de vencernos es dividiéndonos! ¡Que la desgracia caiga sobre nosotros si rompemos el haz [que formamos] en lugar de apretarlo; si prevalecen los intereses privados o la vanidad ofendida por encima de la patria y la verdad!

Elevemos el alma a la altura de las virtudes republicanas y de los ejemplos antiguos. El genio de Temístocles[7] era mayor que el del general lacedemonio que mandaba la flota de los griegos; sin embargo, cuando éste, en respuesta a una opinión que le desagradaba, levantó su bastón para golpearlo, Temístocles se limitó a decirle: «Golpea, pero escucha»; y así se salvó la patria y Grecia triunfó sobre el tirano de Asia. Escipión[8] era uno de los mejores generales romanos; después de haber vencido a Aníbal en Cartago, aceptó como título de gloria servir bajo las órdenes de su enemigo. ¡Oh, virtud de los grandes corazones! ¿Qué son ante ti todas las conmociones del orgullo y todas las pretensiones de las almas pequeñas? ¿Eres acaso menos necesaria para fundar una República que para gobernarla en la paz? ¡Oh, patria! ¿Tienes menos derechos sobre los representantes del pueblo francés que Grecia y Roma sobre sus generales? ¿Qué digo? Si entre nosotros las funciones de la Administración revolucionaria no son ya de-

---

[7] Temístocles: magistrado ateniense que venció a los persas en la batalla naval de Salamina (480 a.C.).
[8] Escipión «el Africano» derrotó a Aníbal en 202 a.C. y conquistó Cartago, la gran rival de Roma.

beres penosos sino objeto de ambición, es que la República está ya perdida.

Es preciso que la autoridad de la Convención Nacional sea respetada en toda Europa; es para degradarla y para anularla por lo que los tiranos agotan todos los recursos de su política y prodigan sus tesoros. Es preciso que la Convención tome la firme resolución de preferir su propio Gobierno al del gabinete de Londres y de las cortes de Europa; pues, si no gobierna, reinarán los tiranos.

¡Qué ventajas tendrían en esta guerra de astucia y corrupción que hacen contra la República! Todos los vicios combaten a su favor: la República no tiene para sí más que las virtudes. Las virtudes son simples, modestas, pobres, a menudo ignorantes, a veces groseras; son la prerrogativa de los miserables y el patrimonio del pueblo. Los vicios están rodeados por todos los tesoros, armados con todos los encantos de la voluptuosidad y todos los alicientes de la perfidia; los escoltan los peligrosos talentos ejercidos por el crimen.

¡Con qué exquisito arte vuelven contra nosotros los tiranos, no digo nuestras pasiones y nuestras debilidades, sino incluso nuestro patriotismo!

¡Con qué rapidez podrían desarrollarse los gérmenes de división que siembran entre nosotros, si no nos apresuramos en sofocarlos!

Gracias a cinco años de traición y de tiranía, gracias a demasiada imprevisión y credulidad, a que algunos rasgos de vigor se han visto demasiado pronto desmentidos por un arrepentimiento pusilánime, Austria, Inglaterra, Rusia, Prusia, Italia, han tenido tiempo para crear en Francia un gobierno secreto, rival del Gobierno francés. También ellos tienen sus comités, su tesorería, sus agentes, y ese Gobierno adquiere la fuerza que le quitamos al nuestro; tiene la unidad que nos ha faltado durante mucho tiempo, la política de la que creemos poder olvidarnos, el espíritu de continuidad y concertación del que no siempre hemos sentido la necesidad.

Así las cortes extranjeras han vomitado durante demasiado tiempo sobre Francia los hábiles bellacos que tienen a sueldo. Sus agentes infestan todavía nuestros ejércitos; la propia victoria de Tolón lo demuestra; fue necesaria toda la bravura de los soldados, toda la fidelidad de los generales, todo el heroísmo de los representantes del pueblo para triunfar sobre la traición. Deliberan en nuestra Administración, en nuestras asambleas de distrito[9]; se infiltran en los clubes[10]; se han introducido hasta en el propio santuario de la representación nacional; dirigen y dirigirán eternamente la contrarrevolución al mismo nivel.

Se mueven a nuestro alrededor; sorprenden nuestros secretos; halagan nuestras pasiones; tratan de inspirar hasta nuestras opiniones; vuelven contra nosotros nuestras propias resoluciones. ¿Sois débiles? Alaban vuestra prudencia. ¿Sois prudentes? Os acusan de debilidad; llaman temeridad a vuestro valor, crueldad a vuestra justicia. Si los perdonáis, conspiran públicamente; si los perseguís, conspiran en las tinieblas y bajo la máscara del patriotismo. Ayer asesinaban a los defensores de la libertad; hoy se unen a sus pompas fúnebres y piden para ellos honores divinos, esperando la ocasión para asesinar a otros tantos. ¿Hay que atizar la guerra civil? Predican todas las locuras de la superstición. ¿La guerra civil está próxima a extinguirse gracias a los ríos de sangre francesa? Abjuran de su sacerdocio y de sus dioses para volver a prenderla.

Se ha visto a ingleses y prusianos recorrer nuestras ciudades y nuestros campos, proclamando, en nombre de la Convención Nacional, una doctrina insensata; se ha visto a curas secularizados al frente de reuniones sediciosas, para las que la religión no era más que un pretexto. Ya han sido asesinados patriotas, arrastrados a actos imprudentes por el odio del fanatismo; ya ha corrido la sangre en varias comarcas por esas deplorables querellas, como si tuviéramos demasiada sangre para combatir a los tiranos de Europa. ¡Qué vergüenza! ¡Qué debilidad de la razón hu-

---

[9] Véase el glosario.
[10] Véase el glosario.

mana! ¡Una gran nación bajo el capricho de los más despreciables sirvientes de la tiranía!

Los extranjeros han parecido durante algún tiempo los árbitros de la tranquilidad pública. El dinero circulaba o desaparecía a su voluntad. Cuando querían, el pueblo encontraba pan; cuando querían, el pueblo se veía privado de él; a su señal se formaban o se disipaban los alborotos a las puertas de las panaderías. Nos rodean sus sicarios y sus espías; lo sabemos, lo vemos, ¡y viven! Parecen inaccesibles a la espada de las leyes. Es más difícil, incluso hoy, castigar a un conspirador importante que arrancar a un amigo de la libertad de las manos de la calumnia.

Apenas habíamos denunciado los excesos falsamente filosóficos provocados por los enemigos de Francia, apenas el patriotismo había pronunciado desde esta tribuna la palabra *ultrarrevolucionarios* para designarlos, cuando los traidores de Lyon[11] y todos los partidarios de la tiranía se han apresurado a aplicarla a los patriotas cálidos y generosos que habían vengado al pueblo y las leyes. Por un lado renuevan el antiguo sistema de persecución contra los amigos de la República; por otro invocan la indulgencia en favor de los criminales empapados en sangre de la patria.

Entre tanto se multiplican sus crímenes; cada día se reclutan cohortes impías de agentes del extranjero; Francia está inundada de ellos; esperan y esperarán sin cesar un momento favorable para sus designios siniestros. Se esconden y se introducen entre nosotros; construyen nuevas fortificaciones, nuevas baterías contrarrevolucionarias, mientras los tiranos que les pagan reúnen nuevos ejércitos.

Sí, esos pérfidos emisarios que nos hablan, que nos halagan, son los hermanos, los cómplices de los satélites feroces que arrasan nues-

---

[11] Alusión a Jean-Marie Collot d'Herbois y Joseph Fouché, quienes habían reprimido duramente la actividad contrarrevolucionaria en Lyon en el otoño de 1793, por lo que fueron acusados de atrocidades. El 9 de termidor Collot d'Herbois presidía la Convención y junto con Billaud-Varenne fue uno de los autores del decreto de arresto contra Robespierre, Saint-Just y Couthon.

tras cosechas, que han tomado posesión de nuestras ciudades y de nuestros navíos comprados por sus amos, que han masacrado a nuestros hermanos, asesinado sin piedad a nuestros prisioneros, nuestras mujeres y nuestros hijos, representantes del pueblo francés. ¿Qué digo? Los monstruos que han cometido esos crímenes son menos atroces que los miserables que desgarran secretamente nuestras entrañas. ¡Y respiran y conspiran impunemente!

Sólo esperan jefes para unirse a ellos; los buscan entre vosotros. Su principal objetivo es enfrentarnos unos contra otros. Esta lucha funesta resucitaría las esperanzas de la aristocracia, reanudaría las tramas del federalismo; vengaría a la facción girondina cuyos delitos ha castigado la ley. Castigaría a la Montaña por su devoción sublime; pues es la Montaña, o más bien la Convención, la que atacan dividiéndola y destruyendo su obra.

Pero nosotros no haremos la guerra más que a los ingleses, a los prusianos, a los austriacos y a sus cómplices. Responderemos a sus libelos exterminándolos. No sabemos odiar más que a los enemigos de la patria.

No es al corazón de los patriotas o de los desdichados adonde hay que llevar el terror, sino a las guaridas de los bandidos extranjeros donde se reparten los despojos y donde se bebe la sangre del pueblo francés.

El Comité ha observado que la ley no estaba lo bastante dispuesta para castigar a los grandes culpables. Extranjeros, agentes conocidos de los reyes coaligados, generales con las manos manchadas de sangre de franceses, antiguos cómplices de Dumouriez[12], de Custine y de Lamarlière[13], están detenidos desde hace tiempo y no son juzgados.

Los conspiradores son numerosos; parecen multiplicarse y los ejemplos de ese tipo son raros. El castigo de 100 culpables oscuros y subalternos es menos útil para la libertad que la ejecución de un jefe de la conspiración.

---

[12] Véase el glosario.
[13] Véase la nota 9 del capítulo 10.

Los miembros del Tribunal Revolucionario[14], cuyo patriotismo y equidad se debe en general alabar, han indicado al Comité de Salvación Pública las causas que a veces estorban su marcha sin hacerla más segura y nos han pedido la reforma de una ley que se resiente de los momentos desgraciados en que fue aprobada. Propondremos autorizar al Comité a presentaros algunos cambios a este respecto, que tenderán igualmente a propiciar la acción de la justicia hacia los inocentes y al mismo tiempo a endurecerla con los criminales e intrigantes. Vosotros mismos le habéis encargado ya esa tarea mediante un decreto anterior.

Proponemos, desde este momento, apresurar los juicios de los extranjeros y generales acusados de conspirar con los tiranos que nos hacen la guerra.

No basta con aterrorizar a los enemigos de la patria; hay que socorrer a sus defensores. Solicitaremos pues de vuestra justicia ciertas disposiciones en favor de los soldados que combaten y que sufren por la libertad.

El Ejército francés no sólo es el terror de los tiranos; es la gloria de la nación y de la humanidad. Marchando hacia la victoria, nuestros virtuosos guerreros gritan: «¡Viva la República!». Cayendo bajo el hierro enemigo, su grito es: «¡Viva la República!». Sus últimas palabras son himnos a la libertad, sus últimos suspiros son buenos deseos para la patria. Si todos los jefes valieran tanto como sus tropas, Europa estaría vencida hace tiempo. Todo acto de benevolencia hacia el Ejército es un acto de agradecimiento nacional.

Las ayudas concedidas a los defensores de la patria y a sus familias nos parecen demasiado modestas. Creemos que podrían incrementarse sin gran inconveniente en un tercio. Los inmensos recursos financieros de la República permiten esa medida; la patria la reclama.

Nos parece también que los soldados mutilados, así como las viudas y los huérfanos de los que han muerto por la patria, en-

---

[14] Véase el glosario.

contraban en las formalidades exigidas por la ley, en la multiplicidad de demandas, e incluso a veces en la frialdad o la malevolencia de algunos administradores subalternos, dificultades que retrasaban el disfrute de las ventajas que la ley les asegura. Creemos que el remedio a ese inconveniente es proporcionarles defensores oficiosos establecidos por ley que les faciliten los medios para hacer valer sus derechos.

Por todos estos motivos, os proponemos el siguiente decreto:

La Convención Nacional decreta:

Artículo I. – El acusador público del Tribunal Revolucionario hará juzgar inmediatamente a Dietrich[15], a Custine, hijo del general castigado por la ley, a Biron[16], des Brulys, Barthélemy[17] y todos los generales y oficiales acusados de complicidad con Dumouriez, Custine, Lamarlière, Houchard. Hará juzgar igualmente a los extranjeros, banqueros y otros individuos acusados de traición y de connivencia con los reyes coaligados contra la República francesa.

---

[15] Barón Philippe-Frédéric de Dietrich (1748-1793): partidario de la monarquía constitucional, de 1790 a 1792 fue alcalde de Estrasburgo, desde donde protestó contra los sucesos del 10 de agosto de 1792; convocado ante la Convención, se refugió en Basilea y fue absuelto por el Tribunal de Besançon el 7 de marzo de 1793. A su regreso a París, Robespierre declaró en el Club de los Jacobins: «La justice nationale exige qu'il soit puni, et l'intérêt du peuple demande qu'il le soit promptement». En consecuencia el Tribunal Revolucionario lo condenó a muerte. Fue guillotinado el 29 de diciembre de 1793.

[16] Armand-Louis de Gontaut-Biron (1747-1793): aristócrata y militar que ocupó varios puestos de responsabilidad antes de ser acusado de falta de entusiasmo por la Convención; fue condenado y guillotinado en julio de 1793.

[17] Nicolas-Jean Ernault de Rignac des Brulys (1757-1809): jefe de Estado Mayor de los tres ejércitos del Norte, Bélgica y las Ardenas en abril de 1793. Depuesto en agosto de 1793, detenido y encarcelado, no fue liberado hasta la caída de Robespierre. Barthélémy François Rolland de Chambaudoin (1766-1830): embajador francés ante los cantones suizos de 1792 a 1797.

II. – El Comité de Salvación Pública elaborará en el plazo más breve posible un informe sobre los medios para perfeccionar la organización del Tribunal Revolucionario.

III. – Los socorros y recompensas concedidos por los decretos precedentes a los defensores de la patria heridos en combate por ella, o a sus viudas y huérfanos, quedan aumentados en un tercio.

IV. – Se creará una comisión encargada de facilitar los medios para gozar de las ventajas que la ley les concede.

V. – Los miembros de esta comisión serán nombrados por la Convención Nacional a propuesta del Comité de Salvación Pública.

14

Sobre los principios de moral política que deben guiar a la Convención Nacional en la administración interna de la República

5 de febrero de 1794/17 de pluvioso del año II [1]

Un mes antes de los decretos de ventoso de Saint-Just [2]*, Robespierre presentó, en nombre del Comité de Salvación Pública, «los grandes principios que deben constituir la moral del Gobierno francés». Este discurso iba dirigido contra las «acciones contrarias» de ambos extremos, los «moderados» (Camille Desmoulins) y los «ultrarrevolucionarios» (Hébert).*

Ciudadanos representantes del pueblo,
Hace algún tiempo expusimos los principios de nuestra política exterior; hoy vamos a desarrollar los principios de nuestra política interior.

---

[1] «Sur les principes de morale politique qui doivent guider la Convention nationale dans l'administration intérieure de la République», *Œuvres*, vol. X, pp. 350-366.
[2] Los decretos de ventoso presentados por Saint-Just autorizaban la requisa de los bienes de los «enemigos de la Revolución» y su distribución entre los pobres; fueron abrogados cuando apenas habían comenzado a aplicarse.

Después de haber marchado durante mucho tiempo al azar, y como arrastrados por el movimiento de las fracciones contrarias, los representantes del pueblo francés han encontrado por fin carácter y gobierno. Un cambio súbito en la fortuna de la nación anunció a Europa la regeneración que se había producido en la representación nacional; pero, hasta este momento mismo en que hablo, hay que reconocer que nos hemos guiado sobre todo, en circunstancias tan tempestuosas, por el amor al bien y el sentimiento de las necesidades de la patria, más que por una teoría exacta y reglas precisas de conducta, que no hemos tenido ni siquiera la oportunidad de trazar.

Ha llegado el momento de señalar netamente la meta de la Revolución y el puerto al que queremos llegar; ha llegado el momento de que sepamos rendir cuentas ante nosotros mismos de los obstáculos que debemos vencer todavía y de los medios que debemos adoptar para alcanzarlo: idea simple e importante que al parecer nunca ha sido percibida. ¡Eh! ¿Cómo se habría atrevido a hacerlo un gobierno cobarde y corrupto? Un rey, un Senado orgulloso, un César, un Cromwell, deben ante todo cubrir sus proyectos con un velo religioso, transigir con todos los vicios, halagar a todos los partidos, aplastar a gentes de bien, oprimir o extraviar al pueblo para alcanzar el objetivo de su pérfida ambición. Si no hubiéramos tenido una tarea más importante que cumplir, si no se tratara aquí más que de los intereses de una facción o de una aristocracia nueva, habríamos podido creer como algunos escritores, más ignorantes que perversos, que el plan de la Revolución francesa estaba escrito con todas sus letras en los libros de Tácito[3] y de Maquiavelo[4], y buscar los deberes de los representantes del pueblo en la historia de Augusto, de Tiberio o de Vespasiano[5], o incluso en la de ciertos

---

[3] Historiador romano (55-120 d.C.).
[4] Filósofo y político del Renacimiento (1469-1527).
[5] Tiberio y Vespasiano: emperadores romanos (14-37 y 69-79 d.C., respectivamente).

legisladores franceses; ya que, dejando a un lado ciertos matices de perfidia o de crueldad, todos los tiranos se parecen.

Hemos llegado aquí hoy para confiar vuestros secretos políticos a todo el Universo, de forma que todos los amigos de la patria puedan unirse a la voz de la razón y del interés público; a fin de que la nación francesa y sus representantes sean respetados en todos los países del mundo adonde pueda llegar el conocimiento de sus verdaderos principios; a fin de que los intrigantes que buscan siempre sustituir a otros intrigantes, sean juzgados por la opinión pública, con reglas seguras y fáciles.

Hay que tomar a tiempo precauciones para poner el destino de la libertad en manos de la verdad, que es eterna, más que de hombres perecederos, de manera que, si el Gobierno olvida los intereses del pueblo, o vuelve a caer en manos de hombres corrompidos, según el curso natural de las cosas, la luz de los principios reconocidos ilumine sus traiciones, y para que toda facción nueva encuentre la muerte sólo con pensar en el crimen.

¡Dichoso el pueblo que puede llegar a este punto! Ya que, cualesquiera que sean los ultrajes que se le preparan, unos pocos recursos no representan el orden de las cosas allí donde la razón pública es la garantía de la libertad.

¿Cuál es el objetivo al que tendemos? El gozo pacífico de la libertad y de la igualdad; el reinado de la justicia eterna, cuyas leyes fueron grabadas, no sobre mármol o sobre piedra, sino en los corazones de todos los hombres, incluso en el del esclavo que las olvida y en el del tirano que las niega.

Queremos un orden de las cosas en el que todas las bajas y crueles pasiones estén encadenadas y todas las pasiones bienhechoras y generosas sean despertadas por las leyes; en el que la ambición sea el deseo de merecer la gloria y de servir a la patria; en que las distinciones sólo provengan de la propia igualdad, en el que el ciudadano esté sometido al magistrado, el magistrado al pueblo y el pueblo a la justicia; en el que la patria asegure el bienestar de cada individuo y en el que cada individuo disfrute con orgullo de la prosperidad y de la gloria de la patria; en el que todas las almas se engrandezcan por la comunicación continua de los sentimientos republicanos y por la necesidad de merecer la estima de un gran pueblo; en el que las artes engalanen la libertad que las ennoblece y el comercio sea la fuente de la riqueza pública y no sólo de la opulencia monstruosa de algunas casas.

Queremos sustituir en nuestro país el egoísmo por la moral, el honor por la probidad, los usos y costumbres por los principios, el decoro por los deberes, la tiranía de la moda por el imperio de la razón y el desprecio hacia la desgracia por el desprecio del vicio, la insolvencia por el orgullo, la vanidad por la grandeza de espíritu, el amor al dinero por el amor a la gloria, la buena compañía por la buena gente, la intriga por el mérito, el ingenio por el genio, el brillo por la verdad, el hastío de la voluptuosidad por la calma de la felicidad, la pequeñez de los grandes por la grandeza del hombre, y un pueblo amable, frívolo y miserable por un pueblo magnánimo, potente y dichoso; es decir, todos los vicios y ridiculeces de la monarquía por las virtudes y los milagros de la República.

Queremos, en una palabra, cumplir los deseos de la naturaleza y los destinos de la humanidad, mantener las promesas de la filosofía y sacar a la providencia del largo reinado del crimen y de la tiranía. Que Francia, antiguamente ilustre entre los países esclavos, se convierta, eclipsando la gloria de todos los pueblos libres que han existido, en modelo para todas las naciones, terror de los opresores, consuelo de los oprimidos, ornamento del Universo, y que, sellando nuestra obra con nuestra sangre, podamos ver brillar al menos la aurora de la felicidad universal... He ahí nuestra ambición, he ahí nuestro objetivo.

¿Qué tipo de gobierno puede realizar esos prodigios? Sólo un gobierno democrático o republicano: esas dos palabras son sinónimas, pese a los abusos del lenguaje vulgar, ya que la aristocracia no es la República como no lo es la monarquía. La democracia no es un Estado en el que el pueblo, continuamente reunido, resuelva por sí mismo todos los asuntos públicos, y aún menos en el que 100.000 facciones del pueblo, mediante medidas aisladas, precipitadas y contradictorias, decidirían la suerte de la sociedad entera; nunca ha existido tal gobierno y no podría existir sino para llevar al pueblo al despotismo.

La democracia es un Estado en el que el pueblo soberano, guiado por leyes que son su obra, hace por sí mismo todo lo que puede hacer y mediante delegados todo lo que no puede hacer por sí mismo.

Es pues en los principios de gobierno democrático donde debéis buscar las reglas de vuestra conducta política.

Pero, para fundamentar y consolidar entre nosotros la democracia, para llegar al reinado pacífico de las leyes constitucionales, hay que concluir la guerra de la libertad contra la tiranía y atravesar felizmente las tempestades de la Revolución: tal es la meta del sistema revolucionario que habéis regulado. Debéis todavía ajustar vuestra conducta a las circunstancias tempestuosas en que se encuentra la República; y el plan de vuestra Administración debe ser consecuencia del espíritu del Gobierno revolucionario, combinado con los principios generales de la democracia.

Ahora bien, ¿cuál es el principio fundamental del Gobierno democrático o popular, es decir, el resorte esencial que lo sostiene y le hace moverse? Es la virtud; hablo de la virtud pública que realizó tantos prodigios en Grecia y Roma y que debe producir otros aún más asombrosos en la Francia republicana; de esa virtud que no es otra cosa sino amor a la patria y a sus leyes.

Pero, como la esencia de la República o de la democracia es la igualdad, de ahí se sigue que el amor a la patria incluye necesariamente el amor a la igualdad.

También es verdad que ese sentimiento sublime supone la preferencia por el interés público por encima de todos los intereses particulares, de donde resulta que el amor a la patria supone o produce todas las virtudes: pues ¿qué son éstas sino la fuerza del alma que capacita para esos sacrificios?, ¿y cómo el esclavo de la avaricia o de la ambición, por ejemplo, podría sacrificar su ídolo a la patria?

La virtud no sólo es el alma de la democracia sino que no puede existir más que en ese tipo de gobierno. En la monarquía no conozco más que un individuo que pueda amar a la patria y que para ello no necesite ninguna virtud: el monarca. La razón es que, entre todos los habitantes de su país, el monarca es el único que tiene una patria. ¿No es él el soberano, cuando menos de hecho? ¿No está él en el lugar del pueblo? ¿Y qué es la patria, sino el país del que se es ciudadano y miembro del poder soberano?

Como consecuencia de ese mismo principio, en los Estados aristocráticos la palabra patria sólo significa algo para las familias patricias que se han apoderado de la soberanía.

El Estado sólo pertenece verdaderamente a todos los individuos que lo componen en la democracia, donde puede contar con tantos defensores interesados en su causa como ciudadanos incluye. De ahí la fuente de la superioridad de los pueblos libres sobre todos los demás. Si Atenas y Esparta triunfaron sobre los tiranos de Asia y los suizos sobre los tiranos de España y Austria, no hay que buscar otra causa para ello.

Pero los franceses son el primer pueblo del mundo que ha establecido la verdadera democracia, llamando a todos a la igualdad y a la plenitud de los derechos del ciudadano; y ahí está, en mi opinión, la verdadera razón por la que todos los tiranos coaligados contra la República serán vencidos.

A partir de aquí hay ciertas conclusiones importantes que sacar de los principios que acabamos de exponer.

Puesto que el alma de la República es la virtud, la igualdad, y vuestro objetivo es fundamentar y consolidar la República, la primera regla de vuestra conducta política debe ser remitir todas vuestras decisiones al mantenimiento de la igualdad y el desarrollo de la virtud; ya que el primer cuidado del legislador debe ser fortalecer el principio del Gobierno. Así, todo lo que tiende a suscitar el amor por la patria, a purificar las costumbres, a elevar el espíritu, a dirigir las pasiones del corazón humano hacia el interés público, debe ser adoptado o establecido por vosotros. Todo lo que tiende a concentrarlos en la abyección del yo personal, a despertar la ambición de pequeñas cosas y el desprecio por las grandes, debe ser rechazado y reprimido por vosotros. En el sistema de la Revolución francesa, lo que es inmoral es impolítico, y lo que es corruptor es contrarrevolucionario. La debilidad, los vicios, los prejuicios, son el camino de la realeza. Arrastrados demasiado a menudo por el peso de nuestros antiguos hábitos y por la pendiente insensible de la debilidad humana hacia las ideas falsas y los sentimientos pusilánimes, tenemos que defendernos menos de los excesos de energía que de los excesos de debilidad. El escollo más peligroso que tenemos que sortear quizá no sea el fervor del celo, sino más bien la lasitud del bien y el temor a nuestro propio valor. Elevad pues sin cesar el resorte sagrado del Gobierno republicano, en lugar de dejarlo caer. No necesito decir que no quiero justificar con esto ningún exceso. Se abusa hasta de los principios más sagrados; corresponde a la sabiduría del Gobierno evaluar las circunstancias, elegir el momento y los medios; pues la manera de preparar las grandes cosas forma parte esencial del talento para realizarlas, del mismo modo que la sabiduría es de por sí parte de la virtud.

No queremos forjar la República francesa a imagen de la de Esparta; no queremos darle ni la austeridad ni la corrupción de los claustros. Acabamos de presentaros, en toda su pureza, el principio moral y político del Gobierno popular. Tenéis pues una brújula para orientaros en medio de las tempestades de todas las pasiones y en el torbellino de las intrigas que os rodean. Tenéis la piedra de toque con la que podéis contrastar todas vuestras leyes, todas las proposiciones que se os hacen. Comparándolas sin cesar con ese principio, podréis evitar el escollo ordinario de las grandes asambleas, el peligro de las sorpresas y de las medidas precipitadas, incoherentes y contradictorias. Podréis dar a todas vuestras operaciones la coherencia, la unidad, la sabiduría y la dignidad que deben distinguir a los representantes del primer pueblo del mundo.

No son las consecuencias fáciles del principio democrático lo que hay que detallar; lo que hay que hacer es desarrollar ese mismo principio simple y fecundo.

La virtud republicana tiene que ver con el pueblo y con el Gobierno; es necesaria en uno y otro. Cuando sólo el Gobierno se ve privado de ella, queda un recurso, el del pueblo; pero, cuando es el pueblo mismo el que se corrompe, la libertad está ya perdida.

Afortunadamente, la virtud es consustancial con el pueblo, pese a los prejuicios aristocráticos. Una nación está verdaderamente corrompida cuando, después de haber perdido, paulatinamente, su carácter y su libertad, pasa de la democracia a la aristocracia o a la monarquía; el cuerpo político muere entonces por decrepitud. Cuando, después de cuatrocientos años de gloria, la avaricia expulsó de Esparta las buenas costumbres establecidas con las leyes de Licurgo[6], Agis[7] murió en vano intentando restablecerlas. Demóstenes podía desgañitarse contra Filipo[8], pero éste encontraba en los vicios de la Atenas degenerada abogados más elocuentes que Demóstenes. En Atenas podía haber entonces una población tan numerosa como en tiempos de Milcíades[9] y Arístides[10], pero ya no había atenienses. ¿De qué sirvió que Bruto matara al tirano? La tiranía seguía viva en los corazones y Roma ya no existía más que en Bruto.

Pero, cuando, gracias a esfuerzos prodigiosos de valor y de razón, un pueblo quiebra las cadenas del despotismo para convertirlas en trofeos de la libertad; cuando la fuerza de su temperamento moral le permite escapar, por decirlo así, del abrazo de la muerte para recuperar todo el vigor de la juventud; cuando, alternativamente sensible y orgulloso, intrépido y dócil, no pueden detenerlo ni las murallas inexpugnables ni los inmensos ejércitos de los tiranos armados contra él, y se detiene únicamente ante la

---

[6] Licurgo: mítico legislador espartano (siglo IX a.C.).

[7] Agis (IV): rey de Esparta en el siglo III a.C., que trató de restablecer las leyes de Licurgo y de redistribuir las tierras. Durante una ausencia sus enemigos dieron un golpe de Estado y a su regreso fue encarcelado, condenado y ejecutado junto con su madre y su abuela.

[8] Demóstenes (384-322 a.C.): orador y político ateniense que encabezó la resistencia contra los ataques de Filipo II de Macedonia.

[9] Milcíades «el Joven» (550-489 a.C.): general al mando de las fuerzas atenienses en la batalla de Maratón contra los persas (490 a.C.).

[10] Véase la nota 5 del capítulo 2.

imagen de la ley; si no se alza rápidamente a la altura de su destino, sólo será por los errores de quienes lo gobiernan.

En cierto modo se puede decir que, para amar la justicia y la igualdad, el pueblo no necesita una virtud especial; le basta amarse a sí mismo.

Pero el magistrado está obligado a sacrificar su interés al interés del pueblo y el orgullo del poder a la igualdad. Es preciso que la ley hable aún con mayor energía a quien es su órgano. El Gobierno debe presionar sobre sí mismo para mantener todas sus partes en armonía con ella. Si existe un cuerpo representativo, una autoridad primordial, constituida por el pueblo, es a ella a la que corresponde supervisar y controlar sin cesar a todos los funcionarios públicos. Pero ¿quién la vigilará a ella, sino su propia virtud? Cuanto más elevada es la fuente del orden público, más pura debe ser; es preciso pues que el cuerpo representativo comience por someter en su seno todas las pasiones privadas a la pasión general del bien público. ¡Dichosos los representantes cuya gloria y cuyo interés los atan, tanto como sus deberes, a la causa de la libertad!

De todo esto cabe deducir una gran verdad: y es que el Gobierno popular debe confiar en el pueblo y desconfiar de sí mismo.

A esto se limitaría todo el desarrollo de nuestra teoría, si sólo tuvierais que gobernar en calma el buque de la República: pero amenaza la tempestad y el Estado revolucionario que dirigís os impone otra tarea.

La gran pureza de las bases de la Revolución francesa, la sublimidad misma de su objeto, es precisamente lo que constituye nuestra fuerza y nuestra debilidad; nuestra fuerza, porque nos confiere el ascendiente de la verdad sobre la impostura y los derechos del interés público sobre los intereses privados; nuestra debilidad, porque une contra nosotros a todos los hombres viciosos, todos aquellos que albergan en su corazón el propósito de despojar al pueblo y de hacerlo impunemente; los que rechazan la libertad como una calamidad personal y los que han abrazado la Revolución como un oficio y la República como una presa: de ahí la defección de tantos hombres ambiciosos o codiciosos, que desde el punto de partida nos han abandonado a medio camino, porque no habían emprendido el viaje para llegar a la misma meta. Cabría decir que los dos genios contrarios de los que hemos hablado se disputan el imperio de la naturaleza, combaten en esta gran época de la historia humana, para fijar sin posible vuelta atrás los destinos del mundo, y que Francia es el teatro de esta lucha temible. Fuera, todos los tiranos os rodean; dentro conspiran todos los partidarios de la tiranía y seguirán conspirando hasta que se haya privado de toda esperanza al crimen. Hay que sofocar a los enemigos internos y externos de la República, o perecer con ella; ahora bien, en estas circunstancias, la primera máxima de vuestra política debe ser dirigir al pueblo mediante la razón y someter a los enemigos del pueblo mediante el terror.

Si el principal instrumento del Gobierno popular en tiempos de paz es la virtud, en momentos de revolución deben ser a la vez la virtud y el terror: la virtud, sin la cual el terror es funesto; el terror, sin el cual la virtud es impotente. El terror no es otra cosa que la justicia rápida, severa e inflexible; emana, por lo tanto, de la virtud; no es tanto un principio específico como una consecuencia del principio general de la democracia, aplicado a las necesidades más acuciantes de la patria.

Se ha dicho que el terror era el recurso de un gobierno despótico. ¿Se parece acaso el vuestro al despotismo? Sí, como la espada que brilla en manos de los héroes de la libertad se parece a la que empuñan los satélites de la tiranía. Que el déspota gobierne mediante el terror a sus súbditos embrutecidos y, si vosotros intimidáis mediante el terror a los enemigos de la libertad, tendréis razón como fundadores de la República. El Gobierno de la Revolución es el despotismo de la libertad contra la tiranía. ¿Es que la fuerza sólo puede servir para proteger al crimen? ¿No están destinados vuestros rayos a golpear las cabezas orgullosas?

La naturaleza impone a todo ente físico y moral la ley de procurar su propia preservación: el crimen asesina la inocencia para reinar y la inocencia se debate con todas sus fuerzas en manos del crimen. Si la tiranía reina un solo día, al día siguiente no quedará ni un solo patriota. ¿Hasta cuándo se llamará justicia al furor de los déspotas y barbarie o rebelión a la justicia del pueblo? ¡Qué tierno se es con los opresores y qué inexorable con los oprimidos! No hay nada más natural: quien no odia el crimen no puede amar la virtud.

Pero es necesario, no obstante, que uno de los dos sucumba. «¡Indulgencia para los realistas!», gritan algunos. ¡Gracia para los criminales! ¡No! ¡Gracia para la inocencia, gracia para los débiles, gracia para los desdichados, gracia para la humanidad!

Sólo se debe protección social a los ciudadanos pacíficos: en la República no hay más ciudadanos que los republicanos. Los monárquicos, los conspiradores, son para ella extranjeros, o más bien enemigos. Esta guerra terrible que mantiene la libertad contra la tiranía ¿no es indivisible? Los enemigos de dentro ¿no son los aliados de los enemigos de fuera? Los asesinos que desgarran la patria en el interior; los intrigantes que compran las conciencias de los mandatarios del pueblo; los traidores que las venden; los libelistas mercenarios pagados para deshonrar la causa del pueblo, para exterminar la virtud pública, para atizar el fuego de las discordias civiles, para preparar la contrarrevolución política mediante la contrarrevolución moral... ¿son menos culpables o menos peligrosos que los tiranos a los que sirven? Esos que interponen su dulzura parricida entre los criminales y la hoja vengadora de la justicia nacional se parecen a los que se arrojarían entre los satélites de los tiranos y las bayonetas de nuestros soldados; todos los fervores de su falsa sensibilidad no me parecen sino suspiros escapados hacia Inglaterra y Austria.

¿Y bien? ¿Por quién se enternecen? ¿Por los 200.000 héroes, la elite de la nación, segados por el acero de los enemigos de la libertad o los puñales de los asesinos realistas o federalistas? No, ésos no eran sino plebeyos, patriotas; para tener derecho a su tierno interés, hay que ser al menos la viuda de un general que ha traicionado 20 veces a la patria; para obtener su indulgencia, casi habría que probar que se ha hecho inmolar a 10.000 franceses, como un general romano, creo, debía haber matado 10.000 enemigos para hacerse acreedor del triunfo. Se escucha con sangre fría el relato de los horrores cometidos por los tiranos contra los defensores de la libertad; nuestras mujeres horriblemente mutiladas; nuestros hijos masacrados sobre el regazo de sus madres; nuestros prisioneros expiando entre horribles tormentos su heroísmo conmovedor y sublime; se llama horrible carnicería al castigo demasiado tardío de algunos monstruos que han engordado con la sangre más pura de la patria.

Se sobrelleva con paciencia la miseria de los ciudadanos generosos que han sacrificado a la vez más bella de las causas a sus hermanos, sus hijos, sus esposos; pero se prodigan los más generosos consuelos a las mujeres de los conspiradores; se sabe que pueden impunemente seducir a la justicia, defender contra la libertad la causa de sus parientes y de sus cómplices; han constituido casi una corporación privilegiada, meritoria y digna de recibir pensiones del pueblo.

¡Con qué benevolencia nos engañan todavía las palabras! ¡Cómo nos gobiernan todavía la aristocracia y el moderantismo con las máximas asesinas que nos han dado!

La aristocracia se defiende mejor mediante sus intrigas que el patriotismo mediante sus servicios. Se quiere gobernar las revoluciones con las argucias de palacio; se tratan las conspiraciones contra la República como procesos de particulares. La tiranía mata y la libertad pleitea, y la ley con la que se juzga es el código promulgado por los propios conspiradores.

Cuando se trata de la salvación de la patria, el testimonio del Universo no puede sustituir a las pruebas testimoniales ni la evidencia misma a las pruebas documentales.

La lentitud de los juicios equivale a la impunidad, la incertidumbre de la pena alienta a todos los culpables y, sin embargo, algunos se quejan de la severidad de la justicia; se quejan de la detención de los enemigos a la República. Se buscan ejemplos en la historia de los tiranos porque no se quieren buscar en la de los pueblos ni en el genio de la libertad amenazada. En Roma, cuando el cónsul descubrió la conjura y la sofocó en aquel mismo instante matando a los cómplices de Catilina[11], fue acusado de haber violado las formas. ¿Por quién? Por el ambicioso César que quería incorporar a su partido la horda de los conjurados; por los Pisones, los Clodios[12] y todos los malos ciudadanos que temían la virtud de un verdadero romano y la severidad de las leyes.

Castigar a los opresores de la humanidad es clemencia; perdonarlos es barbarie. El rigor de los tiranos no tiene otro principio que el propio rigor, mientras que el del Gobierno republicano se basa en la benevolencia.

Así pues, ¡caiga la desgracia sobre quienes se atreven a dirigir contra el pueblo el terror que no debe dirigirse sino contra sus enemigos! ¡Desgracia para quien, confundiendo los errores inevitables del civismo con los errores calculados de la perfidia, o con los atentados de los conspiradores, deje en libertad al intrigante peligroso para perseguir al ciudadano pacífico! ¡Perezca el bandido malvado que ose abusar del nombre sagrado de la libertad o de las armas temibles que le ha confiado, para llevar el luto o la muerte al corazón de los patriotas! Ese abuso ha existido, no cabe dudar de ello. Lo ha exagerado, sin duda, la aristocracia; pero, aunque no existiera en toda la República más que un solo hombre virtuoso perseguido por los enemigos de la libertad, el deber del Gobierno sería buscarlo con diligencia y vengarlo fulgurantemente.

Pero ¿hay que concluir de esas persecuciones contra los patriotas, suscitadas por el celo hipócrita de los contrarrevolucionarios, que hay que devolver a éstos la libertad y renunciar a la severidad? Esos nuevos crímenes de la aristocracia no hacen sino demostrar su necesidad. ¿Qué prueba la audacia de nuestros enemigos, sino la debilidad con que han sido perseguidos? Se debe, en gran parte, a la laxa doctrina que se ha predicado durante estos últimos tiempos para tranquilizarlos. Si escucharais esos consejos, vuestros

---

[11] Véase el capítulo 6, p. 127.
[12] César, Pisón, Clodio: rivales que competían por el poder durante la última fase de la República romana (siglo I a.C.).

enemigos lograrían su objetivo y recibirían de vuestras propias manos el premio del último de sus crímenes.

¡Qué frívolo sería contemplar algunas victorias alcanzadas por el patriotismo como el final de todos los peligros! Echad una mirada sobre nuestra verdadera situación: apreciareis que la vigilancia y la energía son más necesarias que nunca. Una velada malevolencia se opone en todas partes a las iniciativas del Gobierno: la fatal influencia de las cortes extranjeras quizá se oculte mejor, pero no por eso es menos activa ni menos funesta. Se percibe que los criminales intimidados no han hecho más que encubrir su actividad más hábilmente.

Los enemigos internos del pueblo francés se han dividido en dos facciones, como dos cuerpos de ejército. Marchan bajo banderas de diferentes colores y por distinta ruta, pero avanzan hacia el mismo objetivo: la desorganización del Gobierno popular, la ruina de la Convención, es decir, el triunfo de la tiranía. Una de esas facciones pretende llevarnos a la debilidad y la otra a los excesos. Una quiere transformar la libertad en bacante y la otra en prostituta.

Intrigantes subalternos, a menudo incluso buenos ciudadanos engañados, se alinean con una u otra; pero los jefes pertenecen a la causa de los reyes o de la aristocracia y se unen siempre contra los patriotas. Los bribones, incluso cuando se hacen la guerra, se odian menos de lo que detestan a la gente de bien. La patria es su presa; se enfrentan para repartírsela, pero se coaligan contra los que la defienden.

A unos se les ha dado el nombre de moderados, pero puede que haya más ingenio que acierto en la denominación de *ultrarrevolucionarios* con la que se designa los otros. Esa denominación, que no puede aplicarse en ningún caso a la gente de buena fe a la que el celo y la ignorancia pueden llevar más allá de la sana política de la Revolución, no caracteriza justamente a los pérfidos que la tiranía corrompe para comprometer, mediante aplicaciones falsas o funestas, los sagrados principios de nuestra revolución.

El falso revolucionario está quizá con mayor frecuencia más acá y no más allá de la Revolución; es moderado o está loco de patriotismo según las circunstancias. Lo que debe pensar al día siguiente se decide en los comités prusianos, ingleses o austriacos. Se opone a las medidas enérgicas y luego las exagera cuando no ha podido impedirlas; es severo con los inocentes pero indulgente con los criminales; llega incluso a acusar a los culpables que no son lo bastante ricos para comprar su silencio, ni lo bastante importantes para merecer su celo; pero se guarda muy bien de comprometerse hasta el punto de defender la virtud calumniada; denuncia a veces complots ya descubiertos, arranca la máscara a traidores desenmascarados e incluso decapitados, pero defiende a los traidores vivos y que todavía gozan de crédito; siempre acude presuroso a halagar la opinión del momento, procurando no esclarecerla nunca y sobre todo no enfrentarse con ella; siempre se muestra dispuesto a adoptar medidas audaces, con tal que tengan muchos inconvenientes, desacreditando las que no ofrecen sino ventajas, o bien añadiendo todas las enmiendas que puedan hacerlas dañinas; si dice la verdad es a medias, y sólo en la medida en que le conviene para adquirir el derecho a mentir impunemente; destila el bien gota a gota y derrama el mal a torrentes; ardiente en la defensa de las grandes resoluciones que no significan nada, pero más que indiferente hacia las que pueden honrar la causa del pueblo y salvar la patria; muy preocupado por las formas del patriotismo, da gran importancia, como los devotos de los que se declara enemigo, a las prácticas externas, y antes preferiría ponerse 100 gorros rojos que llevar a cabo una buena acción.

¿Qué diferencia encontráis entre esa gente y vuestros moderados? Son sirvientes del mismo amo o, si preferís, cómplices que fijen pelearse para ocultar mejor sus crímenes. Juzgadlos, no por la diferencia de lenguaje, sino por la identidad de sus resultados. El que ataca la Convención Nacional con sus discursos insensatos y el que la extravía para comprometerla ¿no están de acuerdo en el fondo? El que, con rigores injustos, obliga al patriotismo a temblar por su seguridad invoca en cambio la amnistía en favor de la aristocracia y de la traición. Uno llamaba a Francia a conquistar el mundo, sin otro objetivo que llamar a los tiranos a la conquista de Francia. El extranjero hipócrita que desde hace cinco años proclama a París la capital del globo[13] no hacía sino traducir, en otra jerga, los anatemas de los viles federalistas que deseaban su destrucción. Predicar el ateísmo no es más que una manera de absolver la superstición y condenar la filosofía, y la guerra declarada a la divinidad no es más que una distracción en favor de la realeza.

¿Qué otro método queda para combatir la libertad?

¿Se llegará a seguir el ejemplo de los primeros paladines de la aristocracia que alababan la dulzura de la servidumbre y la benevolencia de la monarquía, el genio sobrenatural y las virtudes incomparables de los reyes?

¿Se llegará a proclamar la vanidad de los derechos del hombre y de los principios de la justicia eterna?

¿Se llegará a exhumar la nobleza y el clero, o a reclamar los derechos imprescriptibles de la alta burguesía a su doble sucesión?

No. Es mucho más cómodo enmascararse con el patriotismo para desfigurar, mediante insolentes parodias, el drama sublime de la Revolución, para comprometer la causa de la libertad mediante una moderación hipócrita o con extravagancias estudiadas.

Así la aristocracia se introduce en las sociedades populares; el orgullo contrarrevolucionario encubre, bajo sus harapos, sus complots y sus puñales; el fanatismo destruye sus propios altares; los monárquicos cantan las victorias de la República; la nobleza, colmada de recuerdos, abraza tiernamente la igualdad para asfixiarla; la tiranía, manchada con la sangre de los defensores de la libertad, esparce flores sobre su tumba. Aunque sus corazones no hayan cambiado, ¡cuántos rostros aparecen enmascarados! ¡Cuántos traidores se mezclan en nuestros asuntos, tan sólo para arruinarlos!

¿Queréis ponerlos a prueba? Pedidles, en lugar de juramentos y declamaciones, servicios reales.

---

[13] Alusión a Anarchasis Cloots; véase la nota 5 del capítulo 13.

Cuando hay que actuar, peroran y, cuando hay que deliberar, llaman a la acción. En tiempos pacíficos se oponen a todo cambio útil, y en los tempestuosos proponen reformarlo todo para trastocarlo todo. ¿Queréis reprimir a los sediciosos? Invocan la clemencia de César. ¿Queréis salvar a los patriotas de la persecución? Os presentan como modelo la firmeza de Bruto; descubren que alguien era noble, cuando sirve a la República; pero lo olvidan en cuanto nos traiciona. ¿Es útil la paz? Os ofrecen las palmas de la victoria. ¿Es necesaria la guerra? Alaban las dulzuras de la paz. ¿Hay que defender el territorio? Quieren entonces castigar a los tiranos más allá de los montes y los mares. ¿Hay que retomar nuestras fortalezas? Quieren entonces tomar por asalto las iglesias y escalar el cielo. Olvidan a los austriacos para hacer la guerra a los devotos. ¿Que hay que fortalecer nuestra causa con la fidelidad de nuestros aliados? Declamarán contra todos los gobiernos del mundo y os propondrán enjuiciar al propio Gran Mogol. ¿Que el pueblo va al Capitolio a agradecer a los dioses sus victorias? Entonan cantos lúgubres sobre nuestros reveses pasados. ¿Que se trata de obtener nuevas victorias? Siembran entre nosotros odio, divisiones, persecuciones y desaliento. ¿Que hay que completar la soberanía del pueblo y concentrar su fuerza mediante un gobierno firme y respetado? Les parece que los principios del Gobierno hieren la soberanía del pueblo. ¿Que hay que reclamar los derechos del pueblo oprimido por el Gobierno? No hablan más que del respeto a las leyes y de la obediencia debida a las autoridades establecidas.

Han encontrado una forma admirable de secundar los esfuerzos del Gobierno republicano, y es desorganizarlo, degradarlo completamente, hacer la guerra a los patriotas que han contribuido a nuestros éxitos.

Si buscáis los medios para abastecer a vuestros ejércitos o tratáis de sustraer a la avaricia y al miedo las provisiones que acaparan, gimen patrióticamente sobre la miseria pública y anuncian el hambre. El deseo de prevenir el mal es siempre para ellos un motivo para aumentarlo. En el norte han matado a las gallinas y nos han privado de huevos con el pretexto de que, para alimentarlas, se malgastaba el grano. En el sur han tratado de destruir las moreras y los naranjos con el pretexto de que la seda es un objeto de lujo y las naranjas superfluas.

Nunca podríais imaginar algunos excesos cometidos por contrarrevolucionarios hipócritas para ensombrecer la causa de la revolución. ¿Creeríais que en las regiones donde la superstición ha ejercido mayor dominio, no contentos con sobrecargar las operaciones relativas al culto con todas las trabas que pudieran hacerlas odiosas, se ha difundido el terror en el pueblo sembrando el rumor de que se iba a matar a todos los niños con menos de diez años y a todos los ancianos con más de setenta? ¿Y que ese rumor se ha extendido particularmente en la antigua Bretaña y los departamentos del Rin y del Mosela? Ése es uno de los crímenes imputados al anterior fiscal público del Tribunal Penal de Estrasburgo. Las locuras tiránicas de ese hombre otorgan credibilidad a todo lo que se cuenta de Calígula y de Heliogábalo[14]; pero resultan difíciles de creer, aun después de ver las pruebas. Llevaba su delirio hasta el punto de requisar mujeres para su propio uso; se asegura incluso que empleó ese método para casarse. ¿De dónde salió de repente ese enjambre de extranjeros, de curas, de nobles, de intrigantes de todo tipo, que se ha extendido instantáneamente sobre la superficie de la República, para ejecutar en nombre de la filosofía un plan contrarrevolucionario que no ha podido ser detenido sino por la fuerza de la razón pública? ¡Execrable concepción, digna del genio de las cortes extranjeras coaligadas contra la libertad y de la corrupción de todos los enemigos internos de la República!

Es así como la intriga mezcla siempre a los continuos milagros obtenidos por la virtud de un gran pueblo la bajeza de sus tramas criminales, encargadas por los tiranos, que convierten a continuación en tema de sus manifiestos para mantener a los pueblos ignorantes en el fango del oprobio y en las cadenas de la servidumbre.

---

[14] Calígula y Heliogábalo: emperadores romanos famosos por su gran crueldad (37-41 y 218-222 d.C.).

Pero ¡bueno! ¿Qué pueden hacer realmente a la libertad los crímenes de sus enemigos? Si el Sol queda velado por una nube pasajera, ¿deja de ser el astro que anima la naturaleza? La espuma impura que el océano deja en sus riberas ¿lo hacen menos imponente?

En manos pérfidas, todos los remedios para nuestros males se convierten en venenos; todo lo que podáis hacer, todo lo que podáis decir, lo volverán contra vosotros; hasta las verdades que acabamos de exponer.

Así, por ejemplo, tras haber sembrado por todas partes la semilla de la guerra civil mediante el ataque violento contra los prejuicios religiosos, tratarán de proporcionar al fanatismo y la aristocracia las mismas armas que la sana política os recomendaba en favor de la libertad de religión. Si hubierais dejado libre curso a la conspiración, más pronto o más tarde habría producido una reacción terrible y universal; si la detenéis, tratarán de aprovecharse de ello asegurando que protegéis a los curas y los moderados.

No tenéis que extrañaros de que los autores de ese plan sean los mismos curas que han confesado más palmariamente su charlatanería.

Si los patriotas, llevados por un celo puro pero imprudente e irreflexivo, han sido en algún sitio víctimas de sus intrigas, echarán toda la culpa a esos patriotas; ya que el primer punto de su doctrina maquiavélica es perder la República perdiendo a los republicanos, como se subyuga un país destruyendo el ejército que lo defiende. Se puede apreciar ahí uno de sus principios favoritos, que es no tener en cuenta a las personas; máxima de origen real, que quiere decir que hay que entregar y dejar en sus manos a todos los amigos de la libertad.

Hay que señalar que el destino de los hombres que no buscan más que el bien público es ser víctima de quienes sólo pretenden el propio, lo que proviene de dos causas: la primera, que los intrigantes atacan con los vicios del Antiguo Régimen y la segunda, que los patriotas sólo se defienden con las virtudes del nuevo.

Tal situación interna os parecerá digna de toda vuestra atención, sobre todo si consideráis que tenéis que combatir al mismo tiempo a todos los tiranos de Europa, que tenéis que mantener 1.200.000 hombres en armas, y que el Gobierno está obligado a reparar continuamente, a fuerza de energía y de vigilancia, todos los males que la multitud innumerable de nuestros enemigos nos ha preparado durante los últimos cinco años.

¿Cuál es el remedio para todos estos males? No conocemos otro que el desarrollo de ese recurso general de la República que es la virtud.

La democracia perece por dos excesos, la aristocracia de los que gobiernan o el desprecio del pueblo hacia las autoridades que ha establecido él mismo; desprecio que hace que cada camarilla, que cada individuo, pretenda para sí el poder público y lleve al pueblo, por los excesos del desorden, a la aniquilación o al poder de un solo individuo.

La doble tarea de los moderados y de los falsos revolucionarios es hacernos oscilar perpetuamente entre esos dos escollos.

Pero los representantes del pueblo pueden evitar ambos, ya que el Gobierno siempre puede ser justo y sabio y, cuando tiene ese carácter, tiene asegurada la confianza del pueblo.

Cierto es que el objetivo de todos nuestros enemigos es disolver la Convención; cierto es que el tirano de Gran Bretaña y sus aliados prometen a su Parlamento y a sus súbditos arrebataros vuestra energía y la confianza pública que os ha merecido, y que ésa es la primera tarea encargada a todos sus comisarios.

Pero es una verdad que debe considerarse como trivial en política, que un gran cuerpo investido de la confianza de un gran pueblo no puede perderse sino por sus propios errores; vuestros enemigos no lo ignoran; así pues, no dudéis que intentarán sobre todo despertar entre vosotros todas las pasiones que puedan favorecer sus siniestros designios.

¿Qué pueden contra la representación nacional, si no logran sorprenderla en actos impolíticos que puedan proporcionarles pretextos para sus criminales declamaciones? Deben pues necesariamente buscar dos tipos de agentes, unos que tratarán de degradarla con sus discursos y otros, en su propio seno, que se esforzarán por extraviarla para comprometer su gloria y los intereses de la República.

Para llevar adelante sus planes, les convenía comenzar la guerra contra los representantes en los departamentos, que habían justificado vuestra confianza, y contra el Comité de Salvación Pública; por eso se han visto atacados por hombres que parecen combatirse entre ellos.

¿Qué mejor podían hacer que paralizar el gobierno de la Convención y quebrar todos sus resortes, en el momento en que debía decidir la suerte de la República y de los tiranos?

¡Lejos de nosotros la idea de que exista entre nosotros alguien lo bastante vil como para querer servir la causa de los tiranos! Pero ¡más lejos todavía de nosotros el crimen, que no se nos podría perdonar, de extraviar a la Convención Nacional y de traicionar al pueblo francés con un silencio culpable, ya que es bueno para un pueblo libre que la verdad, que es la plaga de los déspotas, sea siempre su fuerza y su salvación! Ahora bien, es cierto que existe todavía un peligro para nuestra libertad, quizá el único riesgo serio que quede por correr; ese peligro es un plan que se ha urdido de unir a todos los enemigos de la República, resucitando el espíritu de partido; perseguir a los patriotas, desalentar, perder a los agentes fieles del Gobierno republicano y hacer que fracasen los aspectos más esenciales del servicio público. Se ha querido engañar a la Convención sobre los hombres y sobre las cosas; se ha querido engañarla sobre las causas de abusos que se exageran, a fin de hacerlos irremediables; se ha intentado llenarla de falsos terrores para perderla o para paralizarla; se intenta dividirla, sobre todo alejando a los representantes enviados a los departamentos del Comité de Salvación Pública; han querido inducir a los primeros a contrariar las medidas de la autoridad central para provocar el desorden y la confusión; a su vuelta han tratado de amargarlos para convertirlos en instrumentos inconscientes de una facción. Los extranjeros aprovechan todas las pasiones individuales, hasta el patriotismo desencantado.

Al principio habían tomado la decisión de ir directamente hasta el fin que perseguían, calumniando al Comité de Salvación Pública; proclamaban entonces en voz alta que sucumbiría bajo el peso de sus penosas funciones. La victoria y la fortuna del pueblo francés lo impidieron. Desde aquel momento tomaron la decisión de alabarlo al tiempo que lo paralizaban destruyendo el fruto de sus trabajos. Todas esas declamaciones vagas contra los agentes necesarios para el comité, todos los proyectos de desorganización, disfrazados bajo el nombre de reformas, ya rechazados por la Convención y reproducidos hoy con una afectación extraña; ese empeño en impulsar intrigas que el Comité de Salvación Pública ha debido alejar; ese terror inspirado a los buenos ciudadanos, esa indulgencia con que se adula a los conspiradores, todo ese sistema de imposturas y de intriga, cuyo principal autor es ese hombre que habéis expulsado de vuestro seno[15], está dirigido contra la Convención Nacional y pretende cumplir los deseos de todos los enemigos de Francia.

Desde el momento en que ese plan fue anunciado en los libelos y empezó a materializarse en actos públicos, en los que la aristocracia y los monárquicos alzaban una cabeza insolente, el patriotismo se vio de nuevo perseguido en una parte de la República y la autoridad nacional experimentó una resistencia que los intrigantes habían perdido. Por lo demás, esos ataques indirectos, aunque no tuvieran otro inconveniente que dividir la atención y energía de los que deben llevar la carga inmensa que les habéis encargado y distraerlos demasiado a menudo de las grandes medidas de salvación pública para ocuparlos en desmantelar intrigas peligrosas, podrían considerarse también como una distracción útil a nuestros enemigos.

---

[15] Alusión a Philippe-François-Nazaire Fabre d'Églantine (1750-1794). Autor teatral amigo de Danton y Desmoulins, implicado en el escándalo de la Compañía Francesa de las Indias Orientales (véase el glosario), detenido el 12 de enero y guillotinado el 5 de abril de 1794.

Pero tranquilicémonos. Nos hallamos en el santuario de la verdad; aquí es donde residen los fundadores de la República, los vengadores de la humanidad y los destructores de los tiranos.

Aquí, para desmantelar un abuso, basta mostrarlo. Basta someter, en nombre de la patria, los consejos del amor propio o de la debilidad de los individuos, a la virtud y a la gloria de la Convención Nacional.

Demandamos, sobre todos los objetos de sus inquietudes y en particular sobre todo lo que puede influir en la marcha de la Revolución, una discusión solemne; le exigimos que no permita que ningún interés particular y oculto pueda usurpar aquí el ascendiente de la voluntad general de la Asamblea y la potencia indestructible de la razón.

Nos limitaremos hoy a proponeros consagrar, mediante vuestra aprobación formal, las verdades morales y políticas sobre las que debe basarse vuestra administración interna y la estabilidad de la República, como habéis consagrado ya los principios de vuestra conducta hacia los pueblos extranjeros; de esa forma uniréis a todos los buenos ciudadanos, quitaréis la esperanza a los conspiradores, aseguraréis vuestra marcha y confundiréis las intrigas y las calumnias de los reyes; honraréis vuestra causa y vuestro carácter a ojos de todos los pueblos.

Dad al pueblo francés esta nueva muestra de vuestro celo por proteger el patriotismo, de vuestra justicia inflexible con los culpables y de vuestra devoción a la causa del pueblo. Ordenad que los principios de moral política que acabamos de exponer sean proclamados en su nombre, dentro y fuera de la República.

DECRETO

La Convención Nacional decreta que el informe del Comité de Salvación Pública será impreso, enviado a todas las autoridades constituidas, las sociedades populares y los ejércitos, y traducido a todas las lenguas.

15

Extractos del discurso del 8 de termidor del año II

26 de julio de 1794[1]

Tras una larga ausencia, Robespierre reapareció en la tribuna de la Convención con este discurso en el que apeló a la Asamblea, la mayoría de cuyos miembros todavía creía «puros», contra la conspiración que se estaba organizando contra él. Éstas iban a ser sus últimas palabras en público antes de su detención el 9 de termidor.

Contra las nuevas facciones y los diputados corruptos

Ciudadanos,

Que sean otros los que os ofrezcan cuadros aduladores; yo vengo aquí a deciros verdades útiles. No vengo a sobrecogeros con terrores ridículos difundidos por la perfidia; pero quiero sofocar, si es posible, las llamas de la discordia recurriendo únicamente a la verdad. *Voy a desvelar abusos que tienden a la ruina de la patria y que sólo vuestra probidad puede reprimir.* Voy a defender ante vosotros vuestra autoridad ultrajada y la libertad violada. *Si os digo algo de la persecución de que soy objeto, no lo consideraréis*

---

[1] «Discours du 26 julliet 1794/8 thermidor an II» (extractos), *Œuvres*, vol. X, pp. 542-576.

un crimen; vosotros no tenéis nada en común con los tiranos que combatís. Los gritos de la inocencia ultrajada no importunarán vuestros oídos, y no ignoráis que esta causa también os afecta.

Las revoluciones que, hasta la nuestra, cambiaron la faz de los imperios no tenían más objetivo que un cambio de dinastía o la transmisión del poder de un solo individuo a otros varios. La Revolución francesa es la primera basada en la teoría de los derechos humanos y los principios de la justicia. Las revoluciones anteriores sólo exigían ambición; la nuestra impone virtud. La ignorancia y la fuerza las llevaban a un nuevo despotismo; la nuestra, surgida del afán de justicia, sólo puede reposar en su seno. La República, arrastrada insensiblemente por la fuerza de las cosas y por la lucha de los amigos de la libertad contra conspiraciones siempre renovadas, se ha deslizado, por decirlo así, a través de todas las facciones; pero ha encontrado el poder de éstas organizado a su alrededor y con todos los medios de influencia en sus manos; no ha dejado de ser perseguida desde su nacimiento en la persona de todos los hombres de buena voluntad que combatían por ella, mientras que los jefes de las facciones y sus agentes se veían obligados, para conservar la ventaja de su posición, a ocultarse bajo el velo de la República; tanto Précy en Lyon como Brissot en París gritaban: «¡Viva la República!» Los conjurados adoptaban incluso, más apresuradamente que nadie, todas las fórmulas y consignas del patriotismo. El austriaco, cuya profesión consistía en combatir la Revolución; el orleanés, cuyo papel consistía en aparentar patriotismo, se hallaban en la misma línea, y ni uno ni otro podían distinguirse ya del republicano. No combatían nuestros principios, sino que los corrompían; no blasfemaban contra la Revolución, sino que trataban de deshonrarla con el pretexto de servirla; declamaban contra los tiranos y conspiraban en favor de la tiranía; alababan la República y calumniaban a los republicanos. Los amigos de la libertad tratan de combatir el poder de los tiranos con la fuerza de la verdad; los tiranos tratan de destruir a los defensores de la libertad mediante la calumnia; dan el nombre de tiranía al propio predominio de los principios de la verdad.

Cuando ese sistema prevalece, la libertad está perdida; no hay más legitimidad que la perfidia y nada más criminal que la virtud, ya que está en la naturaleza misma de las cosas que allí donde se reúnen los hombres exista una preponderancia, ya sea de la tiranía o de la razón. Cuando esta última queda proscrita como un crimen, reina la tiranía; cuando los buenos ciudadanos se ven condenados al silencio, son los canallas los que dominan.

[...]

[...] Pero, si no hemos hecho más que denunciar a monstruos cuya muerte ha salvado la Convención Nacional y la República, ¿quién puede temer nuestros principios, quién puede acusarnos de injusticia y de tiranía, sino los que se les parecen? No, no éramos demasiado severos: y como prueba puedo argüir que la República sigue con vida; aduzco que la representación nacional se ve rodeada por el respeto debido a los representantes de un gran pueblo. Puedo mencionar a los patriotas que gimen todavía en los calabozos donde los encerraron los bellacos; puedo mencionar los nuevos crímenes de los enemigos de nuestra libertad y la culpable perseverancia de los tiranos coaligados contra nosotros. Se habla de nuestro rigor, y la patria nos reprocha nuestra debilidad.

¿Somos nosotros los que hemos encarcelado a patriotas y los que hemos llevado el terror a todas partes? No, son los autores monstruosos de esos hechos los que nos acusan. ¿Somos nosotros los que, olvidando los crímenes de la aristocracia y protegiendo a los traidores, hemos declarado la guerra a los ciudadanos pacíficos, convirtiendo en crímenes prejuicios incurables o cosas indiferentes, para encontrar por todas partes culpables y hacer la Revolución temible para el propio pueblo? No, son los autores monstruosos de esos hechos los que nos acusan. ¿Somos nosotros los que, investigando opiniones antiguas, fruto de la obsesión de los traidores, hemos paseado la hoja de acero sobre la mayor parte de la Convención Nacional? ¿Somos nosotros los que pedíamos en las sociedades populares la cabeza de 600 representantes del pueblo? No, son los autores monstruosos de esos hechos los que nos acusan.

[...]

Tal es sin embargo la base de esos proyectos de dictadura y de atentados contra la libertad nacional, imputados en primer lugar a todo el Comité de Salvación Pública. ¿Qué fatalidad ha hecho desplazarse de repente esa gran acusación sobre la cabeza de uno solo de sus miembros? ¡Extraño proyecto el de quien querría llevar a la Convención Nacional a suicidarse con sus propias manos para despejarle el camino del poder absoluto! Que sean otros los que perciban los aspectos ridículos de esas inculpaciones; yo sólo puedo ver su atrocidad. ¿Rendiréis al menos *cuentas* a la opinión pública de vuestra espantosa perseverancia en mantener el proyecto de liquidar a todos los amigos de la patria, monstruos que tratáis de arrebatarme la estima de la Convención Nacional, el premio más glorioso de los trabajos de un mortal, que yo no he ni usurpado ni secuestrado, sino que he tenido que conquistar? Parecer un objeto de terror a los ojos de quienes se reverencia y se ama es para un hombre sensible y probo el más espantoso de los suplicios; hacerle sufrir es el más odioso de los crímenes; pero apelo a vuestra indignación por las atroces maniobras empleadas para apuntalar esas extravagantes calumnias.

[...]

Se dice que aspiran al poder supremo, incluso que ya lo ejercen... ¡Así pues, ya no existe la Convención Nacional! ¡Así pues, el pueblo francés ha sido aniquilado! ¡Estúpidos calumniadores! ¿Sois conscientes de que vuestras ridículas declamaciones no son una injuria contra un individuo, sino contra una nación invencible, que doma y castiga a los reyes? En cuanto a mí mismo, me repugnaría defenderme personalmente ante vosotros contra la más cobarde de todas las tiranías, si no estuvierais convencidos de que sois vosotros los verdaderos objetos de los ataques de todos los enemigos de la República. ¿Eh? ¿Quién soy yo para merecer su persecución, si no entrara en el plan general de su conspiración contra la Convención Nacional? ¿No habéis percibido que, para aislaros de la nación, proclamaron ante todo el Universo que erais dictadores que gobernaban mediante el terror, desacreditados tácitamente por los franceses? ¿No llamaban a nuestros ejércitos *las hordas de la Convención* y, a la Revolución francesa, *jacobinismo*? Y, cuando intentan dar una importancia gigantesca a un débil individuo, ofreciéndolo como blanco de los ultrajes de todas las facciones, ¿cuál podría ser su objetivo sino dividiros, envileceros negando vuestra propia existencia, como hace el impío que niega la existencia de la divinidad que teme?

Sin embargo, esa palabra, *dictadura,* tiene efectos mágicos; ensucia la libertad, envilece al Gobierno, destruye la República, degrada todas las instituciones revolucionarias y hace odiosa la justicia nacional, que presenta como creación de un solo hombre; dirige contra él sobre todo el odio y todos los puñales del fanatismo y de la aristocracia.

¡Qué terrible uso han hecho los enemigos de la República del simple nombre de una magistratura romana! Y, si su erudición nos es tan fatal, ¿qué no será de sus tesoros e intrigas? No hablo ya de sus ejércitos; pero séame permitido devolver al duque de York y a todos los escritores realistas la patente de esa dignidad ridícula que ellos han sido los primeros en acordarme. Hay demasiada insolencia en esos reyes que no están seguros de conservar su corona, al arrogarse el derecho de calificar a otros. Entiendo que un príncipe ridículo, que esa especie de animales inmundos y sagrados que se llaman todavía reyes, pueda complacerse en su bajeza y honrarse en su ignominia; puedo entender que el hijo de Jorge, por ejemplo, pueda añorar ese cetro francés que al parecer codiciaba, y simpatizo sinceramente con ese moderno Tántalo[2]. Incluso afirmaría, no para vergüenza de mi patria sino de los traidores que ha castigado, que he visto a indignos mandatarios del pueblo que habrían cambiado ese título glorioso por el de ayuda de cámara de jorge o de Orleans. Pero que un representante del pueblo que conoce la dignidad de ese carácter sagrado, que un ciudadano francés digno de ese nombre pueda rebajar sus deseos

---

[2] Véase la nota 9 del capítulo 7.

a los de los grandes y ridículos culpables que ha contribuido a derrocar, que se someta a la degradación cívica para descender a la infamia del trono, es lo que no parece creíble más que de esos seres perversos que no tienen ni siquiera derecho a creer en la virtud. ¿Qué digo *virtud*? Es una pasión natural, sin duda, pero ¿cómo podrían conocerla esas almas venales que no se abrieron nunca más que las pasiones viles y feroces; esos miserables intrigantes que no vincularon jamás el patriotismo a ninguna idea moral, que marcharon durante la Revolución tras algún personaje importante y ambicioso, tras no sé qué príncipe despreciado, como antiguamente hacían los lacayos siguiendo los pasos de sus amos? Aun así, existe la virtud, os lo aseguro, almas sensibles y puras; existe esa pasión tierna, imperiosa e irresistible, tormento y delicia de los corazones magnánimos; ese horror profundo hacia la tiranía, ese celo que se compadece por los oprimidos, ese amor sagrado a la patria, ese amor aún más sublime y más puro a toda la humanidad, sin el que una gran revolución no es más que un crimen estruendoso que destruye otro crimen; existe esa ambición generosa de fundar sobre la Tierra la primera República del mundo. Ese egoísmo de los hombres no degradados, que encuentran una voluptuosidad celeste en la calma de una conciencia pura y en el espectáculo maravilloso de la felicidad pública, lo sentís en el momento en que arde en vuestras almas y yo lo siento en la mía. Pero ¿cómo podrían adivinarla esos viles calumniadores? ¿Cómo tendría una idea de la luz quien ha nacido ciego? La naturaleza les ha rehusado un alma; tienen pues derecho a dudar, no sólo de la inmortalidad de ésta, sino de su propia existencia.

Me llaman tirano... Si lo fuera, se arrastrarían a mis pies, yo los cubriría de oro, les aseguraría el derecho a cometer todo tipo de crímenes y me estarían agradecidos. Si lo fuera, los reyes que hemos vencido, lejos de denunciarme (¡qué tierna preocupación muestran por nuestra libertad!) me prestarían su culpable apoyo; yo transigiría con ellos. En su angustia, ¿qué es lo que esperan, sino el apoyo de una facción protegida por ellos, que les venda la gloria y la libertad de nuestro país? A la tiranía se llega con el apoyo de bribones; ¿adónde van quienes los combaten? A la tumba y a la inmortalidad. ¿Cuál es el tirano que me protege? ¿Cuál es la facción a la que pertenezco? Es la vuestra. ¿Cuál es la facción que desde el comienzo de la Revolución ha aterrorizado a las facciones y ha hecho desaparecer a tantos traidores consumados? Sois vosotros, es el pueblo, son los principios. He ahí la facción a la que estoy ligado y contra la que se conjuran todos los crímenes.

Es a vosotros a quienes se persigue, es a la patria, a todos los amigos de la patria. Yo me sigo defendiendo todavía; pero ¿cuántos otros han sido arrojados a las tinieblas? ¿Quién osará nunca servir a la patria, cuando yo me veo obligado a responder aquí a tales calumnias? Invocan como prueba de un designio ambicioso los efectos más naturales del civismo y de la libertad; hoy asimilan a la tiranía la influencia moral de los antiguos atletas de la Revolución. ¡Vosotros mismos sois los más cobardes de todos los tiranos, los que calumniáis el poder de la verdad! ¿Qué es lo que pretendéis quienes queréis que la verdad carezca de fuerza en labios de los representantes del pueblo francés? La verdad tiene indudablemente su poder, su cólera, su propio despotismo; posee acentos conmovedores y terribles, que resuenan con fuerza tanto en los corazones puros como en las conciencias culpables, y que la falsedad no puede imitar del mismo modo que Salmoneo[*] no podía imitar los rayos del cielo; pero acusad de ello a la naturaleza, acusad de ello al pueblo, que la desea y la ama.

Hay dos poderes sobre la Tierra: la razón y la tiranía; allí donde domina uno de ellos, el otro queda proscrito. Quienes denuncian como un crimen la fuerza moral de la razón tratan pues de restablecer la tiranía. Si no queréis que los defensores de los principios tengan cierta influencia en esta lucha difícil de la libertad contra la intriga, entonces es que queréis que la victoria siga correspondiendo a la intriga. Si los representantes del pueblo que defienden su causa no pueden obtener impunemente su estima, ¿cuál será la consecuencia, sino que ya no estará permitido servir al pueblo, que

---

[*] *Sic*, no «Salomé»; *Eneida*, Libro VI. *[N. del T.]*

la República quedará proscrita y la tiranía restablecida? ¿Y qué tiranía [sería] más odiosa que la que castiga al pueblo en la persona de sus defensores? Ya que lo más libre en el mundo, incluso bajo el reinado del despotismo, ¿no es la amistad? Pero vosotros, que la convertís en nuestro caso en un crimen, ¿estáis acaso celosos? No, sólo os interesan el oro y los bienes perecederos que los tiranos prodigan a quienes les sirven. Vosotros les servís, vosotros que corrompéis la moral pública y protegéis todos los crímenes; la garantía de los conspiradores está en el olvido de los principios y en la corrupción; la de los defensores de la libertad está en la conciencia pública. Vosotros les servís, vosotros que, siempre más acá o más allá de la verdad, predicáis alternativamente la pérfida moderación de la aristocracia o bien el furor de los falsos demócratas. Vosotros les servís, predicadores obstinados del ateísmo y del vicio. Vosotros queréis destruir la representación, vosotros que la degradáis con vuestra conducta o que la perturbáis con vuestras intrigas. ¿Quién es más culpable, el que atenta contra su seguridad mediante la violencia, o el que atenta contra su justicia mediante la seducción y la perfidia? Extraviarla es traicionarla; impulsarla a realizar actos contrarios a sus intenciones y a sus principios es propiciar su destrucción, ya que su poder se basa en la propia virtud y en la confianza nacional. ¡Nosotros, los que después de haber combatido por su seguridad física defendemos hoy sus gloriosos principios, somos los que la amamos! ¿Es así como se avanza hacia el despotismo? ¡Qué burla cruel es convertir en déspotas a ciudadanos siempre proscritos! ¿Son acaso otra cosa los que han defendido constantemente los intereses de su país? La República ha triunfado, nunca sus defensores. ¿Quién soy yo, a quien se acusa? Un esclavo de la libertad, un mártir vivo de la República, víctima del crimen e igualmente su enemigo. Todos los bribones me insultan; lo que en otros se consideran acciones legítimas o indiferentes son en mi caso horribles crímenes. Se puede calumniar a alguien por el solo hecho de haber cruzado conmigo unas palabras. A otros se les perdonan sus crímenes; en mi caso es mi celo lo que se convierte en un crimen. Quitadme mi conciencia, y seré el más desgraciado

de los hombres; no gozo ni siquiera de los derechos del ciudadano.
¿Qué digo? Ni siquiera me está permitido cumplir los deberes de
un representante del pueblo.

[...]

[...] Algunos se han esforzado particularmente en demostrar
que el Tribunal Revolucionario era un tribunal sediento de sangre, creado por mí y sólo por mí, y que yo lo controlaba absolutamente para liquidar a toda la gente de bien e incluso a todos los
bribones, pues querían crearme enemigos de todo tipo. Ese grito
se oía en todas las prisiones; los emisarios de la tiranía ponían en
práctica ese plan de proscripción en todos los departamentos a la
vez. Y eso no era todo: en estos últimos tiempos se han propuesto proyectos financieros que me parecían calculados para afligir
a los ciudadanos menos afortunados y para multiplicar el descontento. Llamé repetida e inútilmente la atención del Comité
de Salvación Pública sobre ese extremo. ¿Y bien? ¿Se creerá que
se ha difundido el rumor de que era yo quien los había propuesto, y que, para acreditarlo, se ha llegado a decir que en el Comité
de Salvación Pública había una comisión de finanzas y que yo era
el presidente? Y, como querían perderme, sobre todo ante la Convención Nacional, se dijo que me había atrevido a creer que podría incluir en su seno a algunos hombres indignos de ella. A
cada diputado que vuelve de una misión en los departamentos se
le dice que yo soy el responsable de que se le haya llamado. He
sido acusado por hombres oficiosos e insinuantes de todo el bien
y todo el mal que se había hecho. Se transmitía fielmente a mis
colegas todo lo que yo había dicho y sobre todo lo que no había
dicho. Se apartaba con cuidado la sospecha de haber contribuido
a un acto que pudiera disgustar a alguien. Yo era quien lo había
decidido todo, quien lo exigía y lo ordenaba todo; ya que no hay
que olvidar mi título de dictador. Cuando se hubo formado esa
tempestad de odios, de venganzas, de terror, de amor propio irritado, se creyó que era tiempo de hacerla estallar. Los que tenían
razones para temerme se envanecían en voz alta de que mi segura pérdida iba a asegurar su salvación y su triunfo [...].

[...]

Se hacía odioso al Gobierno revolucionario para preparar su destrucción. Después de haber reunido sus fuerzas y de haber dirigido toda la reprobación hacia los que se quería perder mediante un plan sordo y universal de calumnias, había que destruir el Tribunal Revolucionario o llenarlo de conjurados; convocar a la aristocracia; conceder la impunidad a todos los enemigos de la patria y mostrar al pueblo a sus más celosos defensores como autores de todos los males pasados. «Si triunfamos –decían los conspiradores–, habrá que aplicar una extrema indulgencia oponiéndola al estado de cosas actual.» Esa frase encierra en su seno todo el significado de la conspiración. ¿Cuáles eran los crímenes que se reprochaban a Danton, a Fabre, a Desmoulins? Predicar la clemencia para los enemigos de la patria y conspirar para asegurarles una amnistía fatal para la libertad. ¿Qué diríais si los autores del complot del que acabo de hablar estuvieran entre los que condujeron a Danton, a Fabre y a Desmoulins al cadalso? ¿Qué hacían los primeros conjurados? Hébert, Chaumette y Ronsin[3] se esforzaban por hacer insoportable y ridículo el Gobierno revolucionario, mientras que Camille Desmoulins lo atacaba con escritos satíricos y Fabre y Danton intrigaban para defenderlo. Unos calumniaban y otros preparaban los pretextos para la calumnia. El mismo plan se aplica ahora abiertamente. ¿Por qué fatalidad los que acusaban antes a Hébert defienden ahora a sus cómplices? ¿Cómo es posible que los que se declaraban enemigos de Danton se hayan convertido en sus imitadores? ¿Cómo es que los que entonces acusaban con altanería a ciertos miembros de la Convención se encuentren hoy coaligados con ellos contra los patriotas a los que se quiere perder? ¡Cobardes! ¡Querrían hacerme descender a la tumba con ignominia! ¡Y sólo habría dejado sobre la Tierra la memoria de un tirano! ¡Con qué perfidia abusaban de mi buena fe y parecían adoptar los principios de todos los buenos ciudadanos! ¡Qué cándida y acariciadora parecía su fingida amistad! De pronto

---

[3] Véase el glosario.

su rostro se cubrió de las nubes más sombrías; una alegría feroz brillaba en sus ojos, cuando creían que habían tomado todas las medidas para acabar conmigo. Hoy me halagan de nuevo y su lenguaje es más afectuoso que nunca. Hace tres días estaban dispuestos a denunciarme como un nuevo Catilina[4]; hoy me adjudican las virtudes de Catón[5]. Necesitan tiempo para renovar sus tramas criminales. ¡Qué atroz es su objetivo y qué despreciables son sus métodos! Juzgad por un solo rasgo. Estuve encargado por un momento, en ausencia de uno de mis colegas, de supervisar una oficina de policía general, organizada reciente y tímidamente por el Comité de Salvación Pública. Mi corta gestión se ha limitado a dictar una treintena de resoluciones, bien para poner en libertad a patriotas perseguidos, bien para detener a algunos enemigos de la Revolución. ¿Y bien? ¿Podéis creer que esa sola expresión, *policía general,* ha servido de pretexto para atribuirme la responsabilidad de todas las operaciones del Comité de Seguridad General, de los errores de todas las autoridades constituidas, de los crímenes de todos nuestros enemigos? No existe quizá ni un solo individuo arrestado ni un ciudadano vejado a quien no se haya dicho de mí: «He ahí el autor de tus males; serías feliz y libre si no existiera». ¿Cómo podría yo contar o adivinar todas las imposturas que se han insinuado clandestinamente, sea en la Convención Nacional, sea en otros lugares, para hacerme odioso o temible? Me limitaré a decir que, desde hace más de seis semanas, la naturaleza y la fuerza de la calumnia, la impotencia para hacer el bien y para detener el mal, me han obligado a abandonar absolutamente mis funciones como miembro del Comité de Salvación Pública, y juro que en eso no he consultado más que a mi razón y mi patria. Prefiero mi calidad de representante del pueblo al de miembro del Comité de Salvación Pública, y pongo mi calidad de hombre y del ciudadano francés por encima de todo.

---

[4] Véase la nota 10 del capítulo 6.

[5] Véase la nota 8 del capítulo 6. Catón «el Joven» apoyó a Cicerón contra Catilina; tras la derrota de las últimas fuerzas pompeyanas frente a César en la batalla de Tapso, se suicidó con su propia espada en el año 46 a.C.

[...]

Hace algún tiempo prometí dejar un testamento terrible para los opresores del pueblo. Voy a hacerlo público en este momento con la independencia que conviene a la situación en que me encuentro: «¡Les lego la terrible verdad y la muerte!».

Representantes del pueblo francés, ha llegado la hora de retomar el orgullo y la altura de carácter que os corresponde. No estáis hechos para ser gobernados, sino para gobernar a los depositarios de vuestra confianza: los homenajes que os deben no consisten en vanas lisonjas, en relatos halagadores como los que prodigan a los reyes sus ambiciosos ministros, sino en la verdad y, sobre todo, en un profundo respeto por vuestros principios. Se os ha dicho que todo va bien en la República: yo lo niego. ¿Por qué los que anteayer os pronosticaban tantas horribles tormentas no veían ayer más que ligeras nubecillas? ¿Por qué los que os decían hace poco: «Os declaro que andamos sobre volcanes», creen hoy avanzar por un sendero de rosas? Ayer creían en conspiraciones: declaro que yo creo en ellas ahora. Los que os dicen que la fundación de la República es una empresa fácil os engañan o al menos lo intentan, aunque en realidad no puedan engañar a nadie. ¿Dónde están las instituciones sabias, dónde está el plan de regeneración que justifica ese ambicioso lenguaje? ¿Se ha ocupado alguien de ese gran proyecto? ¿Qué digo? ¿No había quienes querían proscribir a los que lo habían propuesto? Hoy los alaban porque se creen más débiles; pero volverán a intentarlo mañana, si vuelven a creerse más fuertes. En cuatro días –se dice–, las injusticias quedarán reparadas: ¿por qué entonces se vienen cometiendo impunemente desde hace cuatro meses? ¿Y cómo es posible que en cuatro días todos los autores de nuestros males sean corregidos o expulsados? Se os habla mucho de vuestras victorias[6], con una ligereza académica que haría creer que no han costado sangre ni esfuerzo; si se contaran con menos pompa, parecerían mayores. No es ni con frases retóricas,

---

[6] Alusión a Lazare Carnot y Barére, quienes trataron de atribuirse las victorias militares de la República.

ni siquiera con grandes hazañas guerreras, como conquistaremos Europa, sino mediante la sabiduría de nuestras leyes, mediante la majestad de nuestras deliberaciones y la grandeza de nuestro carácter. ¿Qué se ha hecho para extraer de nuestros éxitos militares algún beneficio para nuestros principios, para prevenir los peligros de la victoria o para asegurarnos sus frutos? Vigilad la victoria; vigilad a Bélgica. Os he advertido de que vuestro decreto contra los ingleses es continuamente violado[7]; de que Inglaterra, tan maltratada en nuestros discursos, sigue indemne frente a nuestras armas; de que las comedias filantrópicas representadas por Dumouriez en Bélgica se repiten hoy; de que la gente se divierte plantando árboles de la libertad estériles en suelo enemigo, en lugar de recoger los frutos de la victoria, y de que los esclavos vencidos se ven favorecidos a expensas de la República victoriosa. Nuestros enemigos se retiran y nos dejan con nuestras divisiones internas. Pensad en el final de la campaña; temed a las facciones internas; temed las intrigas favorecidas por el alejamiento en una tierra extranjera. Se ha sembrado la división entre los generales; la aristocracia militar está protegida; los generales fieles son perseguidos; la Administración militar se envuelve en una autoridad sospechosa; se han violado vuestros secretos para sacudir el yugo de una vigilancia imprescindible. Esas verdades valen tanto como epigramas.

La situación interna es mucho más crítica. Está todavía por crear un sistema racional de finanzas; el que existe hoy es mezquino, derrochador, enmarañado, ruinoso, y de hecho absolutamente independiente de vuestra vigilancia suprema. Se descuidan absolutamente las relaciones exteriores; casi todos los agentes empleados en las potencias extranjeras, desprestigiados por su incivismo, han traicionado abiertamente a la República con una audacia que ha quedado impune hasta hoy día.

El Gobierno revolucionario merece toda vuestra atención: si fuera destruido hoy, mañana no habría libertad. No hay que

---

[7] Alusión al decreto de otoño de 1793 que ordenaba la confiscación de todos los bienes ingleses adquiridos en Francia.

calumniarlo sino recordarle sus principios, simplificarlo, disminuir la cantidad innumerable de sus agentes y sobre todo depurarlos; hay que devolver la seguridad al pueblo pero no a sus enemigos. No se trata de obstaculizar la justicia del pueblo mediante formas nuevas; las leyes penales deben ser necesariamente algo vagas, porque, siendo los rasgos característicos de los conspiradores el disimulo y la hipocresía, es preciso que la justicia pueda atraparlos de una forma u otra. Un solo modo de conspirar que quedara impune haría ilusoria y comprometería la salvación de la patria. La garantía del patriotismo no está pues en la lentitud ni en la debilidad de la justicia nacional, sino en los principios y en la integridad de aquellos a quienes se confía; en la buena fe del Gobierno, en la protección franca que concede a los patriotas y en la energía con la que combate a la aristocracia; en el espíritu público, en ciertas instituciones morales y políticas que, sin estorbar la marcha de la justicia, ofrecen una salvaguarda a los buenos ciudadanos y reprimen a los malvados mediante su influencia sobre la opinión pública y sobre la dirección del avance revolucionario y que os serán propuestas cuando las conspiraciones más cercanas permitan respirar a los amigos de la libertad.

Guiemos la acción revolucionaria con máximas sabias y constantemente mantenidas; castiguemos severamente a quienes abusan de los principios revolucionarios para vejar a los ciudadanos; que prevalezca la convicción de que todos los encargados de la vigilancia nacional aspiran, sin espíritu de partido, al triunfo del patriotismo y al castigo de los culpables; que todo vuelva al orden. Pero, si se adivina que hombres demasiado influyentes desean en secreto la destrucción del Gobierno revolucionario y se inclinan a la indulgencia más que a la justicia; si emplean agentes corruptos, si calumnian hoy la única autoridad que atemoriza a los enemigos de la libertad y se retractan al día siguiente para intrigar de nuevo; si en lugar de devolver la libertad a los patriotas se la devuelven indistintamente a los conspiradores, entonces todos los intrigantes se unirán para calumniar a los patriotas y oprimirlos. Es a todas esas causas a lo que hay que imputar los abusos y no al Gobierno revolucionario, ya que cualquier gobierno sería insoportable en esas condiciones.

El Gobierno revolucionario ha salvado a la patria; hay que salvarlo a él mismo de todos los escollos; no sería una buena conclusión creer que hay que destruirlo tan sólo porque los enemigos del bienestar público primero lo han paralizado y ahora se esfuerzan por corromperlo. Poner en libertad a los contrarrevolucionarios y hacer triunfar a los bribones sería una extraña manera de proteger a los patriotas. Es el terror de los criminales el que fortalece la seguridad de los inocentes.

[...]

La contrarrevolución se ha introducido hasta el último rincón de la economía nacional. Los conspiradores nos han llevado a nuestro pesar a tomar medidas violentas, que sus crímenes hicieron necesarias, y han reducido a la República a la más espantosa escasez, que habría provocado el hambre de no ser por la ayuda de acontecimientos totalmente inesperados. Esta difícil situación se había planeado en el extranjero, propagándose gracias al órgano venal de los Chabot[8], Lulier[9], Hébert[10] y tantos otros malvados. Se necesitan grandes esfuerzos de ingenio para llevar la República a un régimen natural y suave, el único que puede mantener la abundancia, y esa obra no ha comenzado todavía.

Todos recordamos los crímenes cometidos para completar el pacto de hambre imaginado por el genio infernal de Inglaterra. Para escapar a esa plaga fueron necesarios dos milagros igualmente inesperados: el primero fue el regreso de nuestro convoy vendi-

---

[8] François Chabot (1756-1794): importante figura del Club de los Cordeleros, diputado de extrema izquierda en la Convención, violentamente antigirondino, condenado y guillotinado por su supuesta implicación en el fraude de la Compañía de las Indias Orientales (véase el glosario).

[9] Louis-Marie Lulier (1746-1794): síndico-procurador general de la Comuna de París, fue detenido durante la campaña contra los hebertistas; fue absuelto, pero se suicidó en prisión.

[10] Véase el glosario.

do a Inglaterra antes de que partiera de América, frustrando las expectativas del gabinete inglés, y la abundante y temprana cosecha que la naturaleza nos ha ofrecido; el otro es la paciencia sublime del pueblo, que ha sufrido incluso el hambre para conservar su libertad. Nos queda todavía por superar la escasez de mano de obra, vehículos y caballos, que es un obstáculo para la cosecha y el cultivo de las tierras, y todas las maniobras tramadas durante el año pasado por nuestros enemigos y que no dejarán de renovarse.

Los contrarrevolucionarios se han apresurado a volver aquí para unirse a sus cómplices y defender a sus patronos mediante intrigas y crímenes. Cuentan con los contrarrevolucionarios detenidos, con la gente de la Vendée[11] y con los desertores y prisioneros enemigos, que, según todos los informes, escapan desde hace tiempo en gran número para venir a París, como ya he denunciado inútilmente varias veces en el Comité de Salvación Pública; y por último con la aristocracia, que conspira en secreto a nuestro alrededor. Provocarán violentas discusiones en la Convención Nacional; los traidores, ocultos hasta ahora bajo disfraces hipócritas, arrojarán la máscara; los conspiradores acusarán a sus acusadores y prodigarán todas las estratagemas ya puestas en práctica por Brissot para sofocar la voz de la verdad. Si no pueden dominar la Convención por ese medio, la dividirán en dos partes y quedará un vasto campo abierto a la calumnia y a la intriga. Si la dominan, aunque sólo sea un momento, acusarán de despotismo y de resistencia a la autoridad nacional a quienes combaten con energía su coalición criminal; los gritos de la inocencia oprimida, los acentos varoniles de la libertad ultrajada serán denunciados como indicios de una influencia peligrosa o de una ambición personal; creeréis que hemos vuelto a caer bajo el cuchillo de los antiguos conspiradores. El pueblo se indignará y lo tildarán de facción; la facción criminal seguirá exasperándolo; tratará de dividir a la Convención Nacional del pueblo; a fuerza de atentados esperan provocar disturbios en los que los conjurados

---

[11] Véase el glosario.

harán intervenir a la aristocracia y todos sus cómplices para exterminar a los patriotas y restablecer la tiranía. He ahí una parte del plan de la conspiración. ¿Y a quién hay que imputar esos males? A nosotros mismos, a nuestra cobarde debilidad hacia el crimen y a nuestro culpable abandono de los principios proclamados por nosotros mismos. No nos equivoquemos: establecer una inmensa república sobre las bases de la razón y de la igualdad, ligar mediante un vínculo vigoroso todos los rincones de este inmenso imperio no es algo que se pueda completar con ligereza; es la obra maestra de la virtud y de la razón humana. Al calor de una gran revolución nacen en tropel todo tipo de facciones. ¿Cómo reprimirlas, si no sometéis sin cesar todas las pasiones a la justicia? No tenéis otro garante de la libertad que la observación rigurosa de los principios y de la moral universal que habéis proclamado. Si no reina la razón, reinarán el crimen y la ambición; sin ella la victoria no es más que un instrumento para la ambición y un peligro para la propia libertad, un pretexto fatal del que la intriga abusa para adormecer el patriotismo al borde del precipicio; sin ella, ¿qué importa la propia victoria? La victoria no hace más que armar a la ambición, adormecer el patriotismo, despertar el orgullo y cavar con sus manos brillantes la tumba de la República. ¿Qué importa que nuestros ejércitos hagan retroceder a los satélites armados de los reyes, si nosotros retrocedemos ante los vicios que destruyen la libertad pública? ¿Qué nos importa vencer a los reyes, si somos vencidos por los vicios que traen consigo la tiranía? Ahora bien, ¿qué hemos hecho desde hace algún tiempo contra ellos? Sólo hemos proclamado grandes principios.

¡Han hecho cuanto estaba en su mano para protegerlos! ¿Qué hemos hecho para destruirlos? Nada, puesto que alzan una cabeza insolente y amenazan impunemente a la virtud; nada, puesto que el Gobierno ha retrocedido ante las facciones y encuentran protectores entre los depositarios de la autoridad pública; podemos pues esperar toda clase de males, puesto que les cedemos el mando. En la carrera que hemos emprendido, detenerse antes del fin equivaldría a perecer, y hemos retrocedido vergonzosamente. Habéis ordenado el castigo de algunos criminales autores de todos nuestros males; se atreven a resistirse a la justicia nacional, ¡y se les ofrece en sacrificio los destinos de la patria y de la humanidad! Por eso cabe esperar todos los males que pueden traer consigo las facciones que se agitan impunemente. En medio de tantas pasiones ardientes, y en un imperio tan vasto, los tiranos, cuyos ejércitos huyen, pero no son rodeados y vencidos, se retiran para dejaros entregados a vuestras disensiones internas que encienden ellos mismos y de un ejército de agentes criminales que no sabéis siquiera detectar. ¡Abandonad por un momento las riendas de la Revolución y veréis que el despotismo militar se apodera de ellas y que la facción más avanzada se arroga la representación nacional envilecida; un siglo de guerras civiles y calamidades asolará nuestra patria y pereceremos por no haber querido aprovechar un momento marcado en la historia de la humanidad para fundar la libertad! ¡Entregaremos nuestra patria a un siglo de calamidades y la maldición del pueblo caerá sobre nuestra memoria, que debía convertirse en algo precioso para el género humano! No tendremos ni siquiera el mérito de haber emprendido grandes cosas por motivos virtuosos; se nos confundirá con los indignos mandatarios del pueblo que han deshonrado la representación nacional y compartiremos sus crímenes al dejarlos impunes. Ante nosotros se abría la inmortalidad, pero pereceremos con ignominia. Perecerán los buenos ciudadanos y también los malvados; el pueblo ultrajado y victorioso ¿los dejará gozar en paz de sus crímenes? Los propios tiranos ¿no quebrarían esos viles instrumentos? ¿Qué justicia hemos hecho con los opresores del pueblo? ¿Cuáles son los patriotas oprimidos por los más odiosos abusos de la autoridad nacional que han sido vengados? ¿Qué digo? ¿Cuáles son los que han podido hacer oír impunemente la voz de la inocencia oprimida? ¿No han establecido los culpables ese odioso principio de que denunciar a un representante desleal equivale a conspirar contra la representación nacional? El opresor responde a los oprimidos con el encarcelamiento y nuevos ultrajes. Sin embargo, los departamentos donde se han cometido esos crímenes ¿los ignoran porque los olvidamos? Y las quejas que rechazamos ¿no resuenan con mayor fuerza en los corazones oprimidos de los ciudadanos más desgraciados? ¡Es tan fácil y tan dulce ser justo! ¿Por qué asumimos como nuestro el oprobio de los culpables al tolerarlo? ¿No irán creciendo los abusos que se toleren? ¿No avanzarán de crimen en crimen los culpables impunes? ¿Queremos compartir tanta infamia y unirnos a la suerte espantosa de los opresores del pueblo? ¿Qué han hecho para merecer el respeto, como no sea de los más viles tiranos? Una facción perdonaría a otra; pronto los criminales vengarían al mundo matándose entre sí y, aun si escaparan a la justicia de los hombres o a su propio furor, ¿escaparían a la justicia eterna que han ultrajado con el más horrible de los crímenes?

En cuanto a mi propia existencia, que les parece a los enemigos de mi país un obstáculo para sus odiosos planes, consiento voluntariamente ofrecérsela en sacrificio, con tal de no seguir presenciando su espantoso imperio si éste debe pervivir. ¡Sí! ¿Quién podría desear ver durante más tiempo esa horrible sucesión de traidores, más o menos hábiles en ocultar su alma repugnante bajo una máscara de virtud hasta el momento en que su crimen parece maduro, cuyo único legado a la posteridad será el problema de decidir cuál de los enemigos de mi patria fue el más vil y el más atroz?

Si se llegara a proponer aquí una amnistía en favor de los diputados pérfidos y poner los crímenes de cualquier representante bajo la salvaguarda de un decreto, el rubor cubriría el rostro de todos y cada uno de nosotros; pero dejar a los representantes fieles el deber de denunciar los crímenes y por otro lado entregarlos a la rabia de una liga insolente si osan hacerlo, ¿no es un desorden aún más repulsivo? ¡Eso es algo más que proteger el crimen, es inmolarle la virtud!

[...]

Franceses, ¡recordad que si en la República no reina la justicia con un autoridad absoluta y, si esa palabra no significa el amor por la igualdad y por la patria, la libertad no es más que una palabra vana! Pueblo de Francia, al que se teme, se halaga y se desprecia; soberano reconocido al que se trata siempre como esclavo, ¡recuerda que allí donde no reina la justicia lo hacen las pasiones de los magistrados, y que el pueblo ha cambiado de cadenas, no de destino!

¡Recuerda que existe en tu seno una coalición de bribones que luchan contra la virtud pública y que tienen más influencia que tú mismo sobre tus propios asuntos, que te temen y te adulan en masa, pero que te proscriben individualmente en la persona de todos los buenos ciudadanos!

¡Recuerda que, lejos de sacrificar esa multitud de bribones a tu felicidad, tus enemigos quieren sacrificarte a ellos, autores de todos nuestros males y único obstáculo para la prosperidad pública!

Debes saber que cualquiera que se alce para defender tu causa y la moral pública se verá colmado de injurias y quedará proscrito por los bellacos más ruines; que todo amigo de la libertad se verá siempre en la disyuntiva entre el deber y [sufrir] la calumnia; que los que no pueden ser acusados de traición serán acusados de ambición; que la influencia de la probidad y de los principios se comparará a la fuerza de la tiranía y a la violencia de las facciones; que tu confianza y tu estima acarrearán la proscripción a todos tus amigos; que los gritos del patriotismo oprimido serán calificados como delitos de sedición, y que, no atreviéndose a atacarte en masa, te proscribirán de uno en uno en la persona de todos los buenos ciudadanos, hasta que esos ambiciosos hayan organizado su tiranía. Tal es el dominio de los tiranos armados contra nosotros, tal es la influencia de su coalición con todos los hombres corruptos, siempre inclinados a servirlos. ¡Así pues, los criminales nos imponen la ley de traicionar al pueblo, so pena de ser llamados dictadores! ¿Debemos ratificar esa ley? ¡No! Defendamos al pueblo, corriendo el riesgo de ser estimado por él; que ellos corran hacia el cadalso por el camino del crimen y nosotros por el de la virtud.

¿Diremos que todo va bien? ¿Seguiremos alabando por costumbre o por razones prácticas lo que va mal? Así perderíamos a la patria. ¿Revelaremos los abusos ocultos? ¿Denunciaremos a los

traidores? Se nos dirá que atacamos a las autoridades constituidas, que queremos adquirir a su costa influencia o prestigio personal. ¿Qué haremos entonces? Nuestro deber. ¿Qué se puede
objetar a quien quiere decir la verdad y consiente en morir por
ella? Digamos pues que existe una conspiración contra la libertad pública; que debe su fuerza a una coalición criminal que
intriga en el seno mismo de la Convención; que esa coalición
tiene cómplices en el Comité de Seguridad General y en las ofi-
cinas de ese comité que domina; que los enemigos de la República han opuesto ese Comité al Comité de Salvación Pública,
constituyendo así dos gobiernos enfrentados; que hay miembros
del Comité de Salvación Pública implicados en ese complot; que
la coalición así formada trata de perder a los patriotas y la propia
patria. ¿Cuál es el remedio para ese mal? Castigar a los traidores,
renovar las dependencias del Comité de Seguridad General, depurar el propio Comité y subordinarlo al Comité de Salvación
Pública, depurar el propio Comité de Salvación Pública, reforzar la unidad del Gobierno bajo la autoridad suprema de la
Convención Nacional, que es el centro y el juez, y aplastar así
todas las facciones con el peso de la autoridad nacional para alzar sobre sus ruinas el poder de la justicia y la libertad; ésos son
los principios. Si es imposible reclamarlo sin pasar por ambicioso, concluiré que los principios han quedado proscritos y que
entre nosotros reina la tiranía, pero no me sentiré obligado a
callar. ¿Qué se puede objetar a un hombre que lleva razón y que
sabe morir por su país?

Nací para combatir el crimen, no para gobernarlo. No ha
llegado todavía el momento en que los hombres de bien puedan
servir impunemente a la patria; los defensores de la libertad se
verán proscritos mientras domine la horda de los canallas.

Índice